実相寺昭雄の冒険 創造と美学

八木毅

立東舎

星の林に、月の舟を、今一度浮かべてみたい。

実相寺昭雄（星の林に月の舟）

はじめに

八木毅

実相寺昭雄監督と私が最初に一緒に仕事をしたのは1997年のテレビシリーズ『ウルトラマンダイナ』で実相寺監督が『怪獣戯曲』を監督したときのことでした。そのときの私は円谷プロの社員助監督としていわゆる監督修行中。入れ替わり立ち替わり来るたくさんの監督の演出を見ながら、刺激に満ちた学びの時代を過ごしていました。そんなときに現れた実相寺監督との鮮烈な邂逅は、それまで積み上げてきたものを根本からたたき直す奇跡のような事件となりました。撮影前に配られた監督の制作メモにはこうありました。

「出鱈目であればあるほど良い」

これです！　すべてが違いました。作品への姿勢や方法論、現場の雰囲気やご本人の存在感、なにからなにまですべてが。それはまるで「魔法」のようななにか。実相寺監督の創造に対する真摯な姿勢と美学に触れ、そして最終的に傑作が出来上がるまでの過程を目撃し、私はそれまでの自分の狭い現場経験のすべてを白紙に戻し、自分の作品づくりを完全に変えることになりました。

この本は実相寺監督の「魔法」を追求する本です。魔法などというものがあるのならばですが、それは論理を超えた形而上のなにか。でも、現実のことなのです。真善美へ至るなにか。つまり私はこの本で、実相寺監督はなぜあんなにもすごい作品づくりができるのかということを追求していきたいと考えています。実相寺監督はお会いした時期や場所、相手によって見せる顔がさまざまに変わる万華鏡のような方です。今回インタビューした方々が口を揃えて言うように、掴みどころのない不思議な、でもとても魅力的な人物であるということは共通していますが、皆さんが描写する実相寺昭雄という人間はとても1人だけの人物とは思えません。そこには、まるで何人も違う実相寺昭雄がいるかのようなのです。それほどに多様で複雑な人間。それが実相寺昭雄監督です。でも、そんな監督の人間性にも迫りたいと考えています。もちろん描写することは困難ですが、実相寺昭雄とはどんな人物だったのか。実は、作品から受けるイメージとは少し異なりますが実相寺昭雄監督というのは、いわゆる〝ひとたらし〟でとても素敵な方だったのです。

最後になりましたが、この本は実相寺監督と共に作品を作られた、登場する皆さまのおかげで出来上がりました。たくさんの印象や想いで素晴らしい証言をありがとうございました。そして実相寺昭雄研究会の小谷野祥子さん、立東舎の編集者の山口一光さん、デザイナーの木村由紀さんに感謝いたします。ありがとうございました。

それでは、目眩く不思議な実相寺昭雄監督の世界を、どうぞ、お楽しみくださいませ。

CONTENTS

PART 1
60年代～

PART 2
70年代～

PART 3
80年代～

PART 4
90年代〜

PART 5
00年代〜

コラム

PART 1

60年代～

After 60's

Actor
Minori Terada

俳優

寺田農

やっぱり世の中がバカバカしくなってきたんじゃないのかな？

20代前半から実相寺昭雄作品に参加し、テレビ、映画、音楽の舞台などさまざまなジャンルで現場を共にしてきた寺田農氏。またプライベートでの親交も深く、氏が実相寺監督を最もよく知る人物の1人であることに疑いの余地はない。では、実相寺監督とははたしてどのような人物だったのか。この一言では答えようのない本書のテーマを、盟友に語っていただくことにしよう。

「白色レグホンのメスでやってくれ」とか言うんだよ

八木　寺田さんは21歳のときに実相寺監督と出会われているんですよね。その前に文学座に入られて、そこでは岸田森さんとご一緒でした。

寺田　面白いのが、森ちゃんは同期だけど僕より3つか4つくらい歳が上なの。で、（樹木）希林が僕と同い年で、後に希林と森ちゃんは結婚するわけだよね。それで3年くらいで別れたのかな。だからあんまりそのことは表には出てこないんだよね。で、TBSの『正塚の婆さん』（63）っていうドラマがあるんだけど、森ちゃんはそこで助監督だった実相と出会ったの。大山勝美が監督で芸術祭奨励賞を受賞したドラマなんだけどね。俺の方は久世光彦さんの紹介で『でっかく生きろ！』（64）をやることになって、それで実相と会うわけだよね。だからそれぞれ違うルートで出会っている。

八木　岸田森さんはどういう方でしたか？

寺田　森ちゃんっていうのはすっごい面白い人でね。ご存じのように岸田國士の甥っ子なんだけど、お父さんが大変な山師だったの。北海道に牧場を作ったりといつもどこかを放浪していて、1年に1回くらいは森ちゃんのところに来たりする。それで俺も会ったりしていたんだけど、一番怪しかったのは「月の土地を買え」って言うんだよ（笑）。俺たちみんな買わされたんだもん。森ちゃんも「変なんだけど付き合ってよ」みたいなことで面白かったね。森ちゃん自身はすごく真面目でお酒も飲まなくて、でも途中から飲むようになって、結局最後は酒で死ぬんだけどさ。それまではむしろ全然飲めないっていうか、青くなってぶっ倒れるみたいな感じだったからね。剣道はすごく強かったな。

八木　『曼陀羅』でちょっと裸になるところなんかを見ると、すごく鍛えられた体ですよね。

寺田　だから（岡本）喜八さんの映画なんかでも使い手の役が多いでしょう。俺はスリとかチンピラみたいなのばっかりだけどさ（笑）。森ちゃんは後に勝（新太郎）さんに気に入られて勝プロの仕事をずいぶんやったけど、それもそういうところがあったんだよね。

八木　岸田さんとは別ルートで寺田さんは実相寺監督と出会われるわけですが、『でっかく生きろ！』の現場について教えていただけますか？

寺田　俺が21歳で実相は26歳、だから若いよね。最初に会ったときのことは本に書いたりもしているけど、あまりにラフな格好だったから大道具さんだと思っていた。でも実際にやってみると演出が明確で、「白色レグホンのメスでやってくれ」とか言うんだよ。それまでは文学座で稽古して、デビューは三島由紀夫の『十日の菊』公演（61）、テレビもやっていたわけだけど、演出家の目というのが全然ピンとこなかったのね。新劇の演出家なんていうのも本当になんだかよく分からなかったし。でも実相は具体的で、それがとても面白かったね。

八木　実相寺監督は具体的なオーダーを出していたんですね。

寺田　「瞬きをしない」とか「息も止めて」とか、「今の1／3で」みたいな感じでね。明確な演出の意図みたいなものがあって、それが俺にはとても新鮮だった。だから仲良くなったの。『でっかく生きろ！』では俺と3つ違いの(古今亭)志ん朝がちょうど間にいて、この3人でしょっちゅう遊びにいっていたね。それで志ん朝も実相の『あさき夢みし』(74)とかいろいろなところに駆り出されているわけだよ(笑)。まあ、そもそも『7時にあいまショー』(62－63)っていう歌番組の司会もやっていたからね。

八木　『7時にあいまショー』も実相寺監督が演出を手掛けられています。

寺田　デカいカメラをバラしてオルシコン管だけにして、すごい移動をしながら長回しを撮るわけじゃない。後ろにはカメラの内臓を背負った助手がいてね。あれは実相が「こういうことをやりたい」と言ったら、武谷さんという優れた技術者が対応して、カメラマンの石井(浩)さんが撮影しているの。だからさ、ああいう天才のところはそういう変な人の集まりになっちゃうのよ。で、セットもすごいじゃない。地下2階にあるジャズ喫茶へ案内するという設定で、手持ちカメラで降りていくのをワンカットで撮っているんだけど、そういう画にはみんな慣れていないから気持ち悪くなっちゃうわけ(笑)。それと同じようなことを『でっかく生きろ！』でもやって、スポンサーの富士フイルムが「酔っちゃう」って怒って。まあ、そんな画ばっかり撮るわけだからね。俺なんかはすごく面白かったけどさ。

八木　それで実相寺監督が降板ということになったのですね。

寺田　当時は全部1クールものだから13本ということでスタートしたんだけど、実相は4～5本くらいで降ろされたんじゃないかな。俺と杉浦直樹さんと岡田眞澄と志ん朝の4人がレギュラーの話で、「実相が降ろされるんなら俺たちも降りる！」なんて言って揉めたんだよね。でもファンファン（岡田の愛称）と直樹さんは大人だからすっと引いて、なんだか分からないまま志ん朝と俺は最後まで戦ったわけ。石井ふく子なんかが実相の上司だったから楯突いてさ。それで結局、俺と志ん朝はTBSをパージになった。後で聞いたら8年間だって。当時はそんなこと全然知らなかったけどね。

実相ってプロフェッショナルな人があんまり好きじゃないんだよ

八木　『でっかく生きろ！』は見たいのですが、残念ながら映像は残っていないようですね。

寺田　でも実相が撮った『おかあさん』（62）とか『7時にあいまショー』は残っているわけ。それはなぜかというと、あいつが小道具の費用をごまかしてキネコで焼いていたからなんだよね。でもそれが後に発覚してしまった。だから『でっかく生きろ！』は残せなかったんだよ。

八木　あれは地方系列局の番販用という名目で焼いていたみたいですね。

寺田　それがバレてしまったから、『でっかく生きろ！』はスチールしか残っていない。でも『おかあさん』の池内淳子さんの歩きなんてすごいよね。そうやって考えると、実相がテレビの演出家になりたかったのか、映画の監督になりたかったのか、それもはっきり分からないんだよ。その前には、早稲田の3年のときに国家公務員の2級試験を受けて外務省に入るわけじゃない。大学は二部に転籍して。でもこれは大使にはなれない、領事止まりのものだったらしいね。しかもあいつはフランス語だから、アフリカの植民地に行かされそうだっていうのが分かるわけ。なんだ、フランス本国じゃないのか、これはとんでもないっていうことだよね。それで急遽、テレビか映画ということになるんだけど、当時の映画会社は二部の学生は採用しなかった。それでフジテレビを受けたけど落っこちてＴＢＳに行くわけじゃない。まあ、あのころはもちろん一般募集もしているけど縁故がないと入れないから、あいつもなにかしらそういうのがあったんだろうね。お父さんは外交官だし、母方のおじいさんは海軍の長谷川（清）大将で、いいところのボンボンだからさ。

八木　初期のＴＢＳの方々は皆さん名家のご出身ですよね。

寺田　それでちゃんと優秀なわけじゃない。実相の先輩の真船禎さん……俺なんかよく「テイさん、テイさん」って呼んでいたけど、あの人は劇作家・真船豊の息子だからね。だから政治家の二世と違って単なる縁故ではないわけ。まあやっぱり、当時のテレビ界が創成期だったということだよね。テレビの生え抜きがそれこそ実相たちだから。

八木　そういう意味では、実相寺監督にとってテレビの存在はやはり大きかったのでしょうね。

寺田　テレビドラマの演出家について、それからテレビドラマとはなにかということについてはどこかに書いていたけど、演出家のポジションを考えたら、テレビドラマはこれ以上のものにはならないと思っていたみたい。要はやっぱりホン屋の方が上だからということでね。だから「テレビから優れたディレクターは出ない」と書いていたね。その段階でそういうことが分かっていたから映画の方に進んだんだろうけど、流されるままでうまく世渡りしていくわけよ（笑）。しかも、流された先でもまた1つずつ花が咲いていくんだからね。そもそも『ウルトラマン』（66）をやるなんていうのも、本人は全く想定していなかったことだろうしさ。

八木　確かにそうですよね。

寺田　（円谷）一さんに呼ばれて円谷プロに行って、そこでまた花開いてさ。片や京都に行ったら京都で花開いて、巨匠の松田定次監督なんかにも可愛がられたわけだから（『風』／67〜68）。それで音楽の世界では山田一雄さんや朝比奈（隆）先生みたいな重鎮がものすごく可愛がるじゃない。こういうのは、本当にあの人の独特なキャラクターなんだよね。

八木　朝比奈先生との対談（『朝比奈隆 交響的肖像』所収）を見ますと、2人ともすごく楽しそうですよね。

寺田　そうそう。で、実相ってプロフェッショナルな人があんまり好きじゃないんだよ。やることはもちろんプロフェッショナルなんだけど、音楽学校を出て音楽それだけでストレートに邁進するような人よりは、朝比奈先生みたいにある種独学で、阪急電鉄で電車を運転したことがあるような人を好きなんだよ。文人指揮者みたいなものでね。だから独特の見る目、ポイントがあったんだろうね。そもそも自分がそういうタイプだしさ。

いろいろな範囲で知れば知るほど、ますます分からなくなる

寺田　そういえば、大阪でお芝居をやっているときに、ちょうど実相とアブさん（油谷岩夫）が東京から来ていて、朝比奈先生に「一緒に飲もう」と呼ばれたことがあってさ。あれは面白かったな。音楽の話なんか一切しないで阪急電鉄の話ばっかりで（笑）。「先生、いかにあの時代でも新入社員に電車の運転はさせないでしょう」「いや、した！ちゃんと見習い期間があって」なんて話をしたけど、あれは本当なのかな？

八木　『朝比奈隆 交響的肖像』の対談にもそのお話は出てきます。

寺田　戦前だったらあり得るのかな。あと面白かったのは、電気を盗む「盗電」が横行していたっていう話。新入社

員はみんな機械を持って、その盗電の検査に行くんだというわけ。電線から自分の家に電気を引いているヤツを摘発するっていうのを何ヶ月かやられたんだけど、これが後に戦後の満州で役に立ったんだって。どういうことかというと、戦争が終わっても満州から日本に帰れないときに朝鮮人の青年が中国家屋の一室を探しだして匿ってくれるわけよ。だけど暖房がなくて冬は零下30度くらいになる。そのときに盗電の技術を生かしてニクロム線で暖を取って、親子3人が生き延びたそうだからね。

八木　実相寺監督も飲みの席では本当なのかネタなのか分からない話をされますが、朝比奈先生の話も面白いです。

寺田　でも、盗電の話は本当なんだよ。岩野裕一という人がいて、学生のころから東京での朝比奈先生の秘書みたいなのをずっとやっていたの。だから俺たちが新日本フィルと一緒にやっていたときもついていたらしいんだけど、俺は全然知らなかった。その岩野が『朝比奈隆 すべては「交響楽」のために』という本を出したんだけど、その中で当時の家を再訪したことが書かれていて。だからあれは嘘じゃなかったんだっていうのが分かった。

八木　もちろん嘘だとは思いませんが、ドラマチックですよね。

寺田　でもそういうことを思い出しても、実相が霧の中に包まれていくような感覚があるんだよね。いろいろな範囲で知れば知るほど、ますます分からなくなるというか。例えば亡くなってから川崎市市民ミュージアムで実相寺昭雄展をやったじゃない？　そうすると、あんまりうまくいかない。いろいろな面を取り上げるから取り留めがないのよ。特撮、音楽、映画、電車だなんだって幅が広いし、全部を同じレベルで他人が切り取るのは無理なんだよ。各分野それぞれを仕切れるプロデューサーはいるだろうけど、全部はとても無理。ただ、各分野だけじゃしょうがないんだけど、逆に考えたら実相を全体でとらえる必要はなくて、それぞれが1つの切り口だけで見ていった方がいいんじゃないのかなとも思うんだよね。

八木　確かに1人で実相寺監督の全体像を捉えるのは無理がありますよね。だから今回の本でも、いろいろな方が見た実相寺監督像を伺っているわけです。

寺田　だから、実相寺昭雄研究会の作った『実相寺昭雄見聞録』はまさしく「見聞録」というタイトルでいいのよ。並木（章）さんにとっての実相、飯島（敏宏）さんにとっての実相、そして俺にとっての実相ということでね。

「あなたが言うことだったら私はなんでもやりますよ」っていう感じでお任せだった

八木　謎の多い実相寺監督ですが、『無常』（70）からの3本の映画は力が入っているんじゃないかと思うんです。

寺田　『無常』のときは、「新幹線をグリーンで往復して、京都で美味しいものを食べさせてあげるからおいでよ」っていうので行ったの。だから詳しいことは全く分からないままでね。そうしたらいきなり「こういう役なので」って録音部の若（広瀬浩一）が説明してくれて。（田村）亮ちゃんに投げ飛ばされるチンピラ役でセリフもあるっていうことだったんだけど、自分としては遊びに行ったって感じだから、現場の雰囲気なんかも全然忘れちゃったな。

八木　では『歌麿 夢と知りせば』（77）の方はいかがでしたか？

寺田　あれはバジェットもあったし、実相の好きな浮世絵の世界だし、相当入れ込んでやったんじゃないかな。しかも京都で佐野（武治）さんっていうすごい照明技師もついたしね。でも結局は撮りきれなくて、大船にセットを持ってくるんだよ。でも、それくらいは日本ヘラルドが許したんだね。

八木　初期から後期まで長い間お付き合いされて、実相寺監督の現場の変化についてはどう思われます？

寺田　『ウルトラマン』もそうだし、実相の現場は最後の『シルバー假面』（06）に至るまで、俺にとってはいわゆる仕事場ではないわけ。実相と遊んで、なんだか時間を共有しているっていうだけでね。他の監督では相米（慎二）もそういう感じはしたんだけど。

八木　やはり特別なご関係だったのですね。

寺田　だから実相に対して「これはこうしてああして」みたいなことを言ったことはないし、逆に「あなたが言うことだったら私はなんでもやりますよ」っていう感じでお任せだったからね。相米だったらいろいろなことを言ったけど、そういうのは実相にはなにもなかった。だから「仕事場」という感じは全然なかったね。

八木　それだけ楽しかったということですね。

寺田　それは楽しかった。で、最初の出会いが『でっかく生きろ！』でしょう。それで遺作が『シルバー假面』で、俺は両方に出ているわけじゃない。『でっかく生きろ！』の音楽は冬木（透）さんで、「『でっかく生きろ！』のマーチ」っていうのがあるんだよ。実相はこのマーチを『シルバー假面』の最後にも使っているわけ。だからこれは冬木さんに対するお別れでもあるだろうし、俺とのお別れでもあるんだよね。実相の中ではきっと「先に行って待ってるよ～」みたいなことがあったんじゃないのかな（笑）。そういうメッセージは完全に受け取ったからね。

八木　あの曲はちょっと明るいですから、『シルバー假面』の雰囲気そのままではないので不思議だったんです。

寺田　あえてああいう明るいマーチを入れたわけだよね。それは実相のメッセージだったと俺は思う。でもさあ、これはいろいろなところでよく言うことなんだけど、相米の次を行くヤツ、もっと優れたヤツは必ず出てくると思うんだよ。もう出てこないとおかしいっていうくらい時間も経っているしね。だけど実相を超えるヤツはいないからね。あれだけいろいろな範囲で表現している人間って、やっぱり出てこないよ。もちろん部分的に、あるジャンルの中での実相を超えるヤツは出てくるかもしれないけどね。

八木　絵も描くし書もやるしフランス語も話せますし、本当に多才ですよね。

寺田　写真も好きだし鉄道も詳しいし、音楽もすごいわけじゃない。それで例えば並木さんは学生時代からの付き合いで、TBSでは飯島さんがいるよね。TBS関係では今野勉もいる。撮照では中堀（正雄）とかギュウちゃん（牛場賢二）とか、いわゆるコダイのメンバーがいる。クラシックの方はアブさんとかね。それからAV方面なんかもあるんだけど、なんだかんだで全部にいるのは俺だけじゃないか。だから実はあの人非人の実相寺の実像も含めて一番いろいろなことを知っているのは俺なんじゃないかな。それは女とかSMの話も込みでね（笑）。

八木　三角牛乳を持って実相寺監督が遊びにきた話を書かれていましたけど、ああいう姿はあまり他の人には見せなかったんじゃないかなと思います。

寺田　青春ものをやっていたころなんか、特によく一緒に遊んだよね。撮影の夜食で出たテトラパックの牛乳とサンドイッチを残しておいて俺のアパートに持ってきて、それから朝まで麻雀したりして。あいつはそのころは百合ヶ丘に住んでいたんだな、だから会社のタクシー券で朝帰るわけ。俺も一緒に百合ヶ丘まで行ってしばらく寝て、昼過ぎに東宝だからさ。そういうわけで百合ヶ丘から東宝に行ったり、そんなことも何回かあったね。

音楽の収録とかオペラの演出が一番いいと思うね

八木　『ウルトラマンマックス』（05-06）の「狙われない街」は実相寺監督が途中から持ってこられたプロットです。寺田さんはメトロン星人の人間態を演じられていますね。

寺田　あの怪獣倉庫なんかはいいよ。よくああいう形で残していたよね。

八木　あれでメトロン星人とケンちゃんが抱き合うシーンがあって、あの「夕焼小焼」は実相寺監督がどうしてもここで入れたいとおっしゃって、冬木さんに頼んで録音したものです。あれは監督の遺言だなという気がしますし、あそこで寺田さんが出て抱き合うのはとても印象的です。

寺田　六平（直政）と抱き合うんだよね。だから実相としては1つ1つに決着をつけていったのかな。「狙われた街」から「狙われない街」への40年かけた決着、それから『ウルトラマン』に対する決着、そういう「心の示し」はつけていったような気がしないでもないね。

八木　あそこで抱き合うのが、片方は寺田さんで、片方は実相寺監督のことなのではと思ってしまいます。

寺田　あの六平のケンちゃんという役は、確かに実相なのかもしれない。

八木　六平さんの役は「怪獣より怖いものがある。それは人間だ」なんて言うわけですから、まさに実相寺監督ですよね。しかも出来上がったら「夕焼小焼」が情感たっぷりで、絶対になにか意味があるんだろうなと思います。

寺田　まあでも、余人の解釈を許さないところが天才の天才たるところでね。だから本当に、あの人の頭の中を1回よく見てみたいと思うくらいで（笑）。死んだときにも言ったんだけど、実相寺自体は本当に人非人だから死んじゃっても一向に構わないんだけど、頭の中だけは置いていきなさいよっていう感じだね。これだけ長い間一緒にやってきたけど、最後の『シルバー假面』まで毎回、「今回はどんな作品になるんだろう?」という期待感があったからね。そういう監督なんていないですよ。

八木　それは素晴らしいですね。

寺田　これだけ長くやっていれば上がりは大体想像できるし、その通りにならないと商品にはできないということでもある。でも実相はそんなことに関係なく、自分のやりたいことを自分のためだけにやるという人だったから

（笑）。それでいろいろな仕事を膨大にやっていますけど、ある意味では音楽の収録とかオペラの演出が一番いいと思うね。それはなぜかっていうと、音楽は「絶対」があるわけ。だって楽譜に4分休符があったら絶対に従わないといけないわけじゃない？　そういう「絶対」の中であのすごい才能が瞬間的に発揮されるからね。一方で映像の方は金があるなしに関係なくあれだけのすごい才能が制約なしに発揮されちゃうから、そうすると実相以外の誰にも分からないっていうことにもなりかねない。それが実相寺作品の魅力といえば魅力だけど、クラシックの映像収録なんていうのが一番、実相の実相たるところだと思うね。それは他の人にできないから。

実相はジジ殺しみたいなところがあるの

八木　実相寺監督は音楽の収録は楽しんでやられていたそうですね。

寺田　「お前は汚い」って言っているんだけど、映像や映画の撮影なんかだと平気で30分とか遅刻してくるんだから。で、来たら来たで「二日酔いで頭が痛い」って（笑）。それであいつはモニター主義だから、挨拶もそこそこでモニターの前に座ってへばっているわけ。でもそれまでにみんなでセッティングやリハーサルはやっちゃっているんだから、「あぁ、本番」「次行け」ってヘロヘロの声で言うくらいのものでさ。俺は出ていないけど『姑獲鳥の夏』（05）なんかまさにそうだったよ。で、あるカットを撮ったらクリちゃん（中堀正夫）が飛んできて、「すみません、もう1回いきたいです」って。後ろでクルマが走っちゃったみたいでさ。そうしたら「そんなものいいんだよ、そんなところを見てるヤツはいねえって」「でもそこをなんとか」「いいんだ」って（笑）。それで結局はリテイクさせないんだから。まあ、それは後で消したみたいだけどね。「こんなところに目が行ってるようじゃ……」なんて言っていて、そうなると意地になるからさ。

八木　意地……ですか。

寺田　あとは見たことあるだろうけど、台本に事細かくカット割りを書いているじゃない。それで123456789……って最後まで通算のカットナンバーも入っていて、1つ撮ったらバツをつけていくわけ。でも3時とか4時になると「残りは全部ワンカットで」って（笑）。酒を飲みたくなるとワンカットになっちゃうんだから、そういうのも面白かったな。

八木　本当に不思議な人ですね。話が戻ってしまいますが、松田定次監督に気に入られていたというのはどういったところだったのでしょうか？

寺田　実相はジジ殺しみたいなところがあるの。だからTBSでも上層部とかには結構可愛がられていて、文句も山のように言われてはいたけど、社長なんかも気に入っていたんじゃないかな。円谷英二さんもそうだけど、年寄にはすごく気に入られる。それと松田監督のころは東京と京都の確執みたいなものもあって、映画のメッカである京都に東京から殴り込むみたいな意識の人がいたわけだよね。そうするとこっちも構えるし、向こうは「いざ、返り討ちに」となってしまう（笑）。そういう図式があったんだけど、実相はそんなの関係がないから。チョロチョロッと行って「なにも分からないのよ〜」みたいなことを言って、相手の懐にするっと入ってしまう。それで大道具の棟梁みたいな人にも可愛がられるし、『宵闇せまれば』（69）なんていうのを京都で撮れるわけだよ。あれがなければその後に京都では撮れないもんね。脚本が大島渚さんというのもあっただろうし。

八木　『風』で京都に行かれたのは1つの転機ですよね。

寺田　『風』のときは旅館に遊びにいったことがあるんだよ。俺は太秦の方に呼ばれていたんだけど、実相が松竹に来ているのは知っていたからね。それで今のホテルオークラ、昔の京都ホテルの3本くらい上側に冬屋（柊屋）っていう旅館があって、そこがTBSの定宿だったの。そこによく遊びにいったのは覚えているよ。あいつは静かにホンを書いたりしていたけど、そのころはまだ酒は飲まなかったの。親父が酒で倒れたっていうこともあるし、「気違い水」だと言って飲まなかったんだけど、いつの間にか飲むようになっていた。

八木　僕がお会いしたときは「6時過ぎたら僕は」と言って、打ち合わせなのに飲んでいました。

寺田　それで面白いのは、11時ごろに別れて家に12時ごろ着いて1回寝て、それからまた起きて仕事をするんだよ。俺なんか寝たらもう朝までだけどさ。その辺がやっぱり違うね。

八木　蔵書もすごい量ですし、あれを全部読んでいたとすると時間の使い方がすごかったんでしょうね。

寺田　本を読むのは早かったしね。若いころは1年のうち350日くらい会っていた時期もあるけど、そうすると1日で3軒、赤坂の本屋に行くんだよ。しかもそれが毎日だからね。毎日通ったって本はそうそう変わらないんだよとは思っていたけどさ（笑）。でも必ず金松堂なら金松堂で待ち合わせて、そこから次の本屋に行って、それから麻雀やったり遊んだりして。あとは銀座のイエナっていう洋書屋ね。あそこには大学の仏文の同級生の女の子が就職していたの。で、その子から買うと安くなるんだって言って、そういうところはしっかりしているんだよ。俺なんかもいい画集をずいぶんその人を経由して買ったことがあるよ。

あれは覚悟の自殺……自殺っていうか自死だね

八木　そういうお付き合いがあったのは寺田さんだけじゃないでしょうか。

寺田　それであるとき「最近、飲めなくなって。ちょっと胃が痛くて」なんて言い出すから、それは絶対検査したほうがいいって言ったんだよ。でもあの人は本当に病院って嫌いなのよ。見舞いに行くのは好きなんだけど、自分が病院に行くっていうのは行き方を知らないんだよね。だからいくら言ったって聞かないし、知佐ちゃん（原知佐子）もずいぶん言ったと思うけど行かない。しかも楽な方、楽な方を選ぶということがあって、「簡単に切るのはよくないらしいよ」みたいな話ばっかり持ってくるわけだよ。

八木　癌だと分かっていたけど、切らない方法を考えていたんですね。

寺田　針がいいんじゃないかとかね。まあ分かるんだけど、とにかく切らないっていうことのエクスキューズにするわけ。胃カメラだって飲めないで途中で止めちゃうくらいだから。だから俺は「自殺」だって言うんだよ。覚悟の上でのね。だってショウちゃん（勝賀瀬重憲）から電話が来て「農さんが言えば病院に行くかもしれないから説得してください」と言われて、2人で会ったこともあるんだから。だけど「行かない」って言うんだもん。そうしたら、それ以上話すとケンカになるから。せっかくこれだけ何十年も若いときから仲良かったのに、今になってケンカするのも嫌じゃない。だから「あなたがそれでいいなら、俺は別になにも言わないから」と言って。そこからは病院とか病気の話はなにもしなかったの。

八木　実相寺監督の選択を尊重されたわけですね。

寺田　それで「狙われない街」でメトロン星人をやっているときに、桜井浩子は「監督の具合が悪いっていうのに、なんで寺田さんはあんなに明るく接することができるんだろう」なんて言っていたけど、そんなことはもう俺の中では決着がついていたんだからさ。「実相もいずれ死ぬ」っていうことはね。それで『シルバー假面』が終わって、ＩＭＡＧＩＣＡでの試写のときは実相の横で見ていたの。１本目が実相で、「途中で寝ちゃったら起こしてね」なんて言っていたけど、自分の分だけはちゃんと見ていたよ。試写が終わったらもう立ち上がれないからみんなで起こして、クルマに乗せて送って、それから9日後に亡くなるわけだからね。だからもう本当に、あれは覚悟の自殺……自殺っていうか自死だね、自分の中で決めたことだから。でももったいないよね、あれだけの才能を。胃癌なんて簡単な方じゃない？

八木　最初に切ってしまえば、まだ活躍されていたかもしれないですから。

寺田　だからなんで……って思うんだけど、でも一番簡単なことをあえてやらなかったのは実相っぽいなとも思うんだよ。切るという簡単なことをやらないで、2年くらいはぐちゃぐちゃやっているんだからね。

八木　あれだけ頭のいい人ですから、分かってやられていたんでしょうね。

寺田　もう1つはね、いろいろなことにもう飽きていたんじゃないのかなとも思うんだよ。情勢が、ものを作る雰囲気ではなくなってきているからさ。音楽の世界もそうだし、映像の世界もそうだし、やっぱり世の中がバカバカしくなってきたんじゃないのかな？　だから「もういいや、この辺で」っていう、そういう諦めもあるのかもしれないね。

寺田農（てらだ・みのり）

1942年東京生まれ。1961年文学座付属研究所に入所。1968年、岡本喜八監督の『肉弾』で主演、同年第23回毎日映画コンクール主演男優賞受賞。1985年、相米慎二監督の『ラブホテル』でヨコハマ映画祭主演男優賞を受賞。相米組の役者として欠かせない存在である。また実相寺昭雄監督との親交も深く多くの作品に出演。映画、ドラマ、舞台の他にもナレーター、朗読作品も多い。声優としては『天空の城ラピュタ』のムスカ大佐役でおなじみ。俳優だけにとどまらず、『月刊美術』や『産経新聞』に美術エッセーや書評を連載中。近年の出演作として、ドラマ『旅屋おかえり』『大岡越前』NHKなど。また、35年ぶりの主演映画『信虎』が、ロンドンFF2023「最優秀外国映画」に選ばれ、「外国映画部門　主演男優賞」を受賞。

永遠の親友・悪友・盟友。書籍『ナメてかかれ！』に掲載された実相寺監督とのツーショット

Actor
Sandayu Dokumamushi

俳優
毒蝮三太夫

「学校の先生」じゃなくて「逆光の先生」だよ

『ウルトラマン』『ウルトラセブン』に連続出演した毒蝮三太夫氏は、『ウルトラ』以前の実相寺昭雄監督とも昵懇の仲だったという。また、実相寺夫人である原知佐子氏とも学生時代から交流があるなど、独特の距離感で実相寺夫妻と接している。そんな氏から見えた実相寺像はどのようなものだったのか。テレビ作品のこと、映画のこと、そして野球のことまで、縦横無尽に語っていただいた。

少年みたいな人だったね

毒蝮　実相寺監督は早稲田の出だけど、実は俺も早稲田は受けているんだよ。考古学者になりたくて、文学部史学科というのを受けたけど落ちちゃってね。受かっていれば吉村作治さんの先輩だったんじゃないかな（笑）。昨日、吉野ヶ里遺跡の石棺墓開口作業のニュースがあったからそんなことを思い出しちゃったな。

八木　吉野ヶ里遺跡では『ウルトラQザ・ムービー 星の伝説』（90）のロケもしていますよね。

毒蝮　ああいうの、実相寺監督は大好きだもんね。デートした子に聞いたことがあるけど、女の子をフランス語で口説いてお寺とか遺跡に連れていったりしていたみたいだから変わっているよね。変わっているというか、ある意味では少年みたいな人だったね。俺はＴＢＳのディレクターのときから仲間だから、『ウルトラマン』をやる前から知っていたんだよ。実相寺監督のドラマなんかには出ていないんだけど、でもなんだかんだでTBSの中では一緒にごちゃごちゃやっていてね。歳は1つ下だったかな。

八木　まむしさんが1936年3月、実相寺監督が1937年3月のお生まれですね。

毒蝮　で、『青年の樹』(61-62)っていうドラマをずっとやっていたんだよね。松下電器がスポンサーで、プロデューサーがオフィス・ヘンミの逸見稔さん。彼は東大野球部出身なんだよね。それで俺も野球が好きだから野球部を作ることになって、そうしたら松下電器が番組チームのユニフォームを提供してくれたの。東芝とライバルで、ずっとその枠を持っていたからね。それでよく神宮球場で野球をやったんだけど、そのチームには実相寺監督も入れたの。

八木　(円谷)一さんも野球をお好きだったみたいですね。

毒蝮　そうそう、だから来たよ。飯島(敏宏)監督も来たし、みっちゃん(満田穧)はどうだったかな？　芸能人野球大会やなんかは俺もしょっちゅうやっていて、自分でも野球チームを持っていたくらいでさ。で、神宮では俺がみんなにノックしたりしてね(笑)。それで「江戸の仇」じゃないけど「スタジオの仇をグランドで討つ」なんて言ってさ、ノックをしては「取れ！　このヤロウ！」「なにやってんだ！」って。スタジオでは局の人にそんなこと言えないじゃない。「そこ、セリフ間違えないでちゃんとやってくれ！」なんて言われて、「はい」なんて答えている方だから。当時はディレクターがインカムで怒鳴るわけだよね。その仇をグランドで俺が晴らすわけだ。ディレクター連中を俺が叱咤激励だよ。で、その中には実相寺監督もいたんだよ。

八木　実相寺監督の野球はどうでしたか？

毒蝮　もう「からっ下手」だね(笑)。それで飄々としているんだ。なにしろ2アウト満塁でバントをして、ホームでフォースアウト。野球を分かっていないわけ。それで当時は1人で住んでいたんだろうね、貧乏学生そのままで会社員になっちゃって。ユニフォームをボストンバッグの中へ詰めてそのままにしているの。だから次に来たときはくしゃくしゃのユニフォームを着ていて、さすがに松下電器が「実相寺さん、それはちゃんとアイロンを当ててきてください」って（笑）。

八木　それでは宣伝にならないですからね。

毒蝮　もうヨレヨレで、ちぢみの服みたいなの。だからこれじゃ「青年の樹」じゃなくて「老年の樹」だなんて言ってさ（笑）。それで「これはダメだ〜」っていうことになって。後に『ウルトラセブン』（67-68）のときだったかな、TBSの演出部に「実相寺、また落ちた！」っていう張り紙がしてあるのを何回も見たよ。要は視聴率が下がったっていう話なんだけど、それが今やこうやって本が出るくらいなんだから、「取り上げるべき実相寺監督」になったということなんだろうね。

いま評価されているというメッセージは、取材なんかでもとても感じる

毒蝮　まあでもTBSにいたときから変なヤツだったから、石井ふく子さんなんかも困ったんじゃない？　実相寺監督が撮ると美空ひばりの口のどアップになっちゃったりするわけだから。でもそれが彼にとっては映像の美学だから、当たり前で普通のことなんだよ。だから『ウルトラマン』でも俺たちの耳のアップとか目のアップとか口のアップで、「これ誰？」「これ誰がしゃべっているんだ？」というのが分からない。だから桜井浩子なんてしょっちゅう怒っていたよ。彼女は魚眼レンズでも撮られたからね（笑）。実相寺監督はゴダールとかトリュフォーとかが

好きで、ヌーヴェルヴァーグに影響を受けていたんでしょう。「怪獣墓場」なんかを見てもそれは分かるよね。だからああいう映像を撮っていたんだよね。だけどそれは子どもには分からないよ。だから視聴率も落ちちゃうわけ。子どもには分かりやすい画が受けるからね。それで『ウルトラマン』を抜けて映画を撮り始めるんだけど、八木は『あさき夢みし』（74）のときはいなかったんだっけ？

八木　まだ子どもだったので、あれは後にＤＶＤで見ています。

毒蝮　ああ、そうか。実相寺監督のことは毒蝮になる前から知っているから、「石井ちゃん」とか「伊吉ちゃん」って呼ばれていたんだけど、「出てよ」って言うから出たんだよ。ＡＴＧなんてお金もないし大変だろうなと思っていたら、日芸の後輩なんかがずいぶん手伝いに来ていたよ。ロケは鎌倉の光明寺って名刹でね。だから小町通りかどこかでカツサンドを50個くらい買って差し入れしてあげたの。でも、あのときのギャラはもらっていないと思うんだよね。実相寺監督は払ったって言うんだけど、ＡＴＧの映画だから仮にもらったとしてもわずかだから、鎌倉まで電車で行って差し入れして、結局俺は赤字だよ（笑）。

八木　それでも出演されたということですね。

毒蝮　俺は侍の役でお寺の本堂でジャネット八田を犯そうとするんだけど、映画が公開されたときに舞台挨拶に来てくれって誘われたからどこかの映画館に行ったんだよ。それで初めて見たら、声はすれども誰だか分からない（笑）。もう、画面が真っ暗なの。「ああ、やりやがったな」と思ってさ。それで1週間やる予定が3日くらいで終わっちゃったんじゃないかな。館主が「こんなものやってらんねえ！」って思ったの。これは視聴率が落っこちたときと同じ状態だよ。『曼陀羅』（71）なんかは当たったのかい？

八木　最初の『無常』は当たったらしいんですよ。それで『曼陀羅』と『哥』（72）まではＡＴＧですけど結構ヒットしていて、『あさき夢みし』の次の『歌麿』はあまりうまくいかなかったみたいです。

毒蝮　彼の作品はいま見ればいいのかもしれないけれど、当時はやっぱりね……。だから本人が死んじゃってから、作品が生き返っているということなんだろうね。いま評価されているというメッセージは、取材なんかでもとても感じるから。でも当時は分からなかったな。野球をやったら満塁でバントをするし、風呂敷包みを持って貧乏たらしく歩いているしでね（笑）。でもそんな彼がＴＢＳの時代から俺のことは気にしてくれて、使ってくれたということは感謝している。ＴＢＳのディレクターの中でも出色の存在で、そんな人が俺みたいなのをよくまあ飽きずに使ってくれたなというのはあるよ。やっぱり今となっては、実相寺昭雄監督のテレビに出たり映画を手伝ってっていうのは俺にとっての誇りだしね。

八木　本当に素晴らしい作品を残されています。

毒蝮　あと思うのは円谷英二さんのすごさだよ。よく思うんだけど、円谷英二さんじゃなかったらウルトラシリーズに藤田進さんは出ないよ。だって黒澤映画の主役だよ。そんな人がテレビ映画になんて普通は出ないわけで、それがあんな汚いスタジオに来てくれたんだから。

八木　美セン、のちの東宝ビルトですね。

毒蝮　セットは綺麗だけど、スタジオはひどいんだから。『ゴジラ』にしたって志村喬さんが出てくれているけど、あれは円谷英二っていう監督の顔、本多猪四郎っていう監督の顔だよ。それから一さんがいたから飯島さん、みっちゃんが来たわけだし、金城（哲夫）さん、上原（正三）さん、市川（森一）さん、佐々木（守）さんっていう作家連中もすごいわけじゃない。それが養老乃瀧で飲みながら食いながらケンカをしながら徹夜してホンを書いた。そこに実相寺監督も組み込まれたからよかったんだよね。ＴＢＳの中にいたままじゃあ、今の実相寺昭雄はできないよ。それで『マン』『セブン』で映像を撮れたから、『無常』や『曼陀羅』『哥』『あさき夢みし』『歌麿』につながったんじゃない？　そういう意味では円谷プロで実験できたことが大きかったんじゃないかな。円谷プロと仕事をすることで後につながるのは俺たちも同じことで、今でもなにかあったらアラシ隊員、フルハシ隊員ってすぐ出るわけだからね。

八木　当時の日本中の子どもたちが見ていて、大人になっても覚えていますから。

毒蝮　芸能界でも一般社会でも、人に会うと「あ！　アラシ隊員が目の前にいる！」ってよく言われるよ。それで敬礼をされたりしてさ（笑）。

「監督よ、俺はお前よりも先に原知佐子を知っているんだぞ」と自慢したい

毒蝮　まあ言ってみれば偉人だな。異才を持った偉人だね。俺なんかには到底考えられない人格だし、考えられない仕事をしているから。そういう意味では、学者でいえば牧野富太郎とか南方熊楠みたいな人に匹敵するんじゃないのかな。どうしたって狂人としか見えないから周りは大迷惑だけどね。

八木　かなり変わった方だったのは確かですね。

毒蝮　奥さんの原知佐子さんは、本名は田原知佐子っていうんだよね。彼女は同志社大学で、日本テレビのドラマには一緒に出たことがあるの。俺は日芸に行っていて、同い年なんじゃないかな。

八木　原さんは1936年1月生まれのようなので、確かに同学年ですね。

毒蝮　それでちょうど卒論を書かないといけないときに、彼女は俺のことを「いよし、いよし」って呼んでいたんだ

けど、「いよし、ちょっと卒論を見せなさい」とか言ってさ（笑）。同志社で頭がいいんだよ。だから手伝おうとしてくれていたの。俺が映画学科だっていうのですごく興味を持ってくれたんじゃないのかな。で、当時書いた卒論は「映画の良心とテレビジョン」というもので、映画が傾いてきたときの卒業だから。もともとは映画監督になりたくて映画学科に入ったから、もう役者もやってはいたんだけど助監督になりたかったの。でも、ならなくてよかったよ。

八木　実相寺監督も映画に行きたかったけど、テレビに入ってきて助監督になっていますよね。それがよかったんじゃないのかなと思うんですけど。もちろん映画もとてもいいんですけど。

毒蝮　しかし原知佐子さんも変わった人だったけど、頭がいいから実相寺監督のよさが分かって結婚したんじゃないのかな。

八木　原さんとは1回だけ飲んだことがあるんですけど、不思議なカップルですよね。

毒蝮　悪酔いしただろう？（笑）。

八木　そんなことはなかったですけど、お酒の席だったので「監督のどこがよかったんですか？」みたいなことを図々しくもお聞きしたら、「才能に惚れたのよ」とはっきりおっしゃっていましたね。

毒蝮　そうだろう。だからいま言った通りで、異才の持ち主に気がついたのは原知佐子さんなんだよ。やっぱり彼女も実相寺監督の才能を見抜いていたんだな。俺たちは「なんだこいつは？」「ユニフォームもくしゃくしゃじゃないか」って見ていたんだから（笑）。

八木　実相寺監督ご夫婦が一緒にいらっしゃるところは、ご覧になったことはありますか？

毒蝮　別々でしか会ったことはないかな。原知佐子さんは1回、円谷プロのパーティかなにかですごい悪酔いしていたんだよね。飯島監督の奥さんの矢代京子さんも「本当にねえ、飲むと酔っちゃうのよ」なんて言っていたけど。なにが原因であんなに悪酔いするのかなって思ったね。でも実相寺監督は飲まないだろう？

八木　『ウルトラ』のころは飲まなかったみたいですけど、途中からすごく飲むようになったんですよ。若いときはコーヒーしか飲まなかったそうですが。

毒蝮　飲んだ覚えはなかったもんね。じゃあ後には原知佐子さんともよく飲んだのかな？　俺が実相寺監督に自慢できるのは、彼女が卒論についていろいろ教えてくれたことかな。俺は大学には5年行っているんだけど、なにかの番組の稽古の最中に卒論のことを考えていたら、「どんなことを書くの？」「ここはこうしたら？」なんて言って。生意気な女だけどね（笑）。で、彼女はその後に新東宝に入るんだ。で、東宝にも行って、東宝ではいい役をやっているよ。だから俺としては、「監督よ、俺はお前よりも先に原知佐子を知っているんだぞ」と自慢したいね。俺が実相寺監督に自慢できるのはそれくらいだよ（笑）。

湖のシーンでも5キロのライトなんかが映っているよ

八木　『ウルトラ』の現場でなにか覚えていらっしゃることはありますか？

毒蝮　実相寺監督でやるとなったら、みんな「今日はどういうレンズを使うのかな？」なんて思っていたよ。なんだかいつもレンズのことを言っていたから。あとは照明のことね。照明部がよく「バレているのにいいのか？」って怒っていたよ。だからバレているシーンがずいぶんあるだろう。湖（河口湖）のシーンでも5キロのライトなんかが映っているよ。湖のシーンでライトがあるわけないんだから。

八木　ジャミラの回（「故郷は地球」）ですよね。

毒蝮　それでジョルジュ・クルーゾー監督みたいにカメラをぐるぐる回したりしてね。だからカメラマンも「なんだ？　この撮り方？」みたいなことでね。照明はみんな黒澤組から来ているような人たちだからさ、映画づくりをやってきているわけ。それで「なんでこんな撮り方するんだ？　見切れちゃうじゃねえか！」「見切れていいんです」「なにがいいんだ！」なんてケンカはよくしていたよ。実相寺監督が「いいんです、いいんです。それでいいんです」って言って、実際に画面を見たら面白いんだよ。ハレーションして顔なんか分からないというのも結構あったんじゃないかな。

八木　シルエットになってしまうわけですね。

毒蝮　だから「学校の先生」じゃなくて「逆光の先生」だよ、なんていうことも洒落で言っていたけれどね（笑）。『あさき夢みし』も全く俺の声だけだしさ。まあ暗部を非常に生かしたわけだけど、これはヌーヴェルヴァーグの影響が大だろうね。彼はフランス語を話せたから、余計にそういう影響があったんじゃないの？　だから今回は実相寺組だってなると、「まともに撮った画はねえんじゃねえか？」なんてよく言っていたよ。鼻の頭を映されるとか、耳のアップとかね。でも今となっては彼の『マン』も『セブン』も貴重な映像じゃない？　『ウルトラQ』（66）はやっていないんだよね。

八木　『Q』は脚本を2本書いているのですが実現はしていないんです。

毒蝮　『Q』もやりたかっただろうね。彼がやったらまた違った映像が残ったはずだし、カラーじゃないからいい実相寺作品ができたんじゃないの？　本当にヌーヴェルヴァーグの初期の感じでさ。

いま生きていたら世間に通用するかどうかはまた別の話だね

毒蝮　彼が生きていたら文化庁長官みたいなことをやらせたかったね。

八木　フランスでは作家のアンドレ・マルローが文化相を務めていますし、実相寺監督は芸大の教授もやられていたのでおかしな話ではないですよね。

毒蝮　ちょっと変な長官になったかもしれないね（笑）。それは下にいるやつがちゃんとすればいいだけでさ。俺が日芸の学生のときは三浦朱門さんが教えていたんだけど、あの人は文化庁長官になったからね。そういえば（立川）談志も国会議員になったときに文化庁長官をやりたいなんて言っていたな。だから実相寺昭雄監督なんて、今なったら面白かったんじゃない？　また違った風が吹いたと思うけどね。芸大の学長でも面白いかもしれないけど。

八木　早く亡くなっていなければ、そういう可能性もあったかもしれないですよね。

毒蝮　まあでも、一言で言うとやっぱり変わった演出家だよなあ。だから、いま生きていたら世間に通用するかどうかはまた別の話だね。

八木　ご存命だったらどういうことをされるのか。

毒蝮　文化庁長官っていうのは1ヶ月でクビになる可能性があるね。「こんなものはやるなよ」「こんなことにお金をかけるなよ」みたいな批判が起きて辞めさせられるんだけど、その代わり50年後に評価されるかもしれない（笑）。

八木　やはり、その場では評価されないわけですね。

毒蝮　ヌーヴェルヴァーグの人はみんな変わっているからね。とても俺たち凡人には伺い知れないよ。まあ、一緒に生活したいとは思わないな（笑）。こんなんでいいかな？

八木　ありがとうございます。まむしさんからご覧になった実相寺監督像をゆっくりお聞きできて、とても楽しかったです。

毒蝮　でも、実相寺監督のことは桜井浩子が一番よく知っているよ。実相寺監督が惚れて惚れて撮ったんだからさ。きっと俺たちが知らないものも見ているんじゃないかな？

毒蝮三太夫（どくまむし・さんだゆう）

1936年東京生まれ。

俳優・タレント
聖徳大学客員教授。

日大芸術学部映画学科卒。

『ウルトラマン』『ウルトラセブン』の隊員役など、本名の「石井伊吉」で俳優としてテレビや映画で活躍。

1968年に日本テレビ『笑点』出演中に「毒蝮三太夫」に改名。

1969年10月からTBSラジオの『ミュージックプレゼント』でパーソナリティーをつとめている。

YouTube「マムちゃんねる」も好評配信中。

近著に『70歳からの人生相談』（文春新書）など。

撮影：福地憲一（福地写真館）

Actor
Hiroko Sakurai

俳優
桜井浩子

実相寺さんと私の関係が一番良好だったのは『怪奇大作戦』のころなの

『ウルトラQ』の江戸川由利子として、『ウルトラマン』のフジ・アキコ隊員として、初期円谷作品のアイコン的な存在となり魅力を放った桜井浩子氏。実相寺昭雄監督とも数々の名シーンを残してきたほか、後にはプロデューサーやコーディネーターとしても実相寺作品にかかわってきた。実相寺作品の創造の現場について、実相寺監督の人となりについて、さまざまなお話を伺うことができたのでお届けしよう。

「誰、この人？　感じ悪い」

八木　実相寺監督と最初に出会われたのはいつごろですか？

桜井　『でっかく生きろ！』のときですね。あのときはゲストで、女子大生の役で出演したの。おきゃんな女子大生という役どころで。でも私が行ったときには、実相寺さんはもう監督を降ろされた後だったの（笑）。私は杉浦直樹さんと絡んだと思うんですけど、窓枠にしがみついて「死んでやるー！」なんて叫ぶ役で一発ＯＫだったのね。それで「はい、ＯＫです」と言われて枠から降りたところにスーツを着た知らない男がいて「東宝の女優さんってそういうお芝居するの？　ヒヒヒ」って笑ったの。それで「誰、この人？　感じ悪い」と思った途端に、きびすを返して向こうに行っちゃって。「結構、足が長い人だな」なんて思ったんだけど。

八木　いきなり感じが悪かったんですね（笑）。

桜井　それで後から「あの人は誰？」って聞いたら、美空ひばりさんの口の中とか耳の穴をアップで撮って干された人だよって。

八木　「実相寺です」とか、そういうことはなにも言わなかったんですか？

桜井　言わない、言わない。パッと来てあっという間に行っちゃったんだから。「誰、あなた？」って感じですよ（笑）。だから逆によく覚えているの。『でっかく生きろ！』の実相寺さんの回は見ていなかったけど、美空ひばりさんの中継は見たの。だから「あれは怒るなぁ」と思いましたよ。

八木　でも桜井さんの場合は美的な選択だと思うんですよ。

桜井　それは違うわよ、ないない。でもそれから後で、ずいぶん仕事をやることになったから「なんでひばりさんの口の中とか耳の穴を撮ったの？」って聞いたら、「いやいや、寄っていったら、そのままそこにずーっと行っちゃったんだよ」ですって。

八木　人間を「もの」として捉えているということなんでしょうね。そこまでのアップだと、もう人格がなくなってしまいますから。

桜井　それは失礼ですよね。

八木　でも桜井さんの場合はそうではなく、美的に撮っていると思うんです。実相寺監督の感覚がたまたま広角レンズだったというだけで（笑）。

桜井　女優をああいう風に撮ってみたかったって言ってましたね。田村奈巳さんに牛乳瓶底のメガネを掛けさせて出演させたじゃない？（『ウルトラマン』「怪獣墓場」）。あれも「どうしてそういうことをするの？」って聞いたら、美人をそういう風に撮ってみたかったんですって。美人はあくまでも美人だからなにをやっても大丈夫って言うんだけど。

背の高い川上さんを、背の低い英二さんがいつも注意していました

八木　ある意味では最悪の出会いをしたのが１９６４年で、その後が『ウルトラマン』ですか？

桜井　実はその前、『ウルトラＱ』のときに砧の円谷プロダクションの中庭で見かけてはいるの。円谷一監督と一緒に中庭を歩いている人がいて、「なんか見たことあるなあ」とは思ったけど、目も合わないし、監督ではないし、まあいいかと思っていたら、それが『ウルトラマン』で会うことになったの。

八木　『ウルトラＱ』の準備をしている１９６５年ごろのことですかね。

桜井　そこまではよく覚えていないですけどね。円谷プロの中庭って人が行き交う場所で、そこにとどまるわけではないじゃない？　で、私は撮影の待ちかなにかで多分待機していたんだと思うの。円谷プロの入り口を入って左側にあったイスに腰掛けていたんだけど。あそこにはよく座って定点観測をしていたの。で、私がボーッとして時間を潰していると、必ず円谷英二監督が黒塗りのクルマで来るのよ、スリッパ履きのままで（笑）。だから「お早うございま〜す！」って挨拶すると、「お、やってるか！」って。それで必ず奥の映写室と編集室に行っていたのは覚えてる。

八木　僕が円谷プロに入ったころもまだ奥に機材が残っていましたね。英二さんが使っていたでかい編集機とか映写機なんかもありました。

桜井　英二監督で思い出すのは、お弟子さんでもあった特撮班の川上景司さんと話をしているところなの。

八木　川上景司さんは『ウルトラQ』までですよね。

桜井　『ウルトラマン』は多分やっていなかったと思う。川上さん、背が高かったので、英二監督が見上げながら「ダメじぇねえか、おめえ」って注意していて、川上さんは「すみません」なんてうなだれていてね。その構図がものすごく印象的だったんです。

八木　実相寺監督も『ウルトラQ』の脚本を2本書かれていますよね。予算の問題で実現できなかったとお聞きしています。『Q』は途中で怪獣路線になったじゃないですか。でも実相寺監督の書かれた2本は一監督の撮っている「あけてくれ!」とか「1／8計画」系だったので、そういう点でも難しかったのかなと思っています。だから最初はSF的というか『トワイライト・ゾーン』（59-64）的なものをみんなでやろうとしていて、そこに実相寺さんも呼ばれたということですよね。

桜井　TBSのプロデューサーの栫井巍さんが「円谷英二といえば怪獣だから、まずは怪獣で成功してから」ということで、英二監督も納得して途中から怪獣路線になったと聞きました。クランクインしてから割とすぐの時期でしたけど、現場は大変なことになっていましたよ。

八木　やはり怪獣を出したから社会現象になったんでしょうし、そこはプロデューサーの慧眼です。「あけてくれ!」の路線でやっていたら、昭和の名作ドラマで終わっちゃったかもしれないですから。

桜井　時空が崩れてみたいなSFを画面が小さいテレビで、しかも子どもたちにも見せないといけない。それは無理だというのが栫井さんの考えで、怪獣を出すことにした。でも私たち俳優は聞かされていないんですよ。で、急に英二監督がドラマ班のスタジオに来て、困った顔をして監督と打ち合わせをしていたりして。梶田興治監督なんて「甘い蜜の恐怖」のときに、「怪獣路線になんかなっちゃって。僕はオネスト・ジョンのフィルムを東宝から頼み込んで借りてきたのに、なんであんなモグラみたいなのをやっつけないといけないんだ」と怒っていましたよね。

八木　残念ながら実相寺監督は『Q』には参加できませんでしたが、「ウルトラマン前夜祭」の演出をされているじゃないですか。あのときの印象はいかがでしたか？

桜井　杉並公会堂でね。でもそこでは会っていないのよ。「前夜祭」のとき私たちは奈落でスタンバイしていて、キューが出たら奈落から上がっていくという話だったんだけど、なかなかキューが出なくてね。それでキャップ（小林昭二）が怒って……だって生中継でしょう。あのままじゃ私たちのお披露目ができなくなっちゃうから、「もう出よう！」ってキャップが言って。それでダーッって全員が上がっていっちゃったの。そうしたら舞台の上がハチャメチャになっていて（笑）、ブタがその辺で「ピキー！」なんて鳴いているから、なんでブタが出ているんだろうと思ったけど。それで私が「フジ隊員です」なんて話すのも結構噛んじゃったりするし、キャップもセリフを全然言ってないしで。でも科特隊のお披露目は一応できて、最後は「ウルトラマンの歌」を英二監督の横で歌ったんだけど、「英二監督はソプラノだな」なんて思ったのを覚えてる。監督の歌は上手かったですよ。英二監督は『マン』のときはすごく機嫌がよかったの。『Q』でかつてないような数字をたたき出した後だったから。

八木　大混乱の「前夜祭」も視聴率がとてもよかったということで、実相寺監督は干されないで済んだそうですね。ちなみに飯島監督は本当に実相寺監督のことを好きだったというか、よく一緒にいらっしゃったし、話もされていました。

桜井　飯島監督と実相寺さんって水と油じゃない？　だから「なんで仲がいいの？」って飯島監督に聞いたことがあるの。「そうだなあ、実相も僕も本物が好きだからなあ」という言い方をされていましたね。

「実相寺は才能があるから言うことを聞いてやれ」

八木　ではいよいよ『ウルトラマン』の話を伺っていきたいと思います。「真珠貝防衛司令」「恐怖の宇宙線」が最初の実相寺組ですよね。

桜井　でも「真珠貝防衛司令」のファーストカットは覚えてないの。銀座4丁目のロケがファーストカットではないと思うんだけど。覚えているのは、「女の情念よ」と言ってくれって言うから、「なんで?」って。理由を聞いたら「好きな真珠を食べられちゃって悔しいだろう?」「悔しくない」「君はそういう人だよね」「でも、芝居をしろって言うんだったらするわよ」って（笑）。

八木　後年の実相寺監督はそういうことを役者に言っていなかったんですけど、「真珠貝防衛司令」ではすごく演出をされているんですね。実相寺監督はその後「地上破壊工作」「故郷は地球」を撮られて、最後が「空の贈り物」「怪獣墓場」ですが、桜井さんはどの現場が印象に残っていますか?

桜井　私が一番覚えているのは「怪獣墓場」で、喪服を着て「泣け」って言われたのが実相寺さんのファーストカットだと思っていたの。

八木　最初は照明が落ちていて桜井さんが泣いているところですね。

桜井　あそこでポクポクやっているのが光学合成担当の中野稔さん（笑）。科特隊本部のセットを一部飾り変えて怪獣を供養する祭壇を作っていて、それで衣裳部に行ったら私だけ着物があるの。で、衣裳部さんが「ロコ、喪服を着るんだって」って言うから、「なんで?」と聞いたの。そうしたら、よくは分からないけど監督が言うから喪服をそろえたという話で。でも着物を着るときって、肌襦袢と3本くらいの伊達締めとかは本人が持っていかなきゃならないんです。だけど私は言われてないからなんにも持って行ってない。そうしたら衣裳部さんが「こっちで全部そろえたから」と。そこにキャップが飛んできたから、「なんで喪服を着なきゃならないの？」と言ったら、「実相寺は才能があるから言うことを聞いてやれ」ってなだめられて（笑）。それで喪服を着てセットに入ったら「号泣しろ」なんていうわけ。それで「なんで？」「怪獣が死んで可哀想だから」「いえ、ちっとも可哀想じゃないです」というやり取りがあって、結局はちょっとハンカチで拭くくらいで着地したんじゃなかったかな。

八木　やっぱりちゃんと撮りたかったんですよ。

桜井　キャップなんて真面目に芝居をしちゃってるんですよね（笑）。だからびっくりしちゃって。キャップはNGを出さないんだけど、みんなで直前までジョークを言い合っていたのが急に本番になって「はい、そうであります！」なんてやっていると、キャップが最初に笑っちゃうの。涙目になって「お前が笑うからだ！」なんて言って私たちのせいにするの（笑）。でも『ウルトラマン』は隊員がみんな魅力的でしたよね。ということはつまり言うことを聞かないってことなんですけど。

八木　僕は『ウルトラマンマックス』（05-06）や『大決戦！超ウルトラ8兄弟』（08）でお仕事をさせていただきましたけど、皆さん本当に魅力的ですよね。テレビで見る以上にみんな明るいんですよ。それで現場を盛り上げてくれているんでしょうけど、ずっと楽しい話をされていて。

桜井　オヤジギャグとかはもう勘弁してくれって思いますけど。

八木　『ウルトラマン』から伝わってくる楽しい雰囲気はそのまま現場の感じなのかなと思いました。

やっぱりベースを作るのは円谷一監督と飯島監督

桜井　『ウルトラマン』は石川進さんから二瓶ちゃんに代わったところで、急に隊員たちの結束が強まったの。

八木　石川進さんで撮影は進んでいたのですか？

桜井　2〜3日は撮っているの。交代劇について私たちは知らされていなくて、キャップが「おい、誰だ、あいつ？」って。それで「東宝の先輩で、『若大将』なんかに出ていた人ですよ」って私が一応説明して……飯島監督はご存じだったみたいですけどね。それでみんなで見ていたら「羊が一匹、羊が二匹……」（第2話「侵略者を撃て」）というところだったの。で、「イテテテッ！」って青タンつけてカメラに向かって「ああ、これですか？」って言うわけじゃない？　だから「カメラに向かってしゃべってる、変だなあ」と思っていたんだけど、飯島監督には誰もものを言えないから（笑）。

八木　円谷一監督はメイン監督でしたが。

桜井　円谷一監督ということで言えば、『ウルトラマン』になって、フジ・アキコは科特隊本部付きだったんですよ。あまり外に出ていかない設定だったので、「なんで『ウルトラQ』であれだけアクティブな働く女性をやったのに」って一監督に言ったの。表に出て、科特隊として一緒に怪獣だって退治したいという話をしたら、ジェットビートルにも乗れる設定にしてくれたんです。それで1人で竜ヶ森に特殊潜航艇を運ぶ場面が作られたりして。

八木　制作順では第9話だそうですが、放送第1話にそういう設定を反映したわけですね。

桜井　それでフジ・アキコとはこういう人だよっていうのがバーンと分かるじゃない。

「恐怖の電話」は実相寺さんという監督と桜井浩子という女優が一番ピタッと合った作品

八木　『怪奇大作戦』(68‐69)の「恐怖の電話」の現場はいかがでしたか?

桜井　「恐怖の電話」に君が出るよっていうのは、実相寺監督から直接言われたの。実相寺監督が『怪奇大作戦』という枠を借りてヌーヴェルヴァーグをやっていたんだな、というのはよく分かる。あのときはそれにものすごく賛同しましたし。

八木　やっぱり桜井さんだからあの雰囲気が出たとも思います。

桜井　私は被写体だからそれは分からないけど、「恐怖の電話」は実相寺さんという監督と桜井浩子という女優が一番ピタッと合った作品ですね。魂が合っていたというか、そういうところは尊敬していましたからね。

八木　後年の実相寺さんにとって役者は「もの」でしたけど、この時期は監督と役者が同じ方向を向いている。桜井さんにとっても「恐怖の電話」が一番ということですよね。

桜井　そうですね。あとは岸田森っていう人がいたのも大きかった。あの人は、私がそれまで見たことのないような人だったから。みんなも張り切っていたし、なんといっても原保美さんが「実相寺はなにをやってもいい」みたいな感じでドーンと構えていたのを覚えていますね。

八木　しかし『怪奇大作戦』の4本はどれも素晴らしいですよね。そして「恐怖の電話」の後には実相寺監督の映画『曼陀羅』に出演されています。

桜井　あの役は、3ヶ月くらい役者の名前を台本に入れないで空けておいたらしいのね。でもオファーが来たそのときは、結局「うん」とは言わなかったんです。だってヌードになってくんずほぐれつのラブシーンなんてやりたくないし、そういう方向でいきたくないからずーっとNOだったわけで。けど、やっぱり最後はキャップが、小林昭二さんが出てきた（笑）。キャップはそれなりに考えた言葉で私を説得してきて、ただそれでOKを出したわけではないんですけど、やるからにはまな板の上の鯉で好きなように撮ってもらうしか道はない、と腹をくったという感じでしたね。

八木　「恐怖の電話」が一番だとしても、実相寺映画の桜井さんも素晴らしいと思います。

桜井　『曼陀羅』『哥』『歌麿』には出たんですけど、あれは私の黒歴史ですよ。出たくなかったし、今でも出なければよかったと思っているんです。これについては、皆さんの評価は知ったこっちゃないです（笑）。

『ウルトラの揺り籠』からコーディネーターとナビゲーターに

八木　桜井さんはコーディネーターやプロデューサーとしても活躍されていますが、そういうお仕事で実相寺監督とかかわられたこともあるんですよね。

桜井　私をこの立場にしたのは実相寺さんと飯島監督ですからね。1994年か1995年くらいかな、冬木透先生のコンサートを計画していたときに、実相寺さんからシビックホールに来いって言われたんですけど「私は用がないから行かない」って言ったの。そうしたら飯島監督からも「実相も俺も冬木さんもいるんだからちょっと来たら？」と誘われて、しょうがないから渋々行ったわけ。それでお茶を飲んでいたら実相寺さんが「ものを知らない気の強いおばさんが引っ張っていかないとダメだよな」って言い出して。それが暗に私を担ぎ出そうとするきっかけだったみたいなんですけど、そのとき、私は特に実相寺さんたちの話に乗らなかったんです。直接のきっかけは

『ウルトラマン創世記』という本で、あの本に特典で20分くらいのDVDを付けようという話になって飯島監督に相談したら、「桜井くん、僕の仕事はなんだか知ってる?」「え、監督でしょ」「そうだよ。だからその仕事は僕にやらせて」「でも監督、これは20分のドキュメンタリーですよ」「病後のリハビリとしてやりたいから」ということになって。そうしたら予算も上がってスタッフもいっぱいつくことになって、それが『ウルトラの揺り籠』になったの。結果的に『ウルトラの揺り籠』からコーディネーターとナビゲーターをやることになって……。

八木　そして、最後のウルトラとなった『ウルトラマンマックス』ですね。

桜井　『ウルトラマンマックス』の実相寺組の初日に行ったらもう顔色が悪かったから「ああ……」と思って。でも『マックス』の「狙われない街」が遺言だったなっていうのは後になって分かったのね。見たときには「またこんなことやってる」なんて思っていたんだけど。怪獣倉庫がなくなることに実相寺さんはすごく反対していたし、それは飯島監督も同じでしたから。

八木　「狙われない街」は途中で実相寺監督がご自分で作られて差し替えたプロットなんです。だからおっしゃる通りで遺言なんですね。あれを怪獣倉庫で撮りたかった。

桜井　映像で残しておくべきだと思ったから、怪獣倉庫をテーマにすることにしたのね。

八木　『星の林に月の舟』でも円谷プロは故郷という書き方をされていますよね。そして、桜井さんが実相寺監督と最後にお会いになったのが『シルバー仮面』の試写なんですよね。

桜井　ＩＭＡＧＩＣＡの第2試写室ですね。私はその年の1月に母を亡くしているので、この世からあの世に行くときの顔っていうのを見ているわけです。で、あのときの実相寺さんがまさにそうだったから「あ!」と思って、これでお別れだなっていう感じはしました。寺田(農)くんが横に座っていてバカ話をしていて、私よりもっと身にしみてお別れを実感しているだろうにすごいなと思いましたね。でも実相寺さんとの最後はケンカですよ。もう足がおぼつかないのに自分の席からスクリーンの方に歩いていって、帰りに私の隣でよろけたの。だからパッと支えて「大丈夫?」って言ったら、「君に『大丈夫?』なんて言われたくない」って。それで「あ、そうなの。じゃあ『大丈夫?』なんて言わないわ」で終わり。だから結局は最初から最後までケンカなの（笑）。

八木　感じの悪い出会いから始まり最後まで感じが悪かった実相寺監督ですが、でもやはり強いつながりを感じますね。

桜井　飯島監督には「桜井くん、発信しなきゃダメだよ」と言われていて、それでツイッターを始めたんですね。フェイスブックは古谷敏さんが「フェイスブックもやろうよ〜」って言うからアカウントを作ったんですけど、ツイッターだけで精一杯なんです。そして私が毎朝欠かさずツイッターとフェイスブックを更新しているのは、監督たちへの報告です。18年間も女優じゃなくてコーディネーターとしてやれているっていうのは、監督たちのおかげだからね。自分が本来やる仕事とはまた違う意味で忙しいということは、天から動かされていると思っているので。だから監督たちに見られているっていうのは絶対にあるので、それに対するけじめの報告、「ちゃんと発信していますよ!」っていう感じなの。もちろん皆さんにお伝えすることがあるので発信していますというのもありますけれど。

八木　見られているというのは気が引き締まっていいですね。

桜井　あなたも見られているのよ（笑）。でも結局は1つ1つに魂を込めれば大丈夫。やっぱり飯島監督たちのマインドは「愛」だから……。ウルトラの愛をつなげていければいいなと思っています。

桜井浩子（さくらい・ひろこ）

『ウルトラQ』ではカメラマンの江戸川由利子役を、続く『ウルトラマン』ではフジ・アキコ隊員役を演じる。『青べか物語』『江分利満氏の優雅な生活』『ああ爆弾』などの東宝作品のほか、『怪談残酷物語』『新宿そだち』（松竹）など映画にも多数出演。実相寺作品では『曼陀羅』『哥』『歌麿』に出演している。現在は円谷プロダクションのコーディネーターとしても活躍し、『桜道―「ウルトラマン」フジ・アキコからコーディネーターへ』など著書も多数。

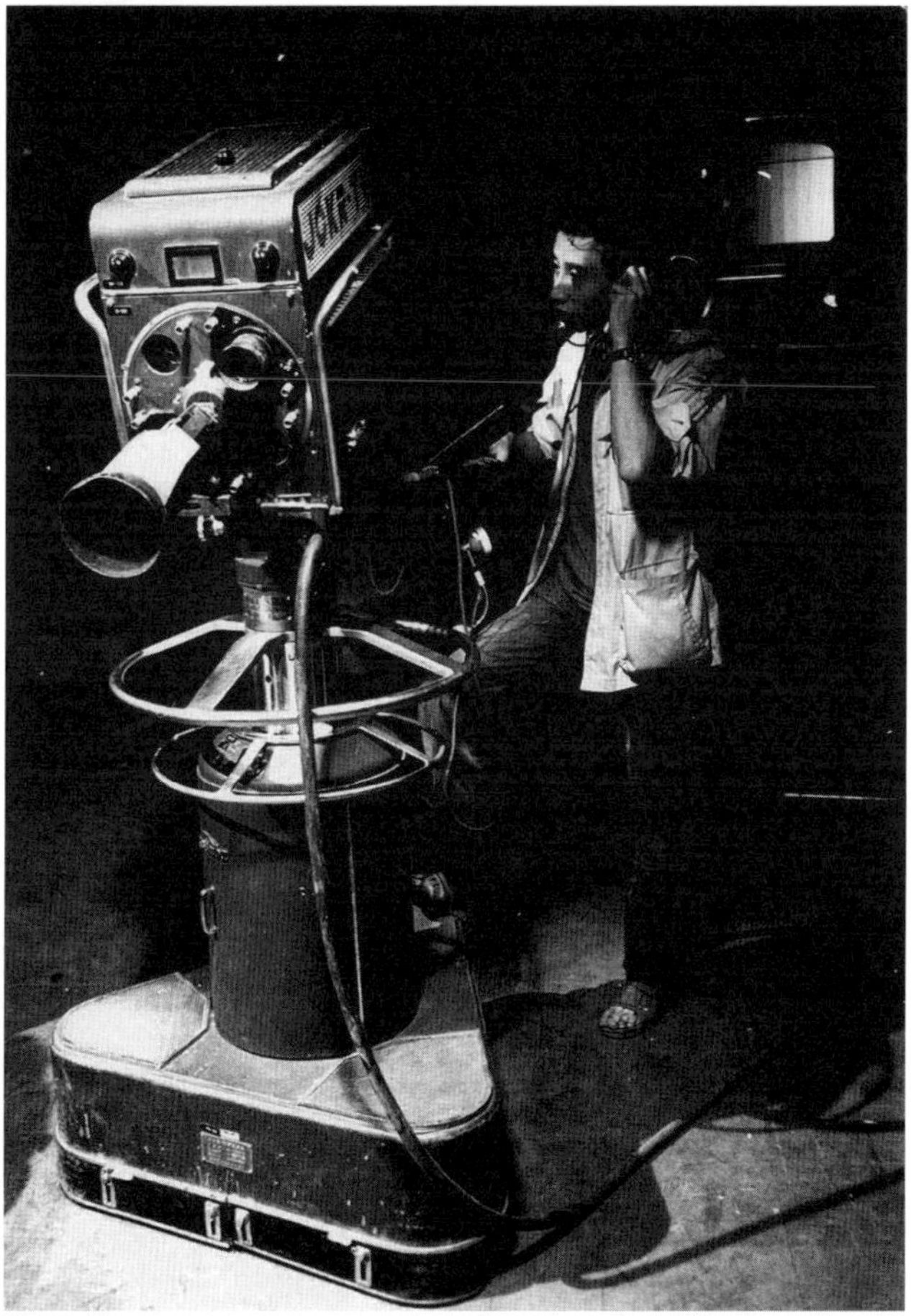

Child Actor
Sojiro Uchino

俳優

内野惣次郎

私たち子どもは普通の監督さんという意識でしたね

子役時代に実相寺昭雄監督作品に出演し、長じてからは飲み仲間として趣味の話を交わし、ついには広告代理店の社員として作品のプロデュースも画策していたという内野惣次郎氏。ブランクがあるとはいえ、これだけ多面的に実相寺監督とかかわった人物は珍しいと言えるだろう。ではそれぞれの局面では、どのような顔を見せていたのか。内野氏だけが知るその素顔を語っていただこう。

「内野くん、あなたはあのとき変声期で本当に声が出なかったんだよ」

八木　「内野惣次郎」という名前は『ウルトラマン』「恐怖の宇宙線」にクレジットされていて、これは実相寺監督の『ウルトラマン』初作品です。ですから内野さんは実相寺組の演出を受けているわけで、さらに後にはプロデューサーとして作品も成立させようとされています。しかも監督とは楽しくお酒も飲んでいらっしゃったということで、とても特殊な形で交流があった方だと思います。

内野　当時は全く気にしていなかったわけですけど、『ウルトラQ』に出たときは飯島（敏宏）監督の「虹の卵」で、その後が実相寺監督の「恐怖の宇宙線」ですからすごいですよね。大人になって考えてみると、たまたまとはいえ飯島さんと実相寺さんの回に出ているというのは信じられないですね。子どもながらに両監督の性格は真反対だななんて感じてはいましたが、この2人の監督にかかわれたのはうれしいなと思っています。しかも後から知ったところでは、この2人はお互いに尊敬し合っているわけじゃないですか。それも含めてね。

八木　素晴らしい経験ですね。ではまず「虹の卵」のお話から伺えますか？

内野　後年に飯島監督とお会いしていろいろ話している中で、調子に乗って「私は『虹の卵』でブン太を演ったときに声を出しませんでしたよね。養鶏場で卵を産ませるときとか、ピー子を相手にしゃべるときは声が出ない演技をしていて、あれは子どもにしてはなかなかいい演技だったと思うんですよ」と言ったら、飯島監督が一呼吸置いて「内野くん、なにを言っているの？　あなたはあのとき変声期で本当に声が出なかったんだよ」っておっしゃって。でも自分にはそんな記憶はないんですよ。だけどそんな声でオーディションに来ていたから、周りのスタッフ全員が「あの子は声が出ないからダメだな」って落としかけたと。それを飯島監督自身が「ちょっと待って。ああいう子が1人いたら面白いんじゃないの？」と言って決めてくれたそうなんです。「子どもたちがたくさんいる中で、ピー子と絡む男の子はあんな感じがいいんじゃないか。内野くん、それで僕が決めたんだよ」って（笑）。だから「監督、すみません。50年以上自分の名演技だと思っていました。失礼しました！」と謝ったんです。

八木　そんな経緯があったのですね。

内野　それで「恐怖の宇宙線」のときも劇団の方から「内野くん、今度は『ウルトラマン』でオーディションがあるから行ってきて」って言われて行って。でも、オーディションをやったときに監督がいたかどうかは全然記憶にないんです。小学校の4年生くらいですからね。ただ実相寺組が多摩川の川べりで撮ったり公園で撮ったり、いろいろやっていた中で覚えているのは、助監督さんが段取った後に監督が子どもたちの前に来て空を指差して「ここにガヴァドンがいるから、そこに向かって『ダメだ！』ってやって」なんて言ってくれたことです。しかも私たちは子どもだから背が低いじゃないですか。ですから監督も少し腰を落として話してくれましたし、土手に座っているところなんかでは「あっちの方に星があるんだよ。そこがガヴァドンだから」って、しゃがんで具体的にいろいろ言ってくれたというのがすごく印象にあります。監督がそういうことをやるのは普通のことだと思っていましたが、後からいろいろな方に聞いたら、実相寺監督が自ら演技指導をしたり口出しをすることはあまりなかったみたいですね。

八木 子どもの目線に近いところで丁寧に演技指導をされたわけですね。

内野 監督のことなんかなにも知らずに、ただ単に「はい」ってやっただけなんですけど。大人になって監督とかかわりが持てて、コダイの皆さんに話を聞くと「実相寺さんは怖いんだぞ」と言うわけですよ。ピリピリしていて、顔は笑わないし……って。でも私たち子どもは普通の監督さんという意識でしたね。大人になって監督に「あのときはこうでしたよね」なんて話をしたら、監督は「あ、そう?」って一言だけ（笑）。いかにも監督らしいですよね。だからやられた方は覚えているんだけど、やった方は覚えてないんですよ。

エンディングの移動撮影はリアカーで

八木 しゃがんで子どもに演出するというのはとても真摯ですよね。「恐怖の宇宙線」は子どもたちが生き生きしているのが印象的ですが、あれって結構難しいんですよ。だから現場で和やかな雰囲気を作っていたんだと思うんです。それは後期の実相寺監督とはまた違うイメージですね。

内野 あれは和泉多摩川だったかな。昼間に撮影をやっていて、スタッフや監督が他の撮影に入っているときなんか、子どもは時間が空くじゃないですか。それで自分は川べりに落ちていた釣り糸、針にミミズかなんかをくっつけて釣りの真似事をして楽しんでいました。そんな和やかな中でやらせてもらっていましたね。

八木　ピクニックみたいでいい雰囲気だったんですね。

内野　そのときに科特隊として来られたのは桜井浩子さん、黒部進さん、あとはキャップ（小林昭二）。二瓶（正也）さん、まむしさん（毒蝮三太夫）もいた気がしますね。黒部進さんはやっぱりスターっぽいというか、子どもに対してもあまりフランクには接しなかった印象です。ニコっとしながら立っていたようなイメージですね。ただ多摩川の浅瀬をゴロンゴロン転がるのを見て、子どもながらに「大変だな、こんな浅いところで溺れるなんて」と思ったのは覚えている（笑）。桜井さんは子どもながらに「すごく可愛い人だな」と思ったし、二瓶さんやまむしさんとはちょっとしゃべったような気がします。だから雰囲気はよかったんでしょうね。後に、監督が『姑獲鳥の夏』をセットで撮影したときに拝見した雰囲気とは全然違います。だけど、どっちも実相寺監督なんですよ。

八木　時期や作品、人によって皆さんおっしゃることが全然違うんですよね。でも初期のころは演技指導をすごくしているようです。役者もまだ「もの」扱いになっていないし、演技というものに期待を持っていたのではないでしょうか。それがどこかの時点で変わっていった。これは相手を信用して任せるというのも半分あるでしょうし、全体を「もの」として構成するようになったのかもしれません。

内野　キャスト、俳優さんなんかは「映像に出てくる小道具」という言い方も後にされていますよね。もちろん一定のレベルのきちんとした方が参加されるわけですけど、俳優さんに演技力は求めなくなるし、ああだこうだと細かい注文みたいなものはつけなくなっていったんでしょうね。まあでも「恐怖の宇宙線」のときはそんな感じで撮影していました。子どもたちが土手のところに座っていて立ち上がる夜のシーンでも監督がおられて、助監督が持っている物干し竿の先のマークを指さして「あそこに怪獣がいるからさあ」って。そういうようなことを言ってくれていた記憶があります。ただ余計なことはあまり言わなくて、説明してくれた後はスーッと戻っていって、あとは周りのスタッフの方々が面倒を見てくれました。

八木　夜のシーンも含めていいシーンがたくさんありますよね。しかも実相寺監督の『ウルトラマン』1本目で、子どもが主役のロマンティックな話です。これは実相寺監督を呼んだ円谷一さんの持っている世界かなと思いますが、結構直球で作っているじゃないですか。現場で他に覚えていることはありますか？

内野　監督のイメージは「すごく細い人」というものでしたね。とにかく痩せていて、服は白いシャツにスラックスという感じじゃなかったかな。それで夜になるとジャンパーを羽織ったりして。あんまり汚いヨレヨレの服っていう感じではなかったですね。大人になってからの実相寺さんのイメージは「ヨレヨレでジーンズ」という感じですけど、あのときはそういうのではなかった気がします。

八木　撮影は何日くらいでしたか？

内野　ちゃんと覚えてはいませんけど、和泉多摩川は1日じゃなかったのかな。その後に公園とか学校で撮っているんだと思いますけど。だから全部で2〜3日ですかね。

八木　あの公園はいいですよね、土管なんかがあって。

内野　公園の中の最後のシーン、浦野光さんのナレーションが被るところでカメラが絵を描いている子どもたちをナメてからグーッと引いて小山を登っていくじゃないですか？　あれは監督とカメラマンがリアカーに乗って、リアカーを動かす人が1人か2人前にいて、それで撮影しているんですよ。

八木　特機（移動車）がリアカーだった、それはすごい。でもあの移動は印象的でかっこいいですよね。

内野　あと、子どもたちが土管の横を走りながらチェックしながら行くところは、下にレールかなんかが敷いてあった気がします。

八木　あっちの移動は滑らかですからレール移動なんですね。

内野　でも滑らかじゃないあの最後のシーンはよかったですね。

八木　実相寺監督が円谷に来て最初の作品ですから力も入っていたのでしょう。

飲み会での実相寺監督

八木　内野さんはその後、実相寺監督とはいわゆる飲み仲間になるんですよね。

内野　それは、当時フィギュアコーディネーターをされていた安斎レオさんが引き合わせてくれたんです。大阪でイベントがあったときに「はり重」っていうすき焼き屋さんにお誘いいただいて、そこで監督に「お久しぶりです」とご挨拶をしたのがきっかけですね。監督はなんかぼーっとしていたけどね（笑）。だから安斎レオさんが全部説明してくれたら、名刺と私の顔を見比べて「はあーーーー」って。それで東京での飲み会にも呼んでいただくようになって、そこには河崎実さんとか加藤礼次朗さん、いろいろな方がおられたんですね。ただそこで出るのは趣味の話で、映像の話はほとんどなし。ある日の飲み会では監督が鉄道模型の食玩を持ってきたんですけど、いきなりバキバキッて箱を開けだしたら加藤礼次朗さんが「監督！　なにやってるんですか！」って怒りだしてね。ナイフでそっと開けて箱を綺麗なまま残さないと価値が落ちるということで、でも監督に向かって面と向かって怒れる若造っていないじゃないですか。監督は監督で「そうかそうか」なんて素直に聞いているしね。だから。別ジャンルで長けている人がいれば、年齢とか性別には関係なく、言われたら素直に従うんですよ。

八木　そこはやはり趣味の世界だからこそなのでしょうね。

内野　食玩でいうと、安斎レオさんは「昭和情景博物館」というのを作っていて、監督に監修をしてもらっているんです。あれはすごくいいんですよ。でも監督はなにを監修したのかと思ったら、建物の屋根の反り具合なんかを細かく言ったりしているみたい。直線ではなく、ちゃんと時代を経た反りを出すようにって。

八木　ディティールにこだわったわけですね。

内野　あるときは、「銀座のコリドー街で飲んでいるから」というお誘いが勝賀瀬（重憲）さんからありまして。で、お店に着いたら勝賀瀬さんと実相寺さんが待ち受けていて、私が見えた途端に2人が土下座しているの（笑）。だから「え？　なんで？」と思ったんですけど、「お忙しい内野さんにわざわざお越しいただいて、大変申し訳ありません。せめて、ショウ（勝）ちゃんと一緒にここでお迎えしようっていうことで」なんて言って、そういう褒め殺し的な行動は天才的でしたね。でも人目もありますから、「頼むから止めてくださいよ」って。それでもまだ座っているんですから。ようやく立ってもらったら、「ショウ（勝）ちゃん、早くお連れして」とかなんとか。だから「遊んでいるんじゃないよ、巨匠が」と思いましたけどね。

八木　聞いたこともないエピソードですね。

内野　監督と飲むとき、私はイジられ要員だったんです。監督はそんなことをやりながら、横を向いて、心の中で舌を出して「やってやった！」なんて思っているわけですから。だから楽しかったんだと思います。もちろん私たちも楽しかったですし。利害関係もほとんどないじゃないですか。ただ好きなことで集まっていて、私たちは実相寺さんを好きで尊敬していますし、監督は同じ趣味でいろいろ教えてもらえるし、ものも集まってくるしで（笑）。

幻の『ジャイアントロボ』と『魔人』

内野　そんな感じで楽しく飲んでいたんですけど、その席では河崎実さんが実相寺さんに「監督、今度はこれを撮るんです」なんて言ってよく台本を見せていたんです。それで実相寺さんが勝賀瀬さんに「ふーん、俺も撮りたいな」って言ったことがあって。それを聞いていたので、安斎レオさんと河崎実さんと私の3人で「監督になにか1本撮ってもらおう」ということになったんです。それでなにがいいかなと考えたんですけど、横山光輝さんの作品は自分たちも好きだしということで『ジャイアントロボ』を提案したら「ああ、いいよ」という簡単な返事でね。亡くなられる2年くらい前だから、2003年か2004年の話ですね。それでプロットを書いてもらってお見せしたら、「お、いいね！　ロボットだったら精密機械だから、チェコに行って撮影なんかもやるよな」ということで。もう自分の中で組み立て始めているから、これはいけそうだと。制作費とか座組はこれから考えないといけないけど、まずは監督に乗ってもらうのが先ですからね。

八木　チェコであういうロボットを作ったっていう設定は面白いですね。

内野　チェコでそういうものを作って。日本に持ってきてっていうことでね。草間大作……大作少年を女の子にしてとか、いろいろ考えていたわけです。それで私は当時広告代理店に勤務していたのでスポンサーを集めて、スタッフ、監督を交えたキックオフをセッティングして、無事に会議も終わろうかというころに当時の部下が「監督、感動する映画をよろしくお願いいたします」と言ったら、実相寺さんが「感動？　感動は俺じゃねえな」って。あの言葉は今でもはっきりと覚えています（笑）。

八木　それは怒ったんですか？

内野　怒るというよりは冷めた言い方ですね。だけど状況が状況で、まさにこれからというときに監督が降りる宣言をしたようなものじゃないですか。そのときは河崎実さんもいてなだめたんですけど、「悪いけど感動するやつは俺じゃないからダメだなあ」「いや、ちょっと待ってください」「待ち合わせがあるから待てないよ」ということで帰ってしまいました。じゃあなんで待てなかったかというと、後で分かったのは堀内正美さんと加藤礼次朗さんと3人で飲みにいく約束をしていたそうなんです。だから、飲みの約束が優先なのか……って（笑）。

八木　そのメンバーだったら多少時間をズラしても大丈夫そうですけどね。

内野　その後始末は大変だったんですけど、とりあえずは企画のリセットということでクライアントさんには納得していただきました。それで後日、監督に会ったときに「あれだけ人を集めてセッティングするのは大変だったんですよ。勘弁してくださいよ」なんて言ったんだけど、「だって、俺が撮りたいものじゃないもん」「じゃあ、なにがやりたいんですか？」「乱歩」というやり取りがあって。それで詳しく聞いたら『青銅の魔人』を撮りたいということで、そういうテーマがあるなら最初から言ってほしかったですよね。それでまた台本を作るわけですけど、形になって出来上がってきたのは『青銅の魔人』ともう1つの話を足して2で割ったようなものでした。でもそのころ、監督が体調の異変を訴えるわけです。お会いしたのは『ウルトラマンマックス』「狙われない街」のときで、撮影の待ち時間に円谷プロさんの応接室で寺田農さん、監督、私の3人でお茶を飲んだんですね。それで寺田さんに『ジャイアントロボ』のことを愚痴ったら、監督は「すいませんねえ」みたいな感じで飄々としていて、寺田さんは寺田さんで「内野くん、実相といるとそういう被害を1回か2回は必ず蒙るんだよ」「それがあってこそ、真の親友になれるんだ」って（笑）。そうしたら監督が「このごろ、胃の調子が悪くてさあ」「膨満感があってすごく胃が膨らんだ感じでさあ」と言い出して、寺田さんが「実相、それはガスター10がいいんだ」って。それでガスター10を調達して鵜の木のご自宅に送ったんですけど。

八木　実相寺監督の『青銅の魔人』は見たかったですね。

内野　『青銅の魔人』は『魔人』というタイトルになって、脚本はできたんだけどそこから先には進みませんでした。だから私の手元には『ジャイアントロボ』と『魔人』という幻の脚本が2冊あるんです。でも振り回されたのもいい思い出ですよ。あとポイントは、やっぱり監督は江戸川乱歩が好きだったんだなあと思いますね。

八木　では、内野さんにとって実相寺監督はどのような方でしたか？

内野　子役のときの印象はまともな人……言い方は失礼だけど「いい大人」ですよね。で、大人になって再会して亡くなられるまでの実相寺昭雄という人物を一言で言ったら「変なおじさん」です。これは悪い意味じゃなくて、不思議な監督ということですね。脅威もなければ畏怖もない、かといってめちゃくちゃ親しくなるわけでもない。普通の感じでしゃべっているんだけど、多分頭の中は私たちとは全然違うレベルのことを考えている。しかも自分中心でやりたいことをやるために、いろいろな方に対していろいろな術を使って動いていただくわけじゃないですか。周りには納得してもらった上で助けてもらう。それができちゃう人なんでしょうね。まあ不思議っていう言葉はすごく単調ですけど、自分の中では形容しようがない複雑な意味が入っているんです。だから普通に言うと誤解されますけど、「監督？　不思議な人ですよ」って答えるしかない。でも単調な意味ではないですし、自分が今コンテンツ系の仕事をしているのも結局は実相寺さんと知り合ったからですよ。広告代理店の営業が面白くなくなって、定年まで務めるつもりだった会社を辞めたわけですから。

八木　内野さんも実相寺監督に人生を狂わされたわけですね。

内野　もうめちゃめちゃに狂わされました（笑）。でも大変だけど楽しませてもらっていますから、それはいい意味で狂わされたんだと思っています。苦労の毎日だけど、70代になってもやりたいなと思うことができているから、これはあの監督のおかげだなってね。だから変な人ですよ。

内野惣次郎（うちの・そうじろう）

ジャパンコンテンツクリエイション株式会社代表取締役社長。1955年生まれ。米国シートンホール大学にてメディア&コミュニケーション学部にてMAを取得して帰国。ADK、第一通信社を経て、2017年独立。コンテンツ開発を主軸として現在に至る。広告代理店時代は日本国内や海外での営業業務を主な業務としつつ、コンテンツ企画・運営業務にシフトし、新しいビジネスモデルの展開を目指す。幼少期に、子役として円谷プロダクション制作の『ウルトラQ』『ウルトラマン』『快獣ブースカ』、さらには大映の特撮映画『ガメラ対宇宙怪獣バイラス』などに出演。社会人となってから、実相寺昭雄監督、飯島敏広監督、さらに川北紘一監督と再会し、さまざまな人的ネットワークをご紹介いただきながら、特撮と怪獣のDNAを養うことになる。

2013年、クリエイター故寒河江弘と共に新しい日本の怪獣「ご当地怪獣」を企画展開し、大人から子供まで親しんでもらえるシン・怪獣コンテンツ開発を目指している。

子役時代の内野氏（中央）。『快獣ブースカ』撮影時の１コマ

Actor
Yuriko Hishimi

俳優
ひし美ゆり子
演技をつけないから逆に自然体の画が撮れるのよね

『ウルトラセブン』の友里アンヌ隊員役として実相寺昭雄監督の被写体となったひし美ゆり子氏（当時は菱見百合子名義）。いずれも名作の誉れが高い実相寺回だが、特に「狙われた街」の話を中心に伺った。また、後年に実現したDVD『ウルトラヒロイン伝説 アンヌからセブンへ』での実相寺監督との対談についても、貴重な裏話をお聞きすることができた。BBSの再録と合わせお楽しみいただきたい。

『セブン』のころはあまりお話をしたことはないんですよ

八木　実相寺監督は『ウルトラセブン』では「狙われた街」「第四惑星の悪夢」「円盤が来た」を演出されています。どれも名作だと思いますが、それぞれの現場のことをお聞きできたらと思います。特に「狙われた街」はダンとアンヌの話で2人でメトロン星人を尾行したりしますし、実相寺監督はこの2人を一生懸命に撮っているんですよね。

ひし美　そうかしら？　でも私も最近、そう思うようになりました（笑）。

八木　アンヌも綺麗な画がいっぱいありますし。ひし美さんのシーンでいうと、最初はポインターに乗って登場されますね。

ひし美　道が悪くてバシャバシャだったよね。

八木　空き地には土管があったり木が転がったりで、すごいところですよね。ダンが運転するポインターで来て、ひし美さんが飛び出してヒロシくんに駆け寄って「お父さんが大変よ」って。

ひし美　あのときは、（ウルトラセブンの撮影に）入ってまだそんなに経っていないじゃない。

八木　野長瀬三摩地組、円谷一組、満田稔組の後ですね。

ひし美　だから4回目かな。それでまむしさん（毒蝮三太夫）からは「すごい鬼才で、面白いところから画を撮る人が来る」とか、そういう噂ばっかり聞いていたのね。私は子どもだったから「鬼才」って聞いて、本当に鬼みたいな怖い監督が来るのかと思っていたの（笑）。そうしたら実際には全然そんなことはなくて、だけどあんまり芝居をつけたりはしない方でしたね。それで実際の現場では自分でアングルを考えて、カメラばっかり覗いていました。しかも撮影の初日はキリヤマ隊長も含めてみんな一生懸命お化粧して準備したのに全部反転だったの。メディカルセンターのところがあるでしょう。

八木　逆光みたいなところですね。

ひし美　そうそう。あれが初日だったんです。だからおかしかったわね。でもどんな感じに撮れているかは、フィルムが上がってくるまでは分からなかった。あれはアフレコで見たのかな。それで「なんだ、これだったんだ」「こういうことなんだ」と思ったわけね。

八木　しかしあまり演技はつけないで、カメラばかり覗いていたわけですね。

ひし美　演技をつけないから逆に自然体の画が撮れるのよね。私たちも、目の前でアップを撮られたら緊張するじゃない。「芝居を撮られている」って意識をしちゃうから。それが遠くから望遠で寄っていくわけだから、緊張感がないんですよね。この話は前にも八木くんにしたと思うけど。

八木　『ULTRASEVEN X 15年目の証言録』のときに伺いました。冷泉（公裕）さんも望遠で撮影されたということでしたよね。

ひし美　だから『セブン』のころはあまりお話をしたことはないんですよ。実相寺さんは合間の時間はカメラばっかり覗いているし、出演者としゃべるということが少なかったからね。私は後になってお仕事で対談をすることがあって、そのときが初めてちゃんとお話をしたっていう感じだったの。

実相寺さんのロケ現場はなんだかすごいところを使っているの

八木　例えば喫茶店でダンと2人でいるところでひし美さんのどアップがありますけど、これも望遠ですよね。

ひし美　自動販売機のところを見張っているところは、あれもやっぱり遠くからでしょう。どこか離れたビルの屋上かなんかにカメラがあるって聞いて、それで2人は無線で助監督さんと話をしながら撮ったのよね。無線で「よーい、スタート！」なんて助監督さんが言ってくれて。それでアフレコだからなにを言ってもいいわけじゃない。同時録音じゃないから私は楽だったけどね（笑）。

八木　実相寺監督が現場でなにか言うことはあまりないんですよね。

ひし美　あまりないですね。

八木　その割に、特に「狙われた街」の実相寺監督はアンヌを綺麗に撮られていますよね。

ひし美　でも、ニキビのアップなんかを撮っているじゃない（笑）。

八木　あれはニキビを狙ったわけではないと思いますけど（笑）。

ひし美　あとは夕陽のところがあったじゃない？　あそこはちょっと印象的に撮ってくださったわね。

八木　アパートの前ですよね。後ろに夕陽があってアンヌが手前にいる美しい画です。

ひし美　あれは川崎なのよね。でもメトロン星人とのちゃぶ台のシーンはセットでしょう。「あれはあそこで撮ったんだ」ってダンは言い張るんだけど（笑）。

八木　おそらく扉を開けて入るところまでがロケで、アパートの中に関しては円盤がある側は間違いなくセットですけど、逆側は現地で撮っているのかもしれないですね。

ひし美　そうだと思う。あの場所だけでは絶対に撮れないはずだからね。そういえば「叔父様の家」ってあるじゃない？　あれは吉川英治の家だったりして、実相寺さんのロケ現場はなんだかすごいところを使っているの。確か高輪とかそっちの方だったと思うけど。

八木　それはすごいですね。ちょっと調べたら北品川に旧吉川英治邸が現存するみたいです。

ひし美　待っている間にすごく立派な本棚を眺めていたら吉川英治のものばっかりだったから「え？」って思ったんだけど。『宮本武蔵』がダーッと並んでいてね（笑）。あの撮影は私と甥っ子とお母さんだけだよね。でも、とにかく画が暗いの（笑）。

八木　確かに画は暗いですけど、雰囲気はとてもありますよ。

ひし美　まあそうなんだけどね。

八木　『ウルトラセブン撮影日誌』によると「昭和42年9月28日木曜日天候晴れ、TBS、吉川英治邸、Cステージ」となっているので、この日は3ヶ所に行ったということですね。

結構自分でロケハンをされていて、あちこち見たりしていたみたい

ひし美　あと覚えているのは「お父さんが……、お父さんが……」って泣くところね。あのときは、泣けなくて辛かった（笑）。

八木　クルマの中のシーンですね。

ひし美　そうそう、嘘泣きするのが辛かった。あのクルマの中に実相寺さんがいらっしゃったかどうかは、ちょっと記憶にないですけど。

八木　他に覚えてらっしゃることはありますか？

ひし美　監督は結構自分でロケハンをされていて、あちこち見たりしていたみたい。お決まりの形はあんまりお好きじゃなかったのよ。あとは本多猪四郎監督の息子さんのリュウ坊（本多隆司）に「リュウ坊、ほらお前が代わりに撮れ！」みたいなことも言ってね。だから助監督の一番ペエペエにも撮らせたりしていたの。でも本多猪四郎監督の息子さんなんだからということで、結構遊びながら楽しみながら撮っていたんでしょうね。だけど頭の中はやっぱり天才なんでしょう。奇人変人って言ったら悪いけれども、考えることが違うんですよ。

八木　現場は結構楽しい感じだったんですね。

ひし美　まあ普通だったわね。楽しいって言ったら作戦司令室とか。伊吉さんがいるときはみんなを笑わせるからね（笑）。あれは楽しかった。（メトロン星人の）タバコを吸ってみんなを殴ったりするの（「狙われた街」）、あれは笑っちゃったわね。阿知波さんとかがタバコを吸って急に顔が赤くなって。同時録音じゃないから大きい声を出して笑えるわけよ。見ていて、フレームに入っていない人がみんな大笑いしていたから（笑）。

八木　まむしさんの顔が赤くなっていって……。

ひし美　それで古谷（敏）ちゃんがポスターの筒みたいなものを持ってボーンとやったりとか。

八木　阿知波さんもやりますし繰り返すから面白いんですよね。

ひし美　それから意外なゲストをお呼びになるからみんな張り切って、アフレコも楽しくやりたい放題でやっていましたね。渡辺文雄さん、ミッキー安川さんは特にアフレコも楽しかったです。

八木　それは「円盤が来た」のときですね。

ひし美　ただ私はそんなに撮影はないから、撮影の記憶が多くはないのよね。だって出番がないときは行かないわけだから（笑）。「円盤が来た」も、最後にアパートに行くところくらいであまり出ていないでしょう。

八木　あのアパートは東宝ビルトですか？

ひし美　そうだと思う。

八木　営業部の前に飾っていますよね。だから見ているとなんだか懐かしくなりますね（笑）。

「君を綺麗に撮ったシーンがあるんだよ」

ひし美　3本の中では「狙われた街」が一番出ているし、喪服も着たりといろいろあったわね。あとの2本はそんなに出ていないのよ。

八木　「第四惑星の悪夢」は途中で「連絡が取れない」という話はしますけど司令室だけじゃないですか。「円盤が来た」も写真が来たというところと最後のビルトですよね。だからやっぱり「狙われた街」ですね。

ひし美　「君を綺麗に撮ったシーンがあるんだよ」って言われてなにかと思ったら、鏡じゃないけど、なにかに映し出された私だったこともあったわね。

八木　「第四惑星の悪夢」で、作戦室のアクリル板に映るところのようですね。

ひし美　反射しているからちっとも綺麗だと思わなくて、対談の後に「実相寺さん、あれが綺麗だったって言うんだから」って笑ったことがあったのよ。

八木　実相寺監督はああいう撮り方をされますけど、女性を綺麗に撮るときは綺麗に撮りますよね。

ひし美　でも、吉川英治邸のところなんか「ダーク・ゾーン」みたいよ。暗くて顔がよく分からないんだから。

八木　最初におっしゃった医務室のシーンもシルエットですけど綺麗だと思います。

ひし美　私にはよく分からないけど、それが素敵ということなんでしょうね（笑）。

「そういえば、ひし美くんにサインしてもらわなきゃ」

八木　実相寺監督で思い出すエピソードは他になにかありますか?

ひし美　晩年にＤＶＤ『ウルトラヒロイン伝説 アンヌからセブンへ』で対談をしたら「今度、飲みに行きましょうね」なんて話になって、「ああ、意外と気さくなんだ」というのが最後に分かったの（笑）。『セブン』の撮影からはもう何年も経ってからね。あれは２００２年じゃなかったかな。それで「そういえば、ひし美くんにサインしてもらわなきゃ」とおっしゃるから、「なんですか?」って聞いたの。そうしたら日活の撮影所が調布から横浜に移転する話があったんだけど、それに反対する映画監督協会の署名のことを「サイン」なんて言っているわけよ（笑）。

八木　実相寺監督がそんな署名活動をされていたんですね。

ひし美　そんなに一所懸命やっていたかどうかは分からないけど、「ひし美くんにサインしてもらわなきゃ」って。

八木　『セブン』が終わって何年も経ってから、そういうフランクなやり取りをされたわけですね。

ひし美　そういえばうちの子どもたちがまだ小学生のころに、なにかのついでに新宿のゲームセンターに連れていったことがあったのね。そうしたら1人のおじさんが一所懸命ゲームをやっているの。よくよく見たら実相寺さんじゃない（笑）。声はかけられなかったし「まさか実相寺さんはゲームなんかやらないよな？」と思っていたんだけど、近しい人に聞いたら「あ、ゲームをやる人ですよ」だって（笑）。だから変わり者で本当に意外な人で、子どものまま大人になったような感じがしますね。

【ひし美ゆり子氏のＨＰ「ゆりこの部屋」ＢＢＳ（２００３年11月13日）】より抜粋

さて、昨日は実相寺監督との対談が叶い未だ感激です。たくさんの「ＷＨＹ」がわたしなりにひとつひとつ解決しました。今、書いてしまいたい程ですが、ウフフまたフライングしちゃうと怒られそうなので、まだ秘密で〜す。ゴメンネ〜、でも撮影後、面白いコトがあったのを皆さまにひとつご披露致します。

私　「きょうは雨の中、有り難うございました」

実監督　「イヤイヤ・・あっそうだ、ひし美クンにサインして貰いたいんだけど」

私　「はぁ？？」・・回りにいたスタッフも実相寺監督の意外な言葉にキョトン。

バッグの中からそそくさと一枚の紙を取り出し、

実監督「この紙にサインをしてくれない」

側にいた満田監督にも・・

実監督「あっミッチャンもついでにしてくれない」

満田監督もその言葉にキョトン。その紙を見て・・

満監督「なんだ~署名ネ。サインだなんて・・（笑）」

その紙は日活撮影所・調布に存続させるための署名運動の紙だったのです。

実監督「ウンそうそう、住所と名前を書いてくれればイインだよ」

ウフフ・・サインだなんて、署名だったのです。本名でサラサラ・・

私「ウチの店の為にも書きましたよ！　・・本名で書きましたがイイのですね」

実監督「ウンウン、本名もイイのだが・・ウンついでにひし美ゆり子とも書いといてよ。

迫力があるかも知れないネ。」・・ですって。


意外や意外・天下の実相寺監督も署名活動したりTBSの同窓会の幹事さんもなさっているそうです。

・・END・・

ひし美ゆり子（ひしみ・ゆりこ）

1947年東京生まれ。1965年東宝ニュータレント6期生となり、翌年映画デビュー。1967年テレビ番組『ウルトラセブン』にアンヌ隊員として出演。今なお多くのファンを持つ。著書に『セブン　セブン—わたしの恋人ウルトラセブン』『アンヌ今昔物語』『万華鏡の女 女優ひし美ゆり子』『ダンとアンヌとウルトラセブン～森次晃嗣・ひし美ゆり子　2人が語る見どころガイド～』など。

Actor
Machiko Ai

俳優
愛まち子

自由にやらせていただいたので それがよかったのかもしれないです

『ウルトラセブン』「第四惑星の悪夢」でロボット長官の秘書アリー役を演じた愛まち子氏。もともとは歌手として活躍されていたが、クールでありながら強い意志を感じさせるたたずまいで本作の世界観をより際立たせている。出演後はほどなく引退をしたため取材に応じられることは少なかったが、今回は円谷一夫氏のご協力を得てお話を伺うことができた。貴重なインタビューをお届けしよう。

私はなぜ出ることになったのかが分からないの

八木　実相寺監督との初対面のことは覚えていらっしゃいますか?

愛　祖師谷の喫茶店でお会いしたんですけど、実相寺監督は気さくな感じでしたよ。口うるさい方に見えるかもしれませんが、言葉遣いも丁寧でしたし特に難しいことも言われないし。私なんて初めてだからいろいろ言われるのかなと思っていたら、「ここはこうして」みたいな話もなくて。気を遣ってくださったのかもしれないですけど。

八木　気さくな方だったというのは面白いですね。

愛　パッと見はその道を追求するような感じで怖そうですけど、実際にはそういうことはなくて優しかったです。私があまりにも素人然としていたから怒りようがなかったのかな（笑）。

八木　そのときは初顔合わせで、もう『ウルトラセブン』に出るということは決まっていたわけですよね。

愛　でも、私はなぜ出ることになったのかが分からないの。

八木　誰かがキャスティングしているはずですけど、当時の事務所はどちらでしたか？

愛　芸音プロといって、東京ロマンチカと一緒の事務所でした。クラブで歌っていたのをスカウトされて、それで3人組みのコーラスグループを作ることになったんですけど、レコード会社のテイチクに持っていったら「彼女は1人で出したい」ということになって。それで1人でデビューして、そこからですね。

八木　もともと音楽関係の学校に行かれていたんですよね。

愛　高校は声楽科に入ったんですけど、クラシックに進むつもりはありませんでした。同級生はほとんど上野に進みましたけど、私はクラシックを専門でやるつもりはないし、クラシックの声でもない……というのは、途中でシャンソンを習いに行っちゃったんです。そうしたらシャンソンの声になってしまって（笑）。それで高校を卒業してから東宝のミュージカル生に受かって半年くらい訓練をやって、東宝の宝塚の舞台に出るようになったの。最初のミュージカルが『マイ・フェア・レディ』で、もちろんその他大勢役ですけどね（笑）。イライザ役が江利チエミさんでヒギンズ教授は高島忠夫さんでしたから、すごかったですよ。でも『マイ・フェア・レディ』に出られるのはミュージカル生の中でも何人かなんですよ。で、私は踊りもなにもできないのにたまたま選ばれたんです。それで有頂天になってしまって（笑）。そうしたら宝塚の支配人が「そんなに歌が好きだったら、1人で歌ったら？」ということで、クラブを紹介してくれたんです。それが赤坂の月世界。あとは渋谷のムーランルージュとかね。だからいろいろな方が協力してくださって、助けられてクラブで歌うようになって……。ただ、なにか目的があってということではなくて単純に歌が好きだったのね（笑）。それでたまたま恵まれて進んでいっただけで。

やっぱり味のある方でしたし、なにかを持っていらっしゃるのは分かりました

八木　それでクラブで歌っているところスカウトされた。

愛　それまでは本名で歌っていたんですけど、スカウトされて「愛まち子」でデビューしたの。もともとレコード会社に入ろうとは思っていませんし、もう行き当たりばったりで（笑）。

八木　それで『セブン』にも出演されたわけですからすごいですよね。

愛　だから恵まれていたんでしょうね。だって自分で売り込みにいったことはないんですから。テイチクではディレクターが石原裕次郎さんも担当されていて、それで裕次郎さんとのデュエットを出すことになったりして。裕次郎さんはすごくソフトで、人間的な魅力がありましたね。

八木　実相寺監督はＴＢＳでは音楽番組も担当されていて歌手としての愛さんをご存じだったのかなと思うんです。

愛　そんなことでピックアップしてくれます？　でも初めてのお芝居ですから「できるかしら？」と思っていたのは覚えていますね。それでも出ているんだから、きっと事務所かテイチクに言われたんでしょう。

八木　それでまずは監督と会ってみようということになったわけですね。

愛　「会って」と言われたんでしょうね。それで祖師谷の喫茶店でお会いして。

八木　音楽番組では鬼才という評価があったみたいですけど、前評判みたいなものはお聞きになっていましたか？

愛　そういうのは聞いていませんでしたね。でも確かに芸術家の雰囲気はあって、普通の方とはちょっと違うなという感じはありました。だからといって構えてどうこうっていう方ではなかったですけどね。

八木　でも芸術家だなというのは分かってしまった。

クラブ歌手時代の愛まち子氏

愛　それはしゃべっている雰囲気でしょうね。普通の方とは違うという。やっぱり味のある方でしたし、なにかを持っていらっしゃるのは分かりました。でも、なんで私がこういう作品に選ばれたのかが分からないですね。

八木　やっぱり雰囲気があったからだと思うんですよ。クールで媚びない感じで黒いドレスもかっこいいですし。

愛　なにしろね、色のある衣裳だと顔が浮いちゃうの。

八木　では衣裳合わせで監督と話したときに、「黒がいい」みたいな話をされたのかもしれないですね。

愛　そんなワガママなことを言ったのかしら（笑）。

顔が地球人というより宇宙人だったのかしら（笑）

愛　実相寺さんからは、うるさくどうのこうのとは言われなかったんですよね。大体のことを聞いたら、言われるままにあとは自分でやっちゃったみたいな感じで。だから役づくりなんていうのを特別凝ってやることはなかったですね。自分が感じたまま自然体でやってしまったというか。

八木　愛さんは役のイメージに合っていたんでしょう。撮影のときに何度もやり直すようなことはありましたか？

愛　そういう覚えはないですね。まあ逆に、「よかったですね～」なんて褒められた記憶もないですけど（笑）。

八木　後半にはワンシーンワンカットの素晴らしい長回しもあります。

愛　見返してみて驚いたんですけど、私がこんなお芝居をしていたとは（笑）。それまではちょっとしたゲストで出たんじゃないかっていう記憶しかありませんでしたから。

八木　キャデラックも運転していますし、なかなかの大活躍ですよ。

愛　キャデラックは実際に運転していたのかな？　多分したんでしょうね。

八木　周りの地球人と愛さんの芝居が全然違ってとてもいいですね。

愛　普通はテストなんかを見て監督が注文をおっしゃるんでしょうけど、『ウルトラセブン』のときはそれを聞いた覚えがないんですね。もちろん1回もなかったっていうことはないでしょうけど、言われたらそれなりに覚えているはずなので……。言ってもどうしようもないって思われたのかもしれないけど（笑）。

八木　そういう妥協はしなかったと思いますよ。それに見ていても演技が下手というわけでは当然ないですし。

愛　顔が地球人というより宇宙人だったのかしら（笑）。それで監督もなにもおっしゃらなかったのかもしれない。「地球人じゃないからしょうがない」って。

八木　そんなことはないと思いますけど、確かに不思議な雰囲気はお持ちですよね。

愛　自由にやらせていただいたので、それがよかったのかもしれないです。本当だったら芝居が下手なのでいろいろ言われるはずなんですけど。

八木　それであの特異なキャラクターが生まれたということですね。そういう意味では、歌手だった愛さんが初めて演技をされた瞬間のドキュメンタリー的な作品とも言えます。歌手だった愛さんをキャスティングして、俳優の癖がつく前のリアルな存在感を撮ったのかもしれないですね。

愛　それでなにもおっしゃらなかったのかしら。でも例えば殴られたら殴られっぱなしでしょう。だから結局は掘り下げて芝居を考えていないんですよ（笑）。

八木　そこがリアルなんだと思います。

愛　それはいい表現ですけど、自分で芝居を計算していないんでしょうね。計算していたらやっぱり芝居になってしまいますから。それに相手のタイミングもありますから、普通は芝居を計算しますよね。そういうのもなくやっちゃっているから、相手の方はやりづらかったんじゃないでしょうか。失礼だったかもしれないですね（笑）。

八木　確かに「コーヒーの温度がぬるい」っていうところも、計算していないお芝居ですよね。だから実相寺監督との幸せな邂逅だったというか、1回限りの貴重な瞬間なのかもしれません。

愛　実際、テレビドラマはこの後には出ていないですからね。この1回だけなんです。

八木　実相寺監督はその瞬間を撮りたかったんでしょうね。しかも毅然としたレジスタンスのイメージにぴったりだったわけですから。

愛　だからある意味では人間的な顔をしていなかったのかもしれない（笑）。

八木　この場合はそれが褒め言葉になりますよね。そしてお芝居がこれ1つだけというのは、本当に記念碑的な作品だと思います。

愛　だからいま考えるとこの作品に出させていただいただけでも幸せですよね。しかもそれをこうして話題にしていただけるなんて、とても光栄に思っています。

愛まち子（あい・まちこ）

東宝のミュージカル生として修行を積み、ミュージカル『マイ・フェア・レディ』などに出演。以後はクラブ歌手を務めるが、スカウトされて1966年に『夢は夜ひらく』でテイチクから歌手デビュー。石原裕次郎とのデュエット曲「銀の指輪」などを含め、多くの楽曲を残す。1968年には『ウルトラセブン』「第四惑星の悪夢」に出演、アリー役をクールに演じる。しかしテレビドラマへの出演は同作のみで、翌1969年には歌手も引退をしている。

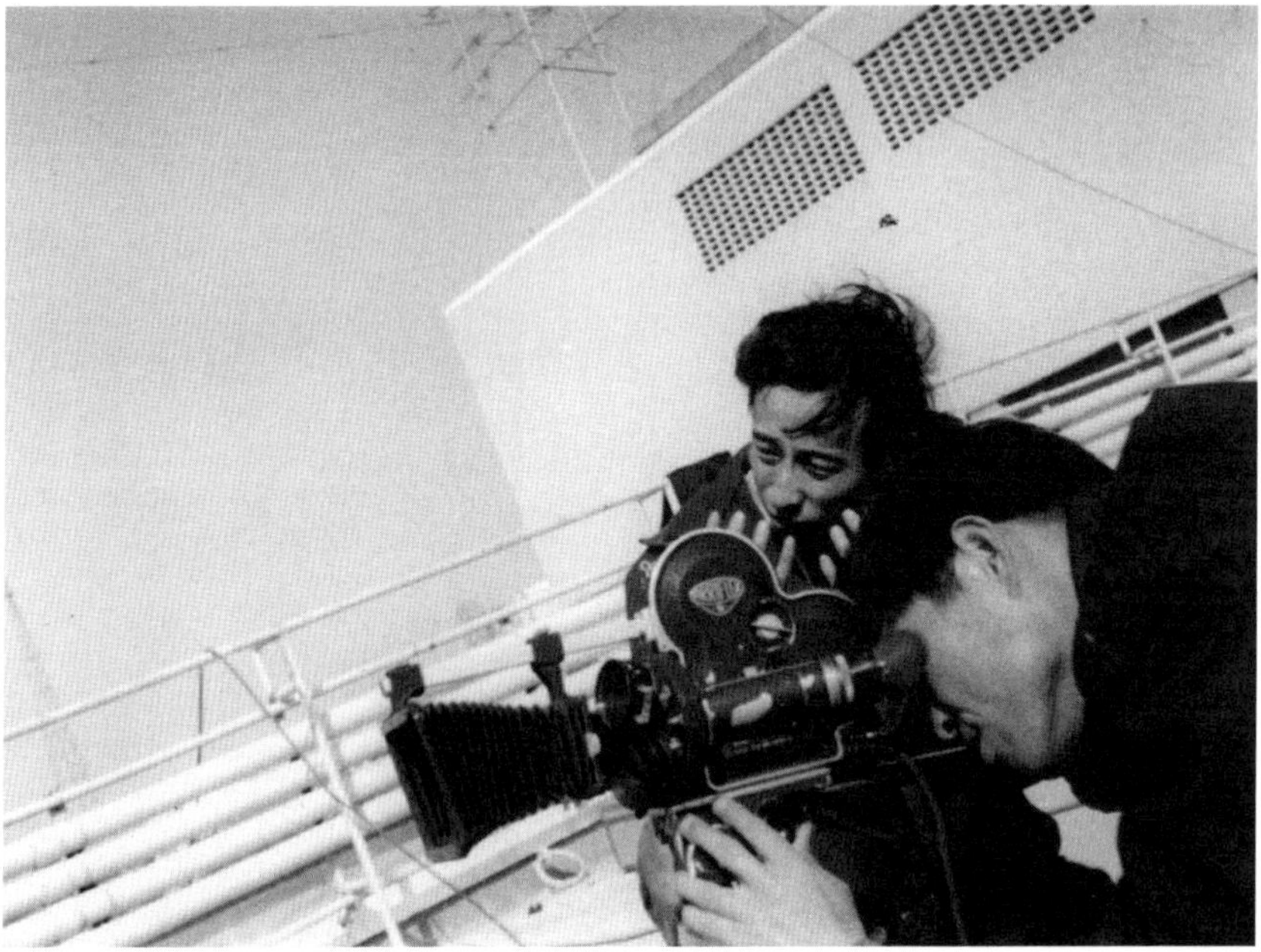

Actor
Asahi Kurizuka

俳優

栗塚旭

やれる実験は全部やってみようとしていた そんな印象です

実相寺昭雄監督が京都で初の時代劇に挑戦した作品『風』。その主役である「風の新十郎」を演じたのが栗塚旭氏だ。『新選組血風録』の土方歳三役などが当たり役として知られている時代劇のスターだが、『風』での好演も印象的だ。演出を受けた栗塚氏に監督の姿はどのように見えたのか。京都文化博物館の映像文化創造支援センター長・森脇清隆氏にも立ち会っていただき、『風』を見ながら話を伺った

僕や早苗ちゃんたちと一緒に、実相寺さんたちも学んでおられたんですね

栗塚　『風』のメイン監督は松田定次先生でマキノ一族ですから普通だったら松竹には来られないはずですけど、TBSが無理して1年契約で作ったものなんです。そのときに西山（正輝）監督や松野（宏軌）監督、井沢（雅彦）監督なども呼ばれたわけですけど、始まって間もなくのある日、実相寺（昭雄）さんと飯島（敏宏）さんが現れました。当時のテレビではスタジオがナンバーワンでテレビ映画は2流、3流と言われていたから、京都に来るなんて左遷みたいなものですよ（笑）。「お前たち、ちょっと松田監督の元で勉強してこい」なんて言われたんでしょう。まだお2人とも若かったし、とにかく最初は不満気でしたね。

八木　最初はそんな感じだったのですね。でも実相寺監督は、このときに京都の時代劇の技術を学んだということ

なんです。

栗塚　それはだいぶ経ってからの感想だと思いますよ（笑）。始めは本当に不貞腐れていた。スタジオでやっていたような人が、こんな切り刻んだ作品をやるなんて……だからそういう気持ちも分かる。でも後に、編集で切り刻んだからこそ作られるよさっていうものを学んだんじゃないのかな。スタジオでは絶対にできないことがあるから。だから嫌なことでもまずやってみる。それが結果的によかったのでしょう。

八木　しかし松竹で川崎新太郎撮影、松田定次監督で撮っているのはすごいですよね。

栗塚　時代劇のノウハウを知りつくした方々ですし、ある意味でこれは時代劇の集大成みたいなところがある。スケールなんかも、テレビ映画じゃなくて映画そのもの。それに、結構特撮みたいなところもあったから実相寺さんも「時代劇っていうのも案外なにかできるのかな?」、と思われたんじゃないかな。勉強になるかもしれないって。

八木　京都撮影所に到着直後の実相寺監督、飯島監督はただブラブラしていたわけではないですよね。

栗塚　お2人ともしばらくは撮らなかった。各監督の現場を見て回って、「どうするのかな?」というのを探っていたようですね。最初に「TBSから来るんだよ」っていう話を聞いたとき、僕らはテレビはスタジオのものだと思っているからもっと差配されるのかと考えていた。でも始めはじーっと見ておられたから、「なるほど、時代劇を勉強にいらしたんだな」って。それから少しずつお話をして、ロケーションでもなんでもついてらっしゃったから一緒のバスに乗って。だから僕や（土田）早苗ちゃんたちと一緒に、実相寺さんたちも学んでおられたんですね。

八木　松田監督の現場にはかなり行かれていたらしいですね。

栗塚　毎日来ていました。でも、早苗ちゃんなんかはよくしゃべっていたけど、僕はあまりしゃべらなかった。それで実相寺さんは松田さんの現場を見て、自分の中で眠っていたものとかいろいろな新しいものに刺激されたんだと思う。だから京都に来なかったら「映画監督・実相寺昭雄」は誕生しなかったのかもしれないですね。

八木 京都に来て学んだというのは著書（『闇への憧れ』）でも書かれているんですよね。松田監督にもすごく可愛がってもらって。

栗塚 松田監督は人を嫌がったり、そういう表情をなさらない方で立派な監督です。本当に、自分の方から「おはよう」って寄ってこられて謙虚な方でした。河野（寿一）監督なんかは嫌な俳優が来たら後ろを向いちゃうんですけど（笑）。でも松田監督は誰にでも優しくて、特に早苗ちゃんには優しかった。それで「こういうときは瞬きしちゃダメなんだよ」「ここでこうやってこう言ったらね、『あ、分かった。新十郎』って。それでニコッとしてね、『見て、新十郎！』って言うんだよ」なんて2人でしゃべっているから。

八木 丁寧な演出だったんですね。

栗塚 映画の撮影だったら当然ですけど。でもそういうのを実相寺さんたちは垣間見ているわけです。それに石原（興）さんたちもアシスタントでいたわけだから、とても刺激になったでしょうね。

実相寺さんはとにかく自分流に巻き込む

八木 実相寺監督は細かい指導や演出はされていましたか？

栗塚 だんだん、後になってからはありました。ノウハウが分かってきたら、ヌーヴェルヴァーグというのかな、だから自分流で下からカメラを向けたり、池部（良）さんの背中を大写しにしてナメて撮ったりね。広角でアップにして歪めたり。それは池部さんも怒る。「俺は人形か？」と（笑）。映画俳優だった人はちょっとびっくりしますよ。

そうそう、池部さんはあまりにも広角でアオられたから怒っちゃって、カメラマンが交代させられたこともありました（笑）。

八木　東京でも実相寺監督は映像重視で演出されたりしますから監督らしいと言えばそうなのですけれど。

栗塚　「誰がための仇討ち」では奈良で内田良平さんと僕が戦うところがあったと思うけど、あのときはついに実相寺さんが実相寺さんになっちゃって。だからとにかくやれる実験は全部やってみようとしていたという印象ですね。それはやっぱりもともとの勘のよさや東京で培ってきたものが時代劇のノウハウと混じったから、今までやってきた西山さんたちとはまた違うものを撮りだしたわけで。時代劇は現代劇ではできないことができる、現代劇でやったら嘘って言われるようなことも撮れるわけだから。時代劇の面白さの真髄を知ってしまったら、それはやっぱり「ああ、来てよかった」と思われますよ。

八木　実相寺監督はやはり時代劇でも特徴的な画を撮られますよね。

栗塚　最初は松田監督のノウハウを見習っていたけど、どんどん進化した。松田先生だって「ああ、こういう撮り方をしたのか。俺のものまねをしているだけじゃダメだからな」って喜んでいらしたと思う。

八木　『風』を見ていると結構無茶な撮り方もしていて、俳優さんも大変だったのではないでしょうか。

栗塚　実相寺さんのときはみんなが、なにか新しいことに挑戦できる喜びを感じたんです。だからなにを言われてもやれた。役者だってスケベ根性はあるから、「今まで通りにやってください」なんて言われたら乗らないけれどね。本当に監督も役者も音楽家も一緒になって盛り上げる形で、やっぱりヌーヴェルヴァーグです。

八木　「走れ！新十郎」には芋畑を這ったり、熱々の焼き芋を頬張ったりというシーンもありました。

栗塚　普通の女優だったら「私、食べられません」なんて言うところを（左）時枝ちゃんが頑張っていて、そうしたら監督もうれしくなるし相乗効果で作品がより面白くなる。お芋を頬張るシーンなんかは素のまんまです。熱かったんでしょう（笑）。

八木　皆さんの表情がすごく生き生きしていますよね。

栗塚　役者はやらせてくれたらやらせてくれるほどうれしいからね。だから下手くそでも「いいよ！」と言ってくれるとよりうれしい。実相寺さんはとにかく自分流に巻き込むというか。こういう風に撮りたいっていう自分の思いがあるから、「ここで這って」と言われたら喜んで這い回ります。

八木　実相寺監督とカメラマンは結構綿密に話をされている感じでしたか？

栗塚　それは現場主義です。奈良に行っても「まずはここから」なんて言って、カメラマンが「はい！」という感じで現場に行かないと本当に分からない。でも映画というのは、本当に現場主義です。佐々木康監督には『新選組血風録』（65‐66）を何本か撮っていただきましたけど、観光客が来る前に清水寺に行ったら雨が降ってきたから「番傘を持ってこい！」って。それで雨のシーンにしちゃいました。これがまた情緒があってよかったんです。そういう臨機応変ができるかできないかですね。

主題歌としてはあの声の低さは珍しいんじゃないですか？

八木　『風』のエンディング曲「風」は実相寺監督が作詞をしていますね（川崎高名義）。

栗塚　この歌のときは困った。譜面をくれて「明日、大阪に行ってこれを録音してくれ」っていうわけ。僕は歌を習っていたから音は取れましたけど、でも急で。次の日プロデューサーと一緒に2人で大阪に行ったら、他のスタッフは誰も来ていない。しかもバックの音はできているんです。だから誰にもアドバイスをもらうことなく、「あれ？こんな低くていいのかな？」なんて思いながら歌を入れてきたんです（笑）。僕としては男らしい感じがするから、この低い声でいいのかなと思うんですけど、劇伴の方は高い音域なので「もしかしたら作った人は声を張り上げるように歌ってほしかったのかな」とか今でもときどき疑問に思います。でも主題歌としてはあの声の低さは珍しいんじゃないかな。

八木　やはり栗塚さんの声は低音の魅力もあるので、今の形が正解ではないでしょうか。

松田監督の最後の愛弟子みたいなもの

栗塚　しかし『風』のころは映画が斜陽だからいい女優さんがいっぱい来てくれました。実相寺さんの奥さんの原（知佐子）さんも、もともとは現代劇の女優さんですけど出てくれて。どっちかいうと翔んだ女優さんで、だから実相寺さんとも気が合ったんでしょうね。

八木　「誰がための仇討ち」に出演されていますね。

栗塚　このときの涙が黒いっていうのはなかなかのリアリティです。普通は黒い涙は撮らないけど、昔でもお化粧には墨を入れていたっていうことで。これは実相寺さんにしか撮れないでしょう。

八木　この話の新十郎はクールなので少し土方歳三に近い感じがします。

栗塚　確かに今までの顔と全然違う。本当に土方みたいだ（笑）。内田さんとの葛藤があるし、最後に殺し合うわけですし。しかしこんな話をよくテレビでやれましたね（笑）。

八木　ちなみに栗塚さんが役者の道に入られたキッカケはどのようなものですか？

栗塚　僕は20歳のときにくるみ座という劇団に入りまして、25、26歳までは劇団の裏方と毛利（菊枝）の映画撮影時のカバン持ちをしていたんです。それで京都の3大撮影所には出入りしていて、結果的には一番勉強になったんだけど。そんな中で昭和39年に東映が東映京都テレビ・プロダクションを立ち上げて、第1回作品が品川隆二さんの『忍びの者』（64）なんです。そのときに僕が明智光秀で抜擢された。それが初めての東映作品です。ただ裏があって、僕はアルバイトで日本電波映画の『姿三四郎』（63）などにも出ているんですけど、その脚本を書かれていたのが結束信二先生。『忍びの者』も結束先生のホンだったので、やっぱり裏で「変な役者がいるぞ」っていうのを言ってくれていたんでしょう。それで『忍びの者』に出ている間に、東映の人たちも新劇の若手が京都にいるなら使ってやろうかということになって2～3本、テストで出演させられました。松方弘樹さん主演の『つむじ風三万両』（64）、それから近衛十四郎さん主演の『柳生武芸帳』（65）だとか。『六人の隠密』（64）では若手がみんな「付けまつげ」を付けている。そういう世界と新劇のすっぴんの世界とで、東映もちょっとびっくりしたんだと思う。

八木　最初は東映なんですね。

栗塚　僕はバレエをやっていたから、北村英三には「お前、宝塚と勘違いしてないか？」なんて言われたんだけど（笑）、つま先でスッと立つ癖があって。それで『忍びの者』の後で、テストと同時に「お前、ちょっと殺陣をやれ」と言われて3ヶ月くらい道場で特訓です。しゃがんだまま道場内を行ったり来たりして、もう終わったら立てないくらい。トイレに行くのも一苦労でした。それから東伸テレビの撮影所が今の天神橋の駅のところにあって、馬場もあったんです。そこで乗馬の練習もさせてもらって馬も乗れるようになったけど、立ち回りは下手くそでした（笑）。あいつは3手以上はダメだって言われてね。

八木　『風』の殺陣はいかがでしたか？

栗塚　実相寺監督は特に注文はしていなかったと思います。内田良平さんとの奈良での戦いは、草原は滑るしとにかくすごいところでやったのは覚えているんだけど。実相寺さんは内田良平さんが好きなんですよ、ああいう芝居をできる人が。だから人間の喜怒哀楽、愚かさ、全部をやっぱり出したかったんだね。「誰がための仇討ち」を見たら松田先生は「う〜〜ん」って唸ったんじゃないかな。「金のしゃちほこを盗る話がなんでこんなことに？」って（笑）。

八木　『風』は松田監督のオーソドックスで映画的な重厚なものと、実相寺監督の斬新なスタイルが混ざっていていろいろな回があって面白いですね。

栗塚　松田監督としては、その後に新しい監督を出していないでしょう。だから実相寺さんが松田監督の最後の愛弟子みたいなもので。東映にはまあ何人か息のかかった人はいるだろうけど、東京から来てね、海のものとも山のものとも分からない1人のディレクターが映画監督になっていった。これはすごくうれしいことだったと思います。

役者がパーフェクトに理解したから面白い作品になるというものでもないんだ！

栗塚　「誰がための仇討ち」については奈良のことしか覚えていなかったけど（笑）、東映にもこんなことをやる監督はいない。面白いよ。新十郎も今までの新十郎と違う。命令されていたのが、1人の男として独立している。でも当時の僕は忙しかったから。台本を徹底的には読んでいないし、どうしてここで立ち回りをするのかなんて考えている暇もない。だから不思議です。役者がパーフェクトに理解したから面白い作品になるというものでもないんだね！　しかし内田さんとの決闘シーンには　犬まで特別出演して（笑）。

八木　あれはＯＫなんですね（笑）。

栗塚　奈良だから鹿でもよかっただろうね（笑）。

八木　新十郎と内田さんの最後の戦いは劇伴がレクイエムですね。

栗塚　すごい。これを撮るために朝早くから行って。実際は夕陽なのかもしれないけど。何回も奈良に行って、ここで何時だったら大丈夫っていうことで、僕らが知らない間に監督とカメラマンがロケハンをやっている。だから映画はすごいんです。

八木　逆光の位置関係になる時間やハレーションやらを計算していたんですね。

栗塚　それですぐアップになる撮り方がすごい。どこを刺されたとか、どこを切ったとかじゃなくて。

八木　引きで見せないわけですね。

栗塚　びっくりした。あらためてすごい作品を撮られたんだなって……。今さらお礼を言っても、あの世に行かれている方には申し訳ないけれど。じゃあ生きている人間としてはこれからどうしたらいいのかな。

八木　そうですね。

栗塚　こんなに監督の思いが伝わってくる作品だとは思わなかったし。当時はもっと単純な勧善懲悪なものが多かったから。これを見たら池部さんも文句は言わなかったんじゃないかな。ですからただ一言、「ありがとうございました」というのが僕の感想です。でもこれは、ぜひみんなに見せたい。テレビでこれだけのものを作っていたんだよって。

八木　実相寺監督は『風』で京都に目覚めて。来る前は円谷一さんに「グダグダ言っていたら、お前なんか次の日鴨川に浮いちゃうよ」なんて脅かされていたらしいんですけど、来たら来たで松田監督に教えてもらったりして充実していたみたいですね。

栗塚　松田監督だからよかったんだ。河野監督だったらケンカして殴り合いになっていたかもしれない（笑）。「生意気な～！」なんて。でも僕はとにかく寝る間もなく撮影しているわけでしょう。だからあまりお話はできなかったですし、それが残念ですね。

八木　栗塚さんは当時本当にお忙しかったんですね。

栗塚　東映の6年の間はまともに布団とかベッドで寝た覚えがない。劇団がどうしても稽古場を建て替えたいのでお金が欲しいというので、僕を松竹に売ったんです（笑）。「売る」というのは変な表現ですけど、それで僕は松竹と契約をして、五社協定の中のA1号という一番待遇のよい扱いで「五社協定最後の俳優」と言われました。だから五社協定の厳しい中でやっていて、例えば「今日は夜の12時に栗塚をあげろ」ということで、京都での撮影が終わったらハイヤーで大船に向かう。5時に撮影所に着いて、「現場は6時からですからよろしく」ですから。そういうわけで大船では『おはなはん』（66）を始めとして20本くらい撮っているんです。

八木　東映との契約はどうなっていたのですか？

栗塚　みんなは僕を東映の人間だと思うでしょうが、でも東映とは契約していない。契約っていうのはホンに対してだけ、簡単なサインをしていただけだから。それで劇団が松竹と契約をしたわけです。『俺は用心棒』（67）を撮っているころかな、あるとき東京の松竹本社に呼ばれて。「TBSからこういう話が来ていて、あんたがこれに出てくれなかったら辞表を出す」なんて言うわけです。でも本物かどうかも分からない辞表をちらつかせて役者個人にそんなこと言ったって……。それが『風』だから大変だった。だからなんとかこれだけやらせていただいて、後は劇団を辞めるしか仕方がありませんでした。

八木　とても大変な時期の作品だったのですね。では最後に、栗塚さんにとって実相寺監督作品がどのような存在だったかを教えてください。

栗塚　『風』にかかわったたくさんの人々、その中から1人羽ばたかれた方ですね。実相寺さんは完全に映画の道で飛躍された。それだけは言っておきたい。撮影所には5年、10年と助監督をやっている方々がおられますが、実相寺さんはある意味で短期間でその人々を超えてしまった。もともと才能のある方ではあったんだろうけど、「誰がための仇討ち」を見直したらとてもテレビ映画とは思えなかったです。これはぜひ皆さんにも見ていただきたいと思います。もう一度お会いしてお話をしたかった。かえすがえすもそれが残念です。

栗塚旭（くりづか・あさひ）

1937年生まれ。1958年、劇団くるみ座の劇団員になる。毛利菊枝の付き人として京都の3大撮影所に通い、現場の雰囲気を知る。テレビドラマ『忍びの者』（64）で東映デビュー、1965年には『新選組血風録』で主役の土方歳三役に抜擢され評判となる。『風』で主役の風の新十郎を演じている。松竹映画では『春日和』『女の一生』（67）などに出演、現代劇もこなしている。

Script Supervisor
Takiko Noguchi

スクリプター

野口多喜子

『風』の実相寺さんのときは私らもやっぱり余裕がなかったよ

記録係（スクリプター）として京都での実相寺昭雄作品『風』4本と『歌麿』に携わった野口多喜子氏。さまざまな名匠と多くの仕事を共にした氏の目には、実相寺監督の姿はどのように映ったのだろうか。監督としての転換点とも言える京都での日々を、驚異的な記憶力で活写していただくことができた。異物・実相寺昭雄の京都編、とくとご覧いただきたい。

永遠の二枚目がいびつな顔になってね、そりゃあ怒りはりますよ

野口　それまでの（この時間帯の）時代劇いうたら30分ものやったの。それで『風』が来て初めて1時間枠になったんです。あのときはTBSから実相寺さんたちがみえて、それが1時間ものやった。

八木　では『風』は転換期の作品だったわけですね。

野口　そうですね。30分から1時間への転換期で、時代劇では一番早かったように思いますわ。

八木　立ち上げは大御所の松田定次監督です。

野口　栗塚旭さんが主演やね。左時枝さんがゲストで出たのは印象に残ってますわ。京大の花山天文台というのがあるんですよ。そこへロケーションに行ってね、ブランコをセッティングして。そこで時枝ちゃんがブランコに乗り

ながら楽しそうにやっているのに、音楽は全編クラシックやったの。それがものすごく印象に残っているのと、山科の勧修寺でのロケで、池部良さんが出てはったんですね。池部良さんが変装して門番になっていたんかな。それで実相寺さんのことやから、映像的にはなにしはるや分からへんね（笑）。広角で、始めはロングショットを撮って、次はフルくらいになって、次に寄りでだんだん大きなっていくんやけど、大きくなってもレンズを替えへんもんやから池部さんの顔がいびつになって本人か分からへんようになってしもうて。

八木　実相寺監督はそういうひどいことをよくやっていますよね。

野口　それでプロデューサーたちがラッシュを見てびっくりしはったですよ。でもＴＢＳの淡（豊昭）さんはなんにも言われなかった。まあ、実相寺さんの性格も大体分かるしね。飯島（敏宏）さんも分かるからなにも言われへん。われわれは「ああ、実相寺さんやわ」と思て見ていたんですけどね（笑）。そしたら松竹の山内静夫さんというプロデューサー……小津（安二郎）さんの映画でずっとプロデューサーだった方ですよ。映画がちょっと下火になったので手が空いてたのか、松竹のプロデューサーとして来たはったんや。でも永遠の二枚目がいびつな顔になってね、そりゃあ怒りはりますよ。でもそこで山内さんがその怒りを見せたらみな撮り直さなあかんわね。池部さんにも伝わって「そんなんダメや」って言わはるに決まってんのやから。せやけどさすがやなと思うたのは、山内さんが実相寺さんに「今回は許すけど、これからはダメだよ」ってごっつ言わはりましたから。「本人には僕が責任を持って説明するから」って。すごいですよ、さすがやなあと思いました。それが忘れられないですね。

八木　実相寺監督はちゃんとそれを聞いたわけですね。

野口　それからも変なんはいろいろ撮ってはるけど、変な顔は撮ってはらへん。その２つが印象に残っています。

格好は構わなかったね

八木　今のお話は「走れ！新十郎」という回ですね。撮影は西前弘さんで斬新なカメラワークが印象的です。実相寺監督の著書（『闇への憧れ』）によると楽しくて尺も撮り過ぎちゃったという話ですが。

野口　編集は大変ですわ。せやけどもチョビッと切って、チョビッと切って……みたいなことはせんと、やっぱり工藤（栄一）さんや三隅（研次）さんと一緒やね、「ここは外しても大丈夫や」というようなシーンをドサッと切ったような気がします。編集マンは本編をやってる松竹の方やった。天野栄次さんですね。

八木　ブロックごとで、チョコチョコ切りではなかった。

野口　少しずつ切るところはあるにしても、やっぱり大きく外しましたね。それと面白いのは……映画とは関係ないんやけどね、京都の繁華街で一番人が集まってうろうろする、河原町三条と寺町の間に新京極通りというのがあるんですよ。そこを下がったところに松竹座いうのがあって、ボーリング場やら映画館もあったし、今はないですけどスーパーの長崎屋も入ってたの。で、そこで実相寺さんが衣類を買わはったんです。10日分なら10日分買うとかなさる。それで旅館に帰っていろいろして着替えて……結局、10日経ったらその買うた分がなくなるでしょう（笑）。そうしたら「おタキさん、おタキさん」って言うから「どうしたんですか？」と聞いたら、「もう、下着がないねん」って。「じゃあ洗濯でもしないとダメですね。奥様はこっちに来はるの？　それか旅館のおばちゃんにでもしてもろたらどう？　それでもダメや言うんやったら、私がしましょか？」なんて言うたんや。撮影所のおばちゃんもいはるからしてもらいましょかって。そうしたら「いやいや、1回履いたパンツを今は裏返して履いてるねん」って言わはって（笑）。そんな人でした。

八木　ひどいですね（笑）。僕がお会いしたころも服装はあまり気にされない感じではありましたけど。

野口　そういうことが印象に残ってる。ちょっと変わっているというかね。

八木　でも、昔からそうだったんですね。

野口　格好は構わなかったね。やっぱりそれだけ作品に集中してはったのかな（笑）。なかなかセンスのいい人でしたね。そう思うわ。それと実相寺さんが亡くなりはってから、今から10年以上前かな、東映で飯島さんと冬木（透）さんに会ったんです。「今日はダビングの日やさかい、ダビングルームに行ったらおらはるわ」って聞いたので訪ねていきまして。お蜜柑を差し入れに持っていって、「これつまんで」って。そのときに飯島さんに聞いたんですけど、「今野勉さんたちがＴＢＳを辞めてテレビマンユニオンを立ち上げるときに、実相も声がかかると思うてたんや」って。「でも声がかからなかった」「言葉は悪いけど、そういう引け目があって一所懸命にやるようになりよったんや。なんでも全力投球して作らなダメやいうことで作品に集中するようになって、まあ実相のためにはよかったよ」というようなことをおっしゃっていましたね。

八木　飯島監督と冬木さんは親しかったので、半分ふざけて言っているかもしれないしですし本気かもしれない。そこははっきり分からないですね。

野口　飯島さんとは私はあまりしてないんですよ。でも実相寺さんはやりましたわ。面白かった、私は。それで冬木さんもええなあ。私らは「あんたらテレビ用やからな」とかいうてバカにされたことありますよ。だけども冬木さんからは、「ここからここまで音楽を入れようと思うから、尺がだいたいどれくらいあるか計ってくれ」という電話が毎回かかってくるんです。それで「ここからここまではこうです」って言うたら、「その前にちょっと間が空いているとこあったでしょう。あそこまではなんぼ?」って言わはるの。セリフとセリフの合間にスペースがあったでしょう、そこのタイムを教えてくれるかなって。せやから「ああ、ここでなにかタッチつけはるのやなあ」と思うて、私にしてみたらものすごく勉強になるわけですよ。それで「うまいこといくかいかへんか分かりませんけど、まあ計っておきますわ」って言って、計った後に連絡をしていたんです。そしたらその後、佐藤勝さんから注文をつけられたときにも、言うたはる意味が分かるんです。「あの間のところ、すぐは入れられへんやろな。ちょっと間を持って入れたらこれくらいやな」とかね。だから冬木さんにはものすごく勉強させてもらいました。

八木　実相寺監督の現場はどんな感じでしたか？

野口　現場はね、スタッフが準備をするのを見守っていたようでした。助監督との打合せで、助監督から各部所へ連絡がいっているので待ってました。みんなが納得してちゃんと準備できるまで待ってはる。慌てて「こうでこうで！」なんていうようなではなかったな。

八木　後年は結構せっかちだったと言われていますが、京都ではじっくり待っていたんですね。

野口　待ってた。まあ、なんか言うても京都のスタッフはあんまりチャカチャカ動きませんよ（笑）。やっぱり自分が納得するまでやらはるからね。ツネさんいう、松竹の移動マンがいはってね。その人は「ここはちょっと間を持って押した方がええわ」みたいなことで、やっぱりお芝居を分かっていて。まあ1回目はテストでやるものね。だからツネさんは動きを見て、「あ、ここはこんな芝居をしよう」って。やっぱりスーッと同じようには押さへんからね。間を取ったりスローになったり。

八木　実相寺監督は京都で親子移動、円形移動、クレーン移動をやってすごくよかったと著書に書いています。

野口　松竹の方は本編で使うてはるからね。それに東京やったら回りもできる金属製の円形移動もありますが、京都は木のレールやから。やっぱりツネさんいうのはすごい移動マンやったな思う。木のレールを組み合わせて親子移動も使っていたように思います。

構図は上手いよ、あの人は

八木　『風』のメイン監督の松田定次監督は映画の大御所ですよね。

野口　もともと東映では大御所やったけど。もう映画があんまりねえ……。それでその前に松田先生は大瀬康一さんの『鞍馬天狗』(67-68)をやってはったし、テレビ映画のアタマは大体松田先生がやってはったように思います。

八木　その流れで『風』もやられたんですね。

野口　そうでしょうね。それでクリちゃん(栗塚旭)やしね。クリちゃんはその前は『俺は用心棒』で、あれは結束(信二)さんのホンがよかったな。

八木　では野口さんがスクリプターとして『風』に参加された経緯を教えていただけますか?

野口　『風』は松竹でやっていて、そのころは私もまだ松竹にいたからね。で、最初の松田先生のときは川島(康子)さんがやったはる。「私がするからな」って。それで自分が東映に行かはるときは「あんた、後はしいや」って(笑)。そうやって親切にしてもらったおかげで今があるんやからね。あと、直接教えてもらったのが宝塚映画の記録の構木久子さん。東京にすぐ帰らはったけど、私がスクリプターになれたのはあの方のおかげやね。

八木　スクリプターから見て実相寺監督はどういう方でしたか?

野口　記録としてはいろいろな監督とさしてもらってますけど、実相寺さんとは京都以外の監督さんの中では出会いは早かったね。でも最初は、「とんでもない監督やな」とは思うたよ(笑)。細かい指示なんかはなかったし……

逆にそういう細かい指示なんかはどんな人にでもついていける自信が私はありました。それでも今まで来はった中ではとんでもない監督やなと思ったわ。全編にクラシックを流したり、そんな監督はいないもん。私は実相寺さんの印象があるもんやから、大映に行ったときに森一生さん……大監督ですが、森先生はクラシックがお好きなんです。家に行ったら書斎にレコードがものすごくあるねん。せやから「先生ね、お正月に助監督さんやら集めてクラシックを聞くだけがあれとちゃいまっせ。1回、全編クラシックでやってください」と言うたら、「そういうホンを持ってきてもらわんとやれません」って（笑）。まあ、それもそうやなあと思うたけど。とにかく、実相寺さんは私には勉強させてくれたね。その後ですよ、三隅さんとか工藤さんとかをさせていただくのは。松野（宏軌）先生もそうやけどな（笑）。

八木　「誰がための仇討ち」でも最後の決闘シーンでクラシック（ヴィットリアの「カンタータ」）が流れます。

野口　これはアングルをカメラマンに任してはったのかな。

八木　ある程度は任せていたみたいですね。ちなみにこの回のカメラマンは町田敏行さんです。

野口　カメラマンの方が実相寺さんやさかいにということでやっている部分もあるわ。けどね、やっぱりちょっと違うで。実相寺さん、画は上手いもの。構図は上手いよ、あの人は。刀の鍔やら抜くところのアップなんかはよかったけど、なんだか町田さんのはちょっと違うわ。太陽の光がバーッて入っているけどね、実相寺さんやったらやっぱりもっとグワーッと入れはると思う。あんな中途半端やなしにね。

八木　同じ実相寺監督でも確かに西前さんの回はカメラワークがすごいです。左時枝さんが出ている「走れ！新十郎」ですね。

野口　西前さんはよかったねえ。そういえば「絵姿五人小町」のときは実相寺さんが言わはるねん、「手持ちで1階から2階まで上がって」って。木下（富蔵）さんなんか手持ちであんまりガタガタするような作品はなかったのにね。それで手持ちでガーッて行かはったもん。NGなしで、あれはすごかったですよ。でも始め、カメラマンは稲垣浩監督の息子さんの稲垣（涌三）さんばっかりがやらはるのかと思っていたのに、結局は京都の木下さん、西前さんや町田さんがやってはったな。私は気の合うた人の方がやっぱりええかなとは思ってたんやけど。

立派というより個性的な監督じゃないかしらね

八木　その後は映画『歌麿 夢と知りせば』でも実相寺作品に参加されていますが、このときはいかがでしたか?

野口　実相寺さんは顔なじみの方と仕事をされますね。その方が仕事をやりやすいのですかね。長嶺ヤス子さんは出てへんかった? お寺の本堂、黒衣の僧が20名くらい左右に正座をし、声明を唱える中で白い着物を着て赤いひらひらした「しごき」を腰に巻いてフラメンコを踊るものすごく印象的なシーンがあった。裏が真っ赤でね。あれからだいぶ経って実相寺さんが亡くならはってから、長嶺さんが南座に来たときに陣中見舞いを持って挨拶に行ったもの。それで「まー、あのときねー」「懐かしいねー」言うて。でもそこだけやな、私の印象は。

八木　では最後に、野口さんにとって実相寺監督はどんな方でしたでしょうか。

野口　やっぱりテレビの草創期の監督としては、立派というより個性的な監督じゃないかしらね。われわれも勉強させてもらったし。TBSからみえた……東京からみえた音楽屋さんにしてもプロデューサーにしても、そういう人たちには教えてもらったことが多いですね。実相寺さんやら淡ちゃん、冬木さんには、京都では分からへんかったことを教えてもらいましたから。そのころのことが少しでも自分の中に内蔵されてるから、他から来はってもあ

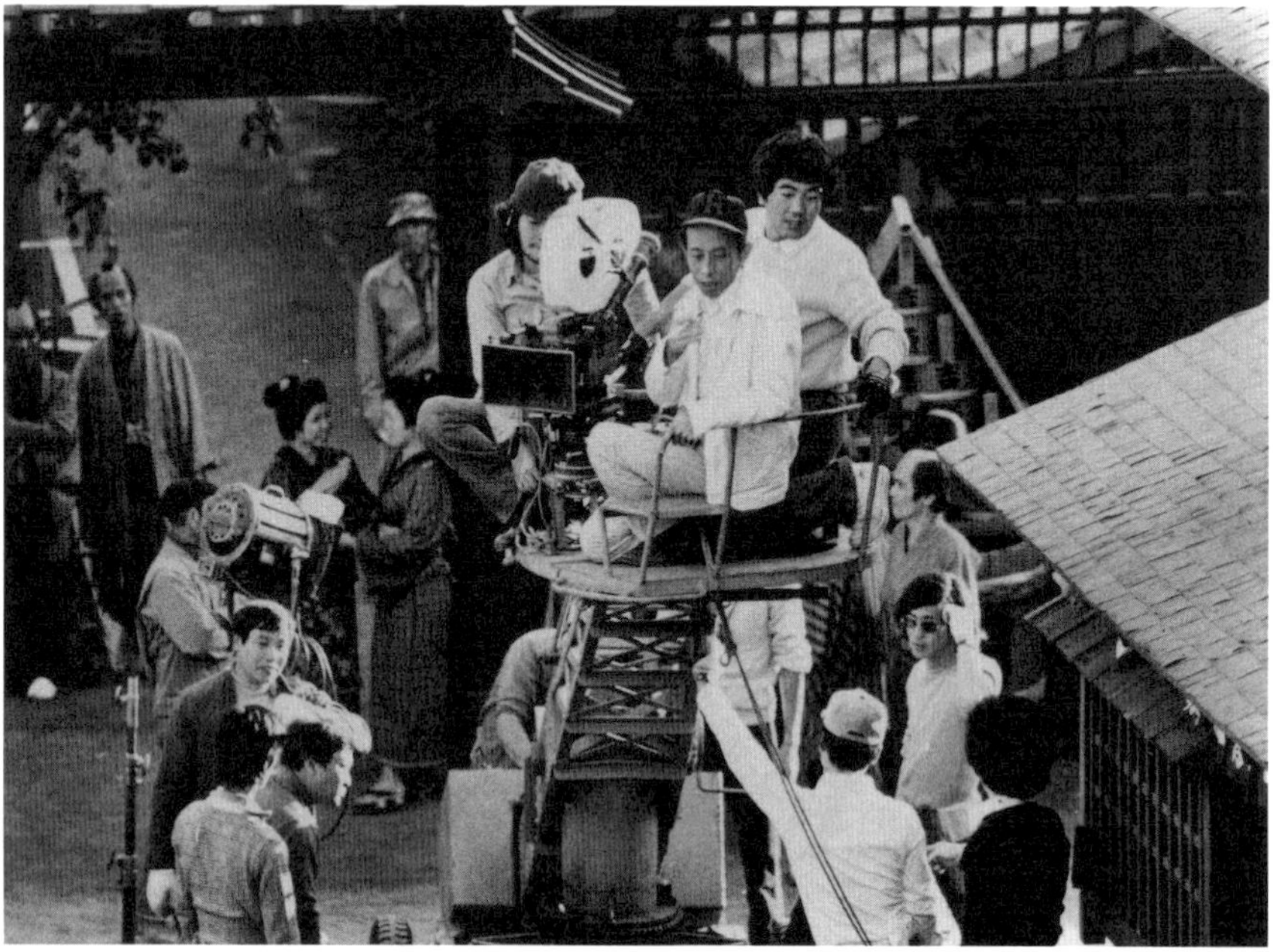

『歌麿』の撮影風景。クレーンには実相寺監督と中堀正夫カメラマンが乗っている（京都映画撮影所）

んまりビビることなくできるようになったんでしょうね。

八木　三隅監督、森監督を始め名だたる監督とお仕事をされていて、実相寺監督ともご一緒されているわけですから本当に羨ましいです。

野口　だからそれは私の財産ですよ。でも『風』の実相寺さんのときは私らもやっぱり余裕がなかったよ。初めて来はった監督やからねえ。もう一所懸命に、今度の監督はどんなように作品を位置づけて撮られるのかなあ……と。ましてや今まで30分ものやったのに1時間ものでしょう。コマーシャルはこの辺に入るかな、あの辺に入るかなあって。そういうのも一応自分の中にインプットしとかなならんしねえ。

八木　1時間ものの時代劇の黎明期で、しかも東京のテレビ局のディレクターも参加するという異例の事態の中で、さらに実相寺監督が4本を担当した『風』という作品について、今日はリアルなお話をたくさん伺うことができました。ありがとうございます。

野口　こちらこそ今日はありがとうございました。この本がいい作品になりますように。

野口多喜子（のぐち・たきこ）

1940年京都府生まれ。東伸テレビ映画、東映京都などを経て京都映画の記録係（スクリプター）に。『必殺仕掛人』から『新必殺仕置人』まで必殺シリーズの多くに参加する。その後は映像京都、東映京都のテレビ時代劇を中心に活動。映画は『薄化粧』『竜馬を斬った男』『226』『女殺油地獄』ほか。

Cameraman
Yozo Inagaki

カメラマン

稲垣涌三

実相寺さんには「優しさ」がとてもあったんです

監督：実相寺昭雄、撮影：稲垣涌三のコンビによって『怪奇大作戦』の4本と映画作品2本がこの世には残されている。1つの到達点であることに間違いがないこの諸作の制作過程について、映像を見ながら稲垣氏にじっくりとお話を伺うことができた。お2人の特別な関係性を物語るようなインティメイトかつ創作の喜びに満ちた氏の発言の数々を、ぜひとも味わっていただきたい。

『怪奇』の4本が本当に生涯の宝物ですね

八木　実相寺監督は『怪奇大作戦』にはとても満足したと著書（『闇への憧れ』）に書かれています。特に「京都買います」については「今、ふり返ってみると（中略）自分ではこの作品に一番愛着を抱いている。この時の私はうまく言えないが、〝やさしさ〟をもってひとやものを見ていたように思えるからだ」と書かれています。「〝やさしさ〟をもってひとやものを見ていた」ということと真剣さがこの時期の実相寺監督にはあったんじゃないかと思います。

稲垣　「やさしさ」っていうのは納得する言葉ですね。びっくりしちゃったんだけど、僕は今日はそのことくらいしかしゃべることはないなと思っていたの。だけどあの人のキャラクターを知っていたら、実相寺さんの「やさしさ」

なんて言ってても信じてもらえるのかなというのもあって（笑）。でも、そんなことを自分で本に書いているんですね。ちょっとドキッとします。

八木　カメラマンと監督は相棒ですから。しかも、『怪奇大作戦』の４本（「恐怖の電話」「死神の子守唄」「呪いの壺」「京都買います」）と『無常』『曼陀羅』という素晴らしい作品を一緒に作られているわけですから。

稲垣　確かにその途中まではちゃんとした相棒だったと思います。今回は「なぜ実相寺さんと離れたんですか?」というのを聞かれると思っていたんだよね。それでいろいろ考えたんですけど、そうすると今の「やさしさ」と符合するんです。つまりTBSから来られて演出をして、映画を撮るようになってからは作家的になっていったんでしょうかね。だんだん楽しんでいるという感じはなくなってきちゃって、自分の当時抱いていた実相寺さんのイメージから離れていくんですよ。つまり本当に仕事を楽しんでやっていた「恐怖の電話」のころと『曼陀羅』では変わっちゃうんです。それは『無常』のときにも少し感じていたことで、本人の思いばかりが強いでしょう。だからその2本をやって、やっぱり実相寺さんは変わられたっていう印象が強くなっちゃって。自分でも「この人はこんなだったかなあ?」ってだんだん疑問に思えて、この先はやっていけないんじゃないかなって思ったんですね。いま「やさしさ」って言われて気がつきました。実相寺さんには「やさしさ」がとてもあったんです。例えば露が葉っぱから落ちるというようなデリケートなものに涙しちゃう、そういうイメージなんですよ。それが映画を撮ることでたくましくなっていくんでしょうね。だから自分の気持ちと離れていってしまった。

八木　「長編を撮るようになってからは妥協していた」ということも書かれていますね。

稲垣　妥協というのがああいう形になって出ていくのかなあ。だからやっぱり妥協したことに対してスタッフに八つ当たりしていたんだと思う。でも『無常』は妥協して『怪奇大作戦』では妥協しなかったっていう理屈自体は分からないです。『無常』の方がよっぽど自分の思い通りにやったんじゃないかと思っているんですけど。

八木　稲垣さんにとって実相寺監督は「露が葉っぱから落ちるのを見て涙する」というイメージだったんですね。

稲垣　僕の中ではそっちの方が大きい。この間、『特撮黄金時代』では実相寺さんを泣かした話をしましたけど、あれと同じなんですよ。「こんなになっちゃうの、監督？」って思ったから。実相寺さんにも言ったことがあるんですけど、「自分の持っている実相寺さんのイメージと他の人が持っている実相寺さんのイメージは全く違うんじゃないかな」とは考えていましたね。僕の主観ではそうなるし、一緒にやる楽しさを知っている人間ということで。だから『怪奇』の４本が本当に生涯の宝物ですね。どれをとってもブーブー言ったことなんかはないですから。徹夜するなんて言ったって、面白いから誰も文句は言わないもん。実相寺さんと同じ空間にいることをスタッフはみんな楽しんでいた。池谷（仙克）さんなんかまさにそうでしたよ。変なものをいっぱい持ってきたりして（笑）。だからすごく楽しかった。怒鳴ったとか大声を出したとか、人を侮辱するようなことは全然なかったですね。カメラを覗いて「ケケケケ」って笑うんですよ（笑）。それで本番になるから、「あ、俺は支持されているんだ」って気持ちになるじゃないですか。その楽しさっていうのは忘れられない。実相寺さんの思い出はそれに尽きちゃうくらいで、「他のヤツが知らない実相寺を知ってるぞ！」、そんな感じですね。俺しか知らないっていう気持ちがすごくあるんです。もちろん、本人からしたらそれは違っているのかもしれないですけど。

こっちが勝手に撮っているものに、芝居を上手くはめていくんです

八木　そこにあの４本が傑作になっている秘密があるのではないでしょうか。現場でどういう風に監督と話されて

撮ったのかと思うくらい、完璧にカメラも芝居をしていますし。

稲垣　でも実はあんまり話をしてはいないんですよ。なんかやったら「ケケケ」って喜んで撮るっていう感じでした。「恐怖の電話」で股の下から撮るところがありますけど、「これは面白いからこう撮ろう」っていうことになると「ケケケ」って喜んでいる。そんな感じですね

八木　実相寺監督はいろいろなカメラマンの方と組んでも「実相寺アングルだ」と言われていますけど、実はそうじゃないんじゃないかと思うんです。やはり、カメラマンによって画が違いますよね。

稲垣　それは僕には分からないところですけど……。ただ、人が替われば画も変わってしまうというのは、八木さんも当然経験されていることだと思います。カメラマンが替われば監督自身も変わってしまいますから。

八木　でも監督と打ち合わせをしていないとすると、稲垣さんが画を作られているわけですよね。

稲垣　「こうやって撮ったらこうなりますよ」という話ではないんですよ。こっちが勝手に撮っているものに、芝居を上手くはめていくんですね。

八木　「恐怖の電話」の冒頭のワンシーンワンカットは完璧ですよね。位置もばっちり決まっているのに全く段取りっぽくなっていないですし。

稲垣　テストは3回くらいしましたけどね。実相寺さんはこれで徹夜したなんて言っていますけど、実はこれは割と早く終わったの。徹夜したのは電話の寄り（小物撮り）とかですよ。

八木　確かに、あんまりテストをやり過ぎた感じではないですよね。

稲垣　ドキュメンタリーっぽいですよね。だからやっぱり3回くらいだったと思うな。

八木　立ち位置は完璧、稲垣さんのアングルも完璧です。

稲垣　完璧って言われても、ただ追いかけて撮っているだけですから（笑）。でも肩車のところなんかは（セットが作られていない壁の）上がバレそうで怖かったな。岸田（森）さんはなにをしだすか分からない。テストではあんなことはやってないですし、本番になったらいきなり肩車ですから。だからこっちはもう緊張というか……。

八木　でもフレームを無理に直すわけでもなく、ちゃんと完璧な場所に役者が入っています。

稲垣　カメラが向いている方向で、どこに入ればどうなるっていうことを実相寺さんはよく知っていたと思いますね。それを役者に上手く伝えているんでしょう。大きいナメで撮っているんだから、端っこの方に行かなきゃダメだよとか、そういうことは言っていたと思いますね。それに常連で慣れている人も多いから。

八木　カメラ位置に反応して役者の位置を決めるわけですね。

稲垣　そういう意味ではカメラを知っているんですね。こっちはカメラを置いて撮っているだけで、そうすると役者を押したりなんかして入れてくるんです。あとは案外「ナメて撮りますよ」なんて言っているわけじゃなくて、撮っていると入ってくるからそういう画になったりもする（笑）。それは結構ありましたね。

八木　カメラ位置が決まると監督がそこに合わせて役者をズラしていくような形ですか。

稲垣　今こうやって作品を見ながら思い出すと、それは非常に多かったと思います。

八木　だからカメラを覗かないでも分かっていたということですよね。

稲垣　かなり分かっていました。だから画を見に来るのは「このような画にしてくれ」ということではなく、「ああ、あそこにあれを置けば面白くなるぞ」という感じなんです。だから逆なんですよ。普通は見にくると「うーん、ちょっと下だな」とかやるじゃないですか。でも実相寺さんはそうじゃない。「ケケケ」って言って、役者を空間に入れる。そういう感じでした。あとこのころは変な画を撮ってはいるけど、やっぱり目線は優しいじゃないですか。

それが実相寺さんの本質だったんじゃないのかな。

八木　変な画ではありますが出鱈目ではないですよね。なにかを模索しているというか……。それに綺麗です。

稲垣　出鱈目ではないですよ。でも「つながらなくてもいい」ということはアタマから言っていましたね。

役者も含めてみんな面白がっていたと思うんです

稲垣　しかし「恐怖の電話」を見ていると照明部が手持ちでシネキン（バッテリーシネキング）という手持ちのライトを横から当てたり、ノーライトもあったりしますね。この中で1つだけ自慢のカットがあって、最後の方でクルマが塀にぶつかるじゃないですか。あれは助監督が焦ってしまって、誰もキューを出していないのに突っ込んだんですよ。そんなわけでまた塀を建ててもう1回やったんだけど、結局は一番目のやつを使っているの。

八木　でもよくそれで間に合いましたね。

稲垣　普通は撮らないじゃないですか。僕はクルマの中だったんですよ。それでアクセルの吹かし方に異常性を感じてカメラを回していたの。そうしたらそのまま「ダーン！」ってぶつかっちゃった（笑）。あのときはちょっと興奮しましたね、やっぱり。「ああ、やっちゃったよ」ってみんな言って、写しているとは思わないわけだから。

八木　そしてこの回のラストは稲垣さんが提案されたというスカイライン（太陽が昇る直前、または落ちた直後の薄暮の状態）ですね。空が微妙に紫色で綺麗です。

稲垣　あれはいいでしょう。徹夜で夜が明けちゃったからさすがの実相寺さんも手に困っちゃって、「どうしようか、夜が明けちゃったよ」って。「じゃあ上に朝焼けの空があって、下は首で切る画でいきたい。それだったらむしろ朝を狙ったようになるから」と言ったんですね。配置までは分からないけど、そうすれば説明がつくじゃないかって。それで実相寺さんも「おお、それでいこう」って。実際には首では切っていないんですけど。

八木　現場で思いつかれたわけですね。

稲垣　だって夜が明けるなんて誰も思っていないから。でもそれを見て考えるところが、実相寺さんはすごいんですよ。全く不自然さはなくやっているじゃないですか。「俺がやったんだぜ！」みたいな気持ちがこっちにはあるんだけど、それを利用して全然上手くやっているから。

八木　あれがナイターで終わっていたらだいぶ違うイメージでしょうね。

稲垣　時間経過も出ないしね。

八木　それもありますし、あの美しい映像で作品が終わるというのは素晴らしいと思います。

稲垣　それで岸田さんがタバコで「アチチ」って、この辺は全部アドリブですからね（笑）。なにをするんだって思ったけど、これはあの人のすごさだな。

八木　リハーサルをやっていないんですね。

稲垣　リハーサルをやった感じがしないじゃないですか。「アチチ！」って、岸田さんはあれが好きでしたね（笑）。

八木　こんな恐ろしい話だけど、現場ではみんなで楽しくやられていたんですね。

稲垣　すごく楽しかった。役者も含めてみんな面白がっていたと思うんですよ。だからのびのび撮っていますよ。

2回目のクラブのシーンでは実相寺さんが出ているんです

八木　続いて「死神の子守唄」です。冒頭は新宿中央公園ですね。

稲垣　しかし犯人が女性を追うシーン、なんで後ろにあんなライトがあるんだろうって（笑）。もう、これぱっかりだな。ハレーションって予想がつかないじゃないですか。だから楽しいんですよね。

八木　僕も好きです。

稲垣　現場検証のところで岸田さんを追う移動なんかは、今だともっと綺麗にやれちゃうんです。移動車の性能もいいし上手いから。でも揺れているのもいいなと思うんだけど、あれは今だったらNGでしょうね。

八木　目線を感じる移動でいいと思いますけど。

稲垣　僕も揺れていいんじゃないかなと思う方です。だから結構揺れているやつをOKして、いろいろ物議をかもしたりしてね（笑）。人間っぽく見えるじゃないですか。かといって手持ちでばっかり撮っているわけではないんだけどね。クラブのシーンの後では、岸田さんが研究室で顕微鏡を覗いているところがありますけど、実相寺さんはこういう画は好きでしたね。こういう画を撮っていると機嫌がよかった。

八木　ガラス管なんかを手前に置いて撮られていますね。そしていい廃墟が出てきます。

稲垣　草野大悟さんと岸田さんはすごく仲がよかったですね。ずいぶん議論なんかもしていました。新劇ならではの、そういうのがあるじゃないですか。で、2回目のクラブのシーンでは実相寺さんが出ているんです。「誰かいねえか？　じゃあ俺がやるよ」って。この、手前でタバコを吸うのが実相寺さんですよ。禁煙していたんだけど、あれでまた吸うようになっちゃったの（笑）。

八木　まさか実相寺監督が『怪奇』にカメオ出演されていたとは驚きです（笑）。

稲垣　この後に出てくる池は2人で芝居をしている広い方が石神井公園で、水面だけのところは成城学園の中で撮り足したものですね。

八木　この後の岸田さんと草野さんの芝居が舞台っぽいというか、不思議な感じなんですよね。

稲垣　発声とかもなんかおかしいでしょう。このシーンだけはなんだか不思議です。あの2人はお互いを真似してふざけたりもしていたから、そういうのが出ているのかな。話している2人に後ろから迫っていくところなんかは、『無常』に通じるカットですよね。でも、これは移動車のレールを見せないようにしているだけなんですけど（笑）。

八木　でも正面から撮っていないのに感情がよく読み取れますよね。

稲垣　そういう意味では画が芝居をしているように見えるのかもしれない。そういう意識で撮っているわけじゃないんだけど、そうなっちゃうんだよね。こっちは「移動車のレールが見えないように」って一所懸命やっているだけなのに。この後の横浜の夜の外人墓地ではやりたかったことがあって、生の光で全部進行するというのを照明部にやってもらったんです。警察のサーチライトが全部シネキンで、森なんかを全然ライティングしないで、警察の龕灯《がんどう》だけで照明をできないかっていうことでね。

八木　実際の夜の森には光源がないわけですからね。

稲垣　だからその方がリアルじゃないのっていうことで提案したんです。こういう画をずっと撮りたかったんですよね。一番リアリティはあるし、実相寺さんもハレーションが好きだから「ケケケ」ってなるしさ。だから意志があるならやらないといけないなって思いましたね。ただああいうのは、実相寺さんみたいな人でないとなかなかOKしてくれないですよ。でも、そういう撮影をできたら他の部分にも影響を及ぼすわけ。あれをやったんだから、ここはこうしようって。

八木　みんながちょっとずつ、今まで決まっていたことを外すようになります。

稲垣　それがいいんだよね。実相寺さんはそういうことが得意だったんです。人が作ったオーソドックスを外すっていうね。

八木　そうするとどんどん展開していきますよね。

稲垣　最初の土台を作る方が大変なのかもしれないけど（笑）、実相寺さんはそれをパロディックにいじくるのが上手い。それがきっかけになって、「あ、これはやっていいんだな」と思うし自由になるわけじゃない。

八木　とてもクリエイティブですよね。

稲垣　それをシリーズものでやるのはなかなか大変だけど、こうなると監督ですよ。監督が責任を全部負うぞと言ってくれれば、僕らはもうなんでもやれるわけです（笑）。それでああなっちゃう。でも、世の中に残るものはそういうことで出来上がっているのかもしれない。その後にカメラマンの石原興さんが『必殺シリーズ』でこういうナメとかをやりますよね。それで自分の世界を作ってしまった。石原さんは、実相寺さんが京都に行ったときに仕事のやり方を見ているんです。それで影響を受けたんじゃないのかな。そのことは言っていないですけどね。確か『風』でついていて、実相寺さんも「石原興が、石原興が」ってよく言っていましたから親しいようでしたよ。だから石原さんは助手だったにしても面白かったんじゃないですか。

実相寺さんはまともな画がタッチになる

八木　「呪いの壺」「京都買います」の2本が京都での撮影ということで、まずは「呪いの壺」です。

稲垣　いきなり暗いでしょう。こんなものをテレビでやっていたんですからねえ。「ウチのテレビが壊れた」なんて電話がかかってきたらしいですよ。それに暗いのは大事なことなんですよ。太陽の当たるところに出たらリュート線が出てしまうわけだから。

八木　だから明るくするわけにはいかないという。

稲垣　鑑識課のシーンでは人の背中をデカナメしていますけど、これはやっぱりこうなっちゃう。誰かが「3人入れよう」なんて言ったんでしょう。で、その後のナメはよく撮った画ですね。この後みたいに前を向いているパターンもあるし、『男はつらいよ』なんかも同じことをしていますよね。寅さんが手前にいて、家族が後ろにズラーッといるみたいなね。

八木　でも、画面のど真ん中に背中というのはないでしょうね。

稲垣　こんなことはやらないでしょうけど（笑）。まあ考えとしては同じですよね。

八木　花ノ本寿さん演じる日野統三が登場して名刺を渡すところでカメラがぐるっと回りますけど、フォーカスの送りも素晴らしいですね。外さなかったです。

稲垣　このときのセカンドが姫田（真佐久）さんとやっている人だったんですよ、実は。シネスコをやっているだけあってフォーカスは上手かったですね。上下に動いているし前後にも移動している。測っていた印象は全然ないんですけど、本当に上手いですよね。で、タイトルバックには左側の瓦をデカナメした建物なんかがありますけど、変な画ばっかり撮っているところへああいうのをポッと入れるんですね。

八木　あれがタッチになっていますよね。

稲垣　逆にね。普通は変な画がタッチになるんだけど（笑）、実相寺さんはまともな画がタッチになる。

八木　すぐに市井商會に行くのではなく、京都の情感を高めていますよね。

稲垣　市井商會の引き出しになっている階段は、池谷さんと実相寺さんがこれを使いたかったみたいですね。

八木　つまりこれはセットということですね。

稲垣　京都映画のスタジオの中のセットですね。これはセットがめちゃくちゃ多かったんですよ。テレビでこれだけのセットをこのために作ったわけですから、そういう意味では贅沢です。市井商會の娘の信子と統三が話すところは西陣だったかな。後ろでガッチャンコガッチャンコって音がしています。で、死体が寝かされている現場もセットですね。襖は絵が描かれた柄だったのを文字のものに変更しています。なんとなく意味深く見えますが、インチキですけどね（笑）。その後の、2人の背中越しで市井商會の主人が話すところを撮っているのも実相寺さんらしいですね。

八木　続く汽車のシーンでは後ろの人にタバコを吸わせていますね。綺麗なフォグ効果です。

稲垣　これも乗ってそのままですから。シネキンでしょうね。

八木　そして花ノ本寿さんたちが汽車を降りて2人で会話するシーンで、花ノ本さんのバックに「便所　LAVATORY」の看板が見えます。

稲垣　これはわざとです。看板を持っていったわけではなく、たまたまあったから「あれをバックにしよう」って（笑）。それで別に文句を言われなかったから、いいやっていうことですね。

八木　実家の前で追手を迎え撃つカメラ移動、トラックイン、こういうのも好きですね。

稲垣　結構多いですよね。で、実家の中もセットです。飾り変えですけどね。それで家の中をグルーッと回るでしょう。これができるのはエレマックというドーリーなんですよ。『トラ・トラ・トラ！』（70年公開・京都東映撮影所での撮影は68年から）で（ハリウッドから）持ってきたものを久世特機さんが買ったかもらったかして、これで使えたんですね。ここは移動としては90度で、あとはカメラを振っているわけです。

八木　再び市井商會の中、セットですから完璧にコントロールされています。

稲垣　ここで岸田さんが壷をナイフでこそぐのですが、「ナイフを光らせてくれ」と言われたのを覚えています。役者がそんなことを言うのかって思いましたけど。市井商會はセットに階段も組んでいるんだからすごいですね。

八木　てっきり雰囲気のいい家をお借りしたのかと思っていたんですけど、それだけ美術の作り込みやライティングも含めてリアルなんですね。扉を開けて小林昭二さんたちが入ってくるところなんかも、いかにも外から光が入っているみたいですけど照明ですもんね。その後の街での追跡劇も素晴らしいテンションです。

稲垣　最後のお寺（ミニチュア）は、始めは1／6の縮尺で作ろうとしたんだけど大きくなっちゃって無理なので1／8に戻したんです。だけど瓦はもう発注していたので瓦だけ1／6なの。

八木　見る度に思うんですけど、この燃えるシーンはスピードと炎のお芝居が素晴らしいですよね。

稲垣　本当は正面から撮らなきゃいけないんだけど、僕はそのカットを撮りたくなくて。それで横から撮ったらたくさん使ってくれましたね。

八木　炎が上に上がるところとか崩れるところとかがとてもリアルです。あれは10倍ですか？

稲垣　5倍ですね。

八木　それはミニチュアが大きいからですね。

稲垣　でも水と火は難しいですよ。これだけは円谷英二さんに褒められましたから、あの特撮はよくやれたなと思います。まあでも運だけっていうか……ああいうところに放り込まれたら誰でもやれたんじゃないですか？

「面白いね。次は俺をシルエットで撮ってくれよな」

八木　では、いよいよ「京都買います」です。ロケハンから一緒に行かれていますよね。

稲垣　全部じゃないけど行っているところもあります。あんなロケハン、全部はできないですから。だから当日にフレームを決めるということもありました。しかしこのころの実相寺さんは本当にすごいと思う。

八木　これなんか、特に優しさを持って作っているとしか思えないんです。

稲垣　われわれには優しかったんです、実相寺さんは。目線だけじゃなくてね。年齢も近かったですし。

八木　だから仲間みたいな感じというか。

稲垣　当時はそうでしたね。（研究室で美弥子が登場。仏像を愛おしむように布で包む美弥子のカットを見ながら）しかし見ていると、これは完全に斎藤チヤ子に惚れているとしか思えないね（笑）。惚れてたんじゃないですかね。

八木　もう、撮り方がそうなっていますものね。

稲垣　なっていますよね。おお、ディスコを出てからの黒谷での岸田さんと斎藤さんのやり取りでは、クラシックに目線を合わせているところもありますね（笑）。

八木　目線を合わせていますし基本に忠実です。走り去る美弥子を雲水の集団が綺麗に動きながら隠すカットは、誰が「こう動こう」と決めたんですか。

稲垣　ここは実相寺さんの指示でしたね。

八木　雲水もすごいですし、俯瞰からの撮影でパンするところも岸田さんのお芝居もいちいちすごいです。

稲垣　言葉にすると「そうなっちゃう」ということなんですね。

『怪奇大作戦』「京都買います」の平等院でのロケ風景

八木　なっちゃうんですか。

稲垣　その場の雰囲気でこういう風になってしまう。監督は言うんですよ、「こうする」って。でも、その通りにやっているわけではないんです。だから、なっちゃうんですよ。

八木　なっちゃうんですね。この平等院のところで斎藤さんに寄っていくカメラもすごいです。

稲垣　これは12ミリだったかな。

八木　そうすると本当に間近までカメラが近づいているわけですよね。

稲垣　「お座敷クレーン」っていう木のレールに乗っかった小さなクレーンですね。1間くらいしか上がらない。それから黒谷の山門の上の2人のシルエットのところなんかは、「ライトを持っていかないで撮れるか?」「なんとかなるんじゃないですか」っていう感じで。実際、なんとかなっちゃった(笑)。

八木　シルエットに近いけど表情は分かるくらいですごくいいですね。

稲垣　あまり言葉がなくてこうなるわけですね、このころは。言葉で「こうなんだよ!」って言うようなことは一切ないわけです。ノーライトで撮れるかと聞かれたわけだから、「見えなくてもいいんだな」って思うわけですよ。それで(クランクイン)最初のカットが三面大黒天の文の助茶屋のところ。このときはなにを撮りたいのかが本当に分からなくて、どう撮ればいいんだろうと思っていたら、実相寺さんが「ここでいいんだ!」っていう感じでポトッと石を落として場所を示すわけ。要するに「悩んで撮るな」ということですね。カメラマンが悩んで撮ったヤツなんてろくなもんじゃない、そういう考えはあったんですよ。悩んだらダメなんだって、そのときの瞬発力だけでいいんだよって、僕はそういう風に受け止めていましたけど。それで初めて決心がつくんですよ。

八木　続く萬福寺境内(三沢が発信機を見つけるシーン)の移動も素晴らしいですね、ヌーヴェルヴァーグを見ているようです。みんなが、すべてが疾走している感じ。
稲垣　そうなのかもしれないな。
八木　（生命が）燃焼していますよね。予定調和ではないというか。
稲垣　やっぱりどこか面白がって撮っているんですよ。
八木　そこなのですね。
稲垣　東福寺の2人のところなんかは、最後に「光が当たっているところに出てね」ということくらいは斎藤さんには言っています。その後の正面移動のカットは「ここはドーリーを使ったんですか？」なんて聞かれましたけど、ただのタイヤの移動です。それで岸田さんに追いつかれて斎藤さんがうつむくわけですけど、こんなところ狙えませんよね。
八木　実相寺監督の恋愛シーンってあまりありませんが、真正面から撮っています。すごく綺麗な映像です。
稲垣　綺麗な音楽もつけていて……。
八木　本当ですよね。僕も「京都買います」のことは『ウルトラマンマックス』のときに実相寺監督からお聞きしているんです。やっぱりこれに一番愛着を持っているということでしたし、実は最初につないだら40分くらいだったので「あれが残っていればなあ」なんていうこともおっしゃっていましたね。
稲垣　（黒谷での石段を登る美弥子とそれに続く雲水のカットの次のカットで）岸田さんが太陽と一緒に映っているのも、予定しないでああなっちゃうんだよなあ。「ここで大体、あと2分くらいで撮るだろう」と決めたら、その位置にカメラを持っていっておいて太陽が沈んでいくっていう感じで。
八木　だからみんなで、全員でやられていたんですね。

稲垣　東京から行ったのは5人だけですしね。あとはみんな京都のスタッフで照明も行っていないですから。5人っていうのは監督、僕（撮影）、池谷さん（美術）、大木淳吉（特技監督）さん、あとは山本正孝（助監督）かな。

八木　室内で斎藤さんや藤森教授たちを移動しながらとらえるシーンも素晴らしいです。

稲垣　でも自分が意図的になにかをやったっていうのはないんですよ。なっちゃうんですよ。だから監督のマジックですかねえ。

八木　話を伺っていると音楽のセッションみたいですよね。それぞれのプレイヤー単独の力だけではなく、相乗効果でよいものが出来上がっていくというか。

稲垣　まさにセッションです。そうやって自分を出しているから楽しいんでしょう。いわゆる譜面はないわけですから。大体、台本を読み込んで撮影したことがあまりないんですよ。3回読んだらもう十分だなと思っているので。

八木　簡単なコード進行はあるけれど、あとは自由にお任せという。

稲垣　ストーリーの概要は分かっているんですよ。だから、どうせその場でやるじゃんっていう感じですね。

八木　技術的にも精神的にも余裕がないとできないことです。こういうことは、楽しまないとやれないんですね。

稲垣　だから、悩むとこれ（石を落とす）されちゃうんですよ。

八木　まさに芸術家同士でのセッションですね。最後の美弥子を探す牧のモンタージュも素晴らしいです。

稲垣　この辺はロケハンもしていますけど、こんな画を撮ろうというロケハンではなかったです。で、化野《あだしの》では雪がたまたま降ってきちゃう。いかにも情感があるじゃないですか。もう、そうなっちゃうの（笑）。

八木　なっちゃうんですね（笑）。雪がなかったらだいぶ違いますよね。俯瞰のシーンなんかは、あたかも雪が前提みたいな角度ですし。

稲垣　そんなことはないんだけど、そうなっちゃう。本当にあるがままに撮るしかない。

八木　（牧が石段をスキップするように去っていくカット。平野屋でお茶を飲むカット）これもアドリブですか？

稲垣　そうですね。この辺はテストもやってないです。カメラを据えて、岸田さんがいて、カメラ回せっていうだけ。

八木　セッションですね。だから岸田さんもよかったんでしょう。

稲垣　やりたいことをやらせてくれるから本人も面白かったんでしょうね。だって「電話」のときかな、東宝のダビングの部屋にアフレコに行ったら、岸田さんが「面白いね。次は俺をシルエットで撮ってくれよな」なんて言うんだから。役者から言われる言葉じゃないよね（笑）。それで「京都買います」でシルエットを撮ったのかどうか、因果関係は分かりませんよ。でも役者に「シルエットで撮って」と言われるなんて、そうそうはないことですから。あと「京都」はエンディングのモンタージュが好きでね、僕は。

八木　京都の中に開発されて破壊された雑物と文明があるというモンタージュですね。

稲垣　もう、みんなその対比で撮っていますから。近代的なものと伝統的なもののね。

八木　だから京都を貫く新幹線も異物なんですね。

稲垣　京都タワーも撮りましたよ。で、実相寺さんのタイトルのバックがガスタンクですから。

八木　「京都買います」は監督も「やさしさをもって」と言っていますけれど、一番くらいの傑作なのではないかと思います。

稲垣　そうだと思います。「やさしさ」というのは初めて聞いたコメントですが、著書（『闇への憧れ』）に書いてあるということを聞いて、「ああ、そうだよなあ」と思いました。始めは優しかったんです。あれが本性じゃないですかね。他の人はクレージーな部分を話しますが、僕はそう思っています。

八木　後期はクレージーな部分が語られますが、きっと違うと思うんです。

稲垣　八木さんと僕はそれでいきましょう。

八木　それこそヌーヴェルヴァーグのトリュフォーなんかの撮影も、少人数でピクニックに行くような感じでロケに行って楽しく撮影していたって言いますよね。

稲垣　スタッフが「終わりたくない」って言うのも分かりますよね。終わらなきゃいいのに……っていう。

八木　トリュフォーの映画と共通するのは瑞々しい感じとか疾走感とか、そういうところですね。

稲垣　監督は青春時代をそうやって生きちゃったんですかね。

『無常』はなんにも分からないで撮っていたんです

八木　『怪奇大作戦』に続いて『無常』について、やはり映像を流しながらお聞きしたいと思います。

稲垣　でもなんにも分からないで撮っていたんですよ。それがよかったのかも分からないけど。内容に合わせようなんてしたら実相寺さんは「ケッ！」ですから。

八木　しかし『無常』は実相寺作品の中でも非常に重要なものですよね。

稲垣　ただ、僕は特別に才能があったわけじゃないですよ。セッションに加わって貢献はしたかもしれないけど、きらめくような才能があってやったということじゃないんです。運命でたまたまそこにハマったということで。

八木　それが才能なのではないでしょうか。それに実相寺監督は初めて映画を撮るときに稲垣さんを選ばれているわけですから、そこは信頼が厚かったのだと思います。

稲垣　そんなことを言われちゃうと、どうしたらいいか困るんだけど（笑）。

八木　谷口旅館に俳優もスタッフもみんな泊まって、朝は6時くらいに食べて撮影が始まって、夜中の2時、3時まで毎日やっていたようですね。みんな監督を信じていたから充実した撮影だったということで。

稲垣　僕はやっぱり余裕がなかったと思うんですよ。だから結構きつかったですよ、テレビの楽しさとは違いましたから。もちろん楽しい部分もあったけれども、実相寺さん自体がどこかもう違っていましたしね。面白いところはまだ残っていたから、全部が全部きついわけじゃないんですけど。テレビという自分の活動エリアとは違うところで撮るというのはあったと思いますね。ちょっと違うんですよ。

八木　撮影期間はどれくらいでしたか？

稲垣　結構長いですよ。50日くらいじゃなかったかな。僕らは後で、実相寺さん抜きで実景を撮ったりしていますし。雨降らしとかを3日くらいやっているんじゃないかな。きついのはね、ジェネレーターを持っていくじゃないですか。そのままにしておくとトラックのバネがダメになっちゃうので、あれを毎日下ろさなきゃいけないんですよ。それが大変でしたね。あとはコード巻き。カメラマンも他のスタッフもキャストも、もうみんなが手伝うんですよ。

移動車を見せないようにするとこういう画になってしまう（笑）

八木　では再生してみます。

稲垣　いきなり音楽がすごいでしょう。映画館で大きい音で聞いたときは、これにまずびっくりしちゃうの。初めて見に行ったのは有楽町の東宝文化だったかな。そうしたらちょうど1回目がハネたタイミングで、お客さんがすごい顔をして出てくるんですよ（笑）。目なんか血走っちゃって。なんだこりゃと思って怖かったですね。

八木 初日に映画館でご覧になったのですね。このタイトルバックの素材はどう撮られているのですか？

稲垣 「あれ、あれ！」って言うだけですね。だからそれを切り取って撮っていたんじゃないのかな。「こういう風に」ということはなかったと思います。しかし最初の移動なんてどういう思いで撮っていたのかなあ。

八木 当然ですが稲垣さんがやっているわけですよね。

稲垣 意味なんかはなにも分からずね（笑）。もちろん芝居になれば違いますけど。

八木 司美智子さんが家から出たところは、「ここで移動」というタイミングなどは言われるのですか？

稲垣 こういうカットは言っていますね。ただ、どういうレンズでどうこうというのはないんですけど。作品的にはこのときは、とにかくコントラストをつけることだけを考えていましたね。だからフィルターは赤から黄色からグリーンからごちゃごちゃ入っているんです。で、この後の建物の間を新幹線が通るところなんかは、実相寺さんは「ここでこういうのを撮ろう」と決めていましたね。だからかなり意味があって今のカットが存在するのだとは思います。でも当時はそういうのは分からなかったですね。

八木 全く感覚的にやられていたわけですね。立派な石垣は安土城ですね。素晴らしいです。

稲垣 安土城の城址はかなりの山ですよ。だから大変だったの。木の移動用レールだって10本じゃきかないわけでしょう。で、田村亮さんが塀を乗り越えてくるところは琵琶湖の近くのお寺でしたね。それで田村亮さんの後ろから寄っていくシーン。これは移動車を見せないようにするとこういう画になってしまう（笑）。ただそれだけのことなんです、実は。田村さんのお尻の下にはレールがあるわけですから。それは映せないですよ。

八木　そして小林昭二さんが登場しますね。

稲垣　木陰の若者たちの中に中堀（正夫）さんがいるんですよ。これこれ、刀を持ってじゃれているヒゲの人ですね。

八木　お芝居をされているじゃないですか。稲垣さんが出ているところもあるんですか？

稲垣　それはないです（笑）。木村大作さんの映画『誘拐』（97）にはテレビカメラマン役で出ましたけどね。

八木　それは分かります。カメラマンの役って撮影を知らない人が演じると変になっちゃう場合がありますから。そして、お堂での姉弟の対話もすごいです。

稲垣　自分としては画として面白いから撮っているだけで、意図みたいなことを聞かれるとすごく困っちゃう。いかにも狙った画ですけど違うんですよ。だから狙っていないんだよね（笑）。

八木　感覚的にあそこにカメラを置かれたということですね。

稲垣　面白いから置いただけなんですよ。ちなみにこれは同録で、だからちょっと苦労はありましたね。『無常』は全部ロケセットで、アリフレックスだからなんとかなっていますけど。一眼レフらしい画なんですよ、みんな。

八木　18ミリが一番広角だったんですか？

稲垣　そうですね。18ミリと75ミリでほとんど撮ったんじゃないですか。カメラは親父が買ったアリで同録だからブリンプを使っています。大きなカメラになっちゃって大変なんですけど、それで一眼レフで撮れる画になっているんです。これは当時の撮影所ではとっても撮りにくい画で、撮影所では一眼レフで同録なんてしない、いわゆる二眼ですから。だから同録の音と一眼レフで撮ったというのはかなり大きいんじゃないかな。あとアフレコと大した違いはないように思われるけど、実際には同録の音がすごく画を引き立てることがあるんですよ。だから普通は録音部と撮影部ってマイクがバレたとかなんとかケンカをするんですけど、僕は「音によって画が助けられた」という感覚でしたね。こういう画を撮ると見えない部分がいっぱいあるわけで、それを音で補ってもらえるとすごく助かる。そうすると画がとても生きてくるんです。それでカメラは大きくなっちゃうから移動である程度カクカクするのは仕方がない。そのために作られていないヘッドで撮るわけですからね。

音と画は大事な関係にありますよ。音があるから画を潰せるんだもん

稲垣　日野家の田村亮さんの部屋なんかも全部18ミリで撮っていますから、本当はこんなに広い部屋じゃなかったんでしょうね。それからレンズの特性で、上下がちょっと「逆台形」みたいな感じになっています。

八木　この後の駅のプラットフォームも18ミリですか？

稲垣　18ミリです。でも今だとそんなにワイドに感じないですね。

八木　それでも画面構成で広く見えるんですよね。奥から歩いてきたりなにかをナメたりすることで。

稲垣　新幹線をバックに岡村春彦さんと田村さんの2人が話すシーン、こういうのも意味があるんでしょうね。僕は分からないですけど。だから仲間内では「そんなことでよくカメラマンをやってるな」なんて言われます（笑）。その後、一瞬ですけど魚眼レンズで撮った風景が入りますね。ちょうど75ミリに付く魚眼レンズのアダプターを持っていたので使いました。あと、菅井きんさんが出る最後のところでも使ったかな。もう18ミリじゃあきたりなくなっちゃって（笑）。まあ、あのときは「異常なシーンだからいいんだろう」と思いましたけど。

八木　その後、清水寺の裏の縁切り神社の辺りのホテル街のシーンがあって、再び日野家になります。

稲垣　どの辺まで池谷さんが飾ったのかは分からないですけど、そんなにお金もないわけだから大してやってはい

ないはずです。お風呂なんかも実際のものだったし。五個荘金堂町にある近江商人の別荘らしいんですけど。でも、こうやって撮れているのは照明の佐野（武治）さんの力が大きいですね。で、雨のところは全部後から撮ったものです。ワゴンに乗れる4人だけ、助監督とセカンドの大根田（和美）くんと中堀さんと僕で撮ったと思います。通り雨みたいで、かえって面白い降り方になっていますね（笑）。

八木　監督は任せたということですよね。

稲垣　なんにも言わなかったです。この雨は消防車ですが、近くの消防団かなにかに頼んだんじゃないかな。そして能面を付けた姉弟の家屋内での追いかけっこですけど、これは大変だった。なにしろ徹夜でしたから。

八木　これもすごく移動しますよね。

稲垣　土間には井戸まであるでっかい家で走り回るんだから、もう撮るので精一杯でしたね。で、徹夜して翌日は8時出発。そんな感じでしたよ。

八木　雨の音ですとか、効果音の使い方も上手いですよね。

稲垣　効果音はすごいですよ。「恐怖の電話」のワンカットの後ろの音もすごかったでしょう。隣家の子どもがピアノを練習しているような音で、途中で間違えるのまで入っているんですから。当時、あれはすごいなって思いました。ああいう発想がどこから出てくるのか。でもやっぱり音と画は大事な関係にありますよ。音があるから画を潰せるんだもん。

三島由紀夫へのシンパシー

稲垣　インサートされる雨のシーンも後から撮ったものですね。

八木　そこからカメラが部屋の中に入っていくのは移動車ですか？

稲垣　移動車ですね。揺れていますけど。それでカメラもぐるぐる回しているんじゃないですか。それで部屋に入ってからは手持ちもやっていますね。ちょっと揺れたところがそうです。でもそれ以外は脚が付いていると思います。そして翌日のカットはいきなり魚眼ですね（笑）。

八木　今のワンカット目を魚眼でいこうというのは稲垣さんの提案ですか。

稲垣　ああいうカットはそうでしょうね。「魚眼で撮ろう」なんて言われた記憶もないから。

八木　近親相姦後なので魚眼で入ったみたいなところはありますか？

稲垣　ちょっと異常な世界になってしまった。それくらいのことは考えたかもしれないですね。いま思い出したから言いますけど、このころ三島由紀夫が自決したのかな。実相寺さんは「みんな10年後には三島のやったことが分かるようになるよ」なんて言っていましたね。

八木　実相寺監督はあの事件にはシンパシーがあったのでしょうか。

稲垣　すごくあったんじゃないですか。それで30年後かな、「30年経ったけど、三島のやったことはさっぱり分かりません」なんて言ったら苦笑いしていた（笑）。まあ本人はそんなことを言ったのすら忘れているでしょうしね。

八木　ちなみに『無常』をモノクロで撮ろうというのは監督と話されたんですか？

稲垣　いや、お金がなかったからだと思いますよ。当時はモノクロの方が安かったから、モノクロを狙ってというようなことはあまり言われたことがないですね。『肉弾』（68）とか、当時のＡＴＧはみんなモノクロでしたから。

八木　『無常』の最初のプロットでは主人公がテロリストだったらしいですね。

稲垣　その設定は『曼陀羅』に引き継がれたのかな。最後は日本刀を持って新幹線に乗りますから、あれがテロの象徴だったのかもしれない。しかしこうして八木さんと一緒に見ると、アナーキーな部分が相当あったんですね。僕らが見るときは明るさとかコントラストばっかり気にしているから、こういう風に見ることはあまりないんです。

八木　映画を撮影するに当たって参考にした作品などはありましたか?

稲垣　全然ないと思います。知識もなかったものですから。好きな映画はあったんですけど、そういう学究的なことはダメなんですよ（笑）。だから怖いもの知らずな部分はすごくあると思いますね、いま見ると。まあ写真は好きだったので、そういうところからの影響は相当あると思いますけど。どっちかっていうとスチールの写真をやりたかった方なんですよ。でもスチールは食えないぞって言われて、仕方がないので撮影部に入ったくらいですから。

八木　『無常』のときに実相寺監督は奈良原一高さんの写真集をよくご覧になっていたそうですね。

稲垣　『ヨーロッパ・静止した時間』という写真集が有名ですけど、お坊さんを撮ったのもあって、『無常』はかなりそれには影響されていますよ。僕が奈良原さんを好きになったのはやっぱり実相寺さんの影響ですね。それから東松照明を面白いなあと思い出したのも実相寺さんの影響です。僕はむしろその前の田淵行男もそうだけど、岩宮武二とか、そういう人の作品が好きだったの。きちんとした写真で。ロケハンしているときなんかは毎日、京都の本屋さん巡りですよ。夕食は近くの中華料理屋で食べて、四条河原町に出て本屋さんツアーでしたね。始めは嫌でしたけど、そういうことをやっている間にやっぱり影響されました。後には自分でも同じようなことをしていましたから。特別影響されたなんて思わなかったんですけどね。映画もエンターテインメント系が好きで、この手のアートと言われるものはそんなに好きではなかったんです。せいぜいトリュフォーとか、その程度ですから。

八木　実相寺監督はゴダールをお好きでしたし、『無常』は『去年マリエンバードで』（61）なんかの雰囲気も感じられます。夢のシーンでは『8½』(63) も思い出しますね。

稲垣 僕はそっちの知識はないしあまり関心もなかったんです。ルルーシュの方がよかったですから。ゴダールなんかはよさが分からなかったですけど、その反面、ジョン・フォードは好きでしたね。『荒野の決闘』(46) は好きな方ですし、『捜索者』(56) は画が素晴らしいですよね。それにジョン・フォードの人を見る目が好きで。なんか

八木 親分がいて好き勝手なことを言うヤツがいるっていう感じじゃないですか。

優しい目線です。でも高潔な感じもあるというか。そこは実相寺さんと近いのかもしれないですね。

場所なんかどこでもいいんです（笑）

稲垣 仏師の先生の奥さんを演じる田中三津子さんと田村亮さんの濡れ場、ここでは外で子どもの歌声がしていますね。そういうのはとても上手だったな。臨場感としてはとてもいいし、もっと他に意味があるのかもしれないけど（笑）。その後に出てくる木の板は京都の萬福寺のものです。木槌でボーンってたたくのであいう穴が空いちゃったんですね。これはタイトルバックにも出ていました。

八木 しかし2時間25分ほどの作品ですが、ずっとこの緊張感でいくからすごいです。ワンカットとして普通のものがないから別の世界のお話に感じられるというか……。さて、花ノ本寿さんが演じる岩下が自殺をして、田村亮さんと岡村晴彦さんが対話をする長いシーンへと進行します。この対話の「地獄絵図」のくだりでは、カメラが横移動して2人をとらえていますね。

稲垣 その前の境内での長い移動は僕だったのかもしれませんが、ここは全く実相寺さんでしたね。「このセリフで

動く」みたいな感じでタイミングも全部監督が出していますから。特機に合図をしていましたね。

八木　役者の動きとか位置は監督と一緒にやられるわけですよね。

稲垣　それは結構あったと思います。カメラの方が融通は利かないじゃないですか、でも役者はどうにでもなるわけだから。だからカメラの方に役者を合わせていたと思います、この一連のシーンに関しては。しかし撮っていてもなにを言っているのか全然分からなかったですね（笑）。いま思い出しましたけど、この後の「旅館船橋」の看板のところに佐々木功さんがいるカットが最初（クランクイン）に撮ったものでした。その後の佐々木功さんの濡れ場は終わりの方に撮っていたと思いますね。確か嵐山の谷口旅館で撮ったのかな。でも場所なんかどこでもいいんです（笑）。しかし、これも後ろでラジオ体操の音が鳴っていますね。

八木　そして水辺の夢のシーンです。土を掘るところで魚眼レンズが使われています。

稲垣　これはクレイジーだな（笑）。鯉の中にある石の字はみんなで書いたんですよ。僕も3つくらいは書いたんじゃないかな。

八木　ここは本当にハイコントラストですごくいいですね。

稲垣　たまたま天気もよかったんです。撮影は琵琶湖ですね。分かりにくいけど、田村さんのアップなんかも魚眼だったんじゃないでしょうか。そしてお経がフェードインしてきて、安土城から荻田のお寺へという流れです。

八木　そしていよいよラストシーン、司美智子さんが演じる日野百合母子が石段を登っていく長いカットです。

稲垣　このカットはフィルムのニューロールを最後まで使ったはずなんですよ。４００フィートを詰めて撮ったら、「カット！」より先にカメラが止まってしまった。

八木　でもＯＫなんですよね。

稲垣　もちろん。それ以上は撮れないわけですから。だからこのカットは4分くらいあるでしょう。
八木　しかし『無常』はつくづく名作だと思うのですが、今回見返してみていかがでしたか？
稲垣　やっぱり僕にはこの作品は分からないな。
八木　『怪奇大作戦』に比べると、やはり映画だからか楽しさは少ないですよね。
稲垣　でも本人は結構エンターテイナーなんですよ。昔の印象があるからどうしてもそっちの方が強いんですけど。それがこうなっちゃったから、変わっちゃったなっていう感じはありますよね。

ラッシュを見たら実相寺さんが「明るいよ！」って

八木　この後に『曼陀羅』を撮られて実相寺監督とのタッグは解消されるわけですが、『曼陀羅』はカラーですしアスペクト比も横長になっています。
稲垣　『無常』が当たったからカラーにできたんじゃないですかね。そして『曼陀羅』は日本の映画で初めてのビスタですね。でもビスタは撮りやすいですよ。このフレームは芝居を撮るには楽なんです。
八木　モノクロのところはどうされているのですか？
稲垣　ほとんどカラーで撮っていると思いますね。
八木　『無常』とはコントラストも全然違いますね。
稲垣　カラーだとああいう撮り方はできないですから。
八木　冒頭のホテルがいい感じですよね。

稲垣　でも、あれはミニチュアなんですよ。

八木　それはすごい。ところで、今回から広角レンズは9・8ミリですか。

稲垣　キノプティックの9・8ミリですけど、『曼陀羅』はクックとアンジェニューとキノプティックの3種類が混じっています。一番ワイドが9・8ミリで、これは実相寺さんがフランスから買ったもの。それから18があって、これはクックです。25がなくて32、これもクックですね。で、50も75もクックで、100ミリがアンジェニューというような形でしたね。クックが多いのは自分が持っていたからで、セットレンズと18ミリがあったんです。ただこれは9・8ミリを使い過ぎていますね。9・8ミリに頼って画を作っているなという感じがして嫌なんですよ、本当は。自分では失敗したと思っている。9・8ミリを買っちゃったもんだから使わないわけにいかなくてね（笑）。

八木　広角のイメージがありましたけど、『曼陀羅』以前は18ミリだからすごく広角というわけではないですよね。

稲垣　それに18ミリの方がグラフィカルだと思いますね。9・8は面白いんだけどグラフィカルではない。

八木　ホテルの中はセットですか？

稲垣　セットですね。しかしセリフのリズムが『無常』と一緒ですね。モノローグみたいなしゃべり方をしている。

八木　ラストシーンもそうですけど、この2作はどこか共通するものがありますよね。

稲垣　始めに出てくる清水紘治さんの和室が最初のカットですね。ラッシュを見たら実相寺さんが「明るいよ！」って。こっちはうまくいったなと思ってやっているのにね（笑）。「こんなの目が潰れる！」なんて言うんですよ。どこが明るいのかと思いますけど……。これは宝塚のセットだったのかな。でもざっと見ても『無常』に比べるとナメ方が下手だなあ（笑）。僕の仕事としてはあまりよくないね。だから実相寺さんとはこれが最後になってよかったのかもしれない。

八木　そして『曼陀羅』のラスト近くでは、古本屋さんの本棚に三島由紀夫の本がいっぱい置かれていました。『無常』でも三島の話が出てきましたが。

稲垣　でも、このときの田村亮さんは切腹に行くというよりは、殺しに行くような感じですよね。

八木　つまりは『無常』で止めたものを『曼陀羅』に持ってきているんですかね。

実相寺さんには感謝と、「ごめんなさい」っていう意識しかないね

八木　今回は駆け足で作品を見ながらいろいろお話をしていただきました。ありがとうございます。

稲垣　しかし本人が「やさしさ」なんて書いているとは思わなかったし、実は自分だけのものだって思っていたことを本人がずばり書いているなんてね。本当にびっくりした。それで思い出すのは、自分が結婚するときに実相寺さんに仲人を頼んだんです。そうしたら「俺じゃないだろう」ということで飯島（敏宏）さんを示唆されて、当時だと僕が裏切ったみたいな感情があったでしょうから、「ああ、やっぱり嫌なんだろうな」って。

八木　それは『曼陀羅』の後ですか？

稲垣　2年も経たないころですね。それで結婚式にも来てくれなくて、原（知佐子）さんが代わりに出席して手紙を読んでくれたんです。これがまあ優しいなんていうものじゃなくてね……。もう泣きますよ。読む度に泣いちゃう、そういう手紙を書いてくれましたね。いかにも論理的に書いてある文章じゃなくて、人を大事にしろよとか、そういうことをね。でもほとんどの人の結婚式の祝辞は、あの人はめちゃくちゃですからね（笑）。ある監督の息子さんの結婚式では息子さんを金正日に例えたりして、親の七光りとかの意味も含めて皮肉っぽく言うんですよ。まあ

大受けに受けはするんですけど、それは皮肉たっぷりでね。

八木　本当に自由な方ですけど、稲垣さんのときは本気で書かれたわけですね。

稲垣　だから僕はそっちが本質だと思っているんです。でも本質っていうのを見せない人だから、「自分は見たぞ！」という自負ですね。それに僕が実相寺さんを嫌ったことは1回もないんです。その後も呼ばれたら必ず行くし、家にも行きましたね。酔っ払ってチューしちゃったこともあります（笑）。それくらい好きだったんですよ。

八木　もう1回組んでいただきたかったです。

稲垣　池谷さんがいろいろ動いてくれたんですけど、実相寺さんがそれはムダだと思われたんじゃないですかね。「そのときのことでいいんじゃないか」っていうことで。僕は随分「裏切った」という風に言われちゃうんですけど、自分では全然そんな気はないんですよ。だって裏切る気持ちがないから。

八木　実相寺監督もそれが分かっていたから祝辞を送られたんでしょうね。

稲垣　でも当初はそう思われたみたいですよ。僕の名札がコダイ・グループにあったらしいんですけど、それをパーンッて投げたというから（笑）。でもそのときは、「そういうことで励ましてくれているんだな」って感じちゃうわけ。だから実相寺さんには感謝と、「ごめんなさい」っていう意識しかないね。『曼陀羅』のときはつらかったけど、それをもう少し我慢してもう1年でも2年でも付き合っていたらまた違ったのかなっていう気持ちもあります。でもそれは取り返しのつかないことだから。それにやっぱりやらない方がよかったのかな、という気もするんです。『無常』で終わっているという感覚もありますから。

八木　やはり『無常』が1つの到達点だった。

稲垣　到達点っていうような大げさなものじゃないんだけど、気持ちの上ではそういう気がしますね。その辺から実相寺さんは実相寺さんの道を行くようになって、自分の考える理想的な監督像からは離れていったのを感じたのが大きかったんじゃないか。それは今回、とても感じたことですね。だから非常な感謝と「ごめんなさい」ということかなあ。その2つが自分の中では大きくありますね。でもやっぱり才能のない人間が実相寺さんと出会ってある刺激を受けて、自分の持っていたちょっとのことがこういう作品の中で花開いたのかな。それに関しては感謝しかないですし、そのおかげで僕は何十年か食えたわけです。でも、そのお礼を実相寺さんにはしていない……そういうことなんだと思います。「ありがとう」と言いながら、自分はお礼をできていない……今回はそういうことを考えさせられました。ちゃんとお礼が言えなかったんじゃないかなと思うと、それはすごく悲しいですね。優しさという話からそういう発想になっていったわけですけど、その「やさしさ」というのはなんでもない言葉ですよね。誰だってそういうものを持っているはずですし。でもそれがズキンと来たというのは、自分の思っていることにとても近しいものがあったんじゃないかな。露に涙する実相寺さんというイメージとつながったという感じで、「やさしさ」という言葉が一番分かりやすいなと思いました。

稲垣涌三（いながき・ようぞう）
昭和18年（1943年）3月7日生まれ　京都市出身
昭和40年（1965年）成城大学経済学部卒業
昭和43年（1968年）円谷プロダクション　撮影助手契約
昭和44年（1969年）フリー撮影者
平成13～15年（2001～2003年）NHK研修センター講師
元日本映画撮影監督協会　事務局長

撮影報告　無常

稲垣涌三

台本を受けとってから1ヶ月間、私の頭の中をさまざまな映像が駆けめぐった。それは実際の撮影を想定したものではなく、全く私の自由勝手に台本から受けた印象を一枚一枚の映像として頭の中に描いてみたのである。しかし、私は自分なりに組み立てたそれらの映像をクランクイン前にほとんど捨て去った。

私は撮影前にイメージを固定化させておく危険を常々感じるし、どちらかといえばあまり融通のきく方ではないので、撮影するときになってそのイメージにとらわれ、出来上がったものが拡がりのないものになるのをおそれた。

また、実相寺監督の演出は常に流動的であり、このやり方についてゆくには、自分自身の精神をできる限り柔軟にしておく必要があることを、私は長い間のコンビで知っていた。そして撮影の進行に伴って、新しく映像を組み直し、発見しながら撮影を進めてゆくという方法を採った。

克明描写を中心として……

この映画の中心舞台になっている五個荘の街は、ドラマの上で重要な背景となっているだけでなく、画面構成やトーンの決定に重要なヒントを与えてくれた。この近代文明から遠くとり残されたようなひっそりとした街は、黒く長い板塀や白い土壁が細長く白い路地の両側に高く続いて、白と黒の微妙なコントラストを見せているのだ。一年中、日の光が差し込まないような巨大な蔵、そして家屋。その素晴らしいモノクロームの印象が現実的な画面構成、ライティング、トーンとして私の中に拡がっていった。

また古い寺、大きな山門、旧家の広い整った屋内、物憂げなあるいはユーモラスな石仏群などを見るにつれて、私はこのドラマの背景を精密に描写したいと思った。またする必要があるとも思った。それは撮影技術上の大きな課題となった。それと同時にこのようなロケ地およびロケセットの微妙なディテールをできるかぎり損なわない、いやむしろ強調するとともに、現実に生きている人間の皮膚感をもその対照として克明に描出したいと思った。そのためにはどうしてもシャープなレンズが欲しかった。

私はクックのニューレンズを4本手に入れ、それらを重点的に使うことにした。これらのレンズは描写力という点では私を満足させてくれた（ただし、75ミリの最短撮影距離が5呎なので、クローズアップを撮る際には常にプロクサーを使用しなければならなかった。若干フレヤーが出て画質を低下させたのは残念だった）。

この作品では、暗部の階調を重要視したいと思ったので、フィルムは全編フジのFSと最初から決めていた。以前、このフィルムが発表されたとき、プロダクションから依頼されてテスト撮影をして、その暗部の出方が非常に気に入ったからである。結果的に粒状性においても美しい描写ができたと思っている。それから、今回はモノクロームなのでトーンの強調その他の目的のためにフィルターを多く使った。普段カラー撮影の仕事が多く、フィルターエフェクトを思うように使いわけることができないのだが、この作品では思いきり使うことができた（フィルターはほとんど3吋角のゼラチンのままホルダーに入れて使った。それはレンズの描写力を落としたくなかったからだ）。劇中、正夫が石仏たちと対話？するシーンでは、石仏のハイライトが画面の印象として輝くように白く、しかもディテールを損なわないといった美しいトーンにしたいと思ったので、ラッテンNo．21、No．23Aといったコントラストフィルターを使った。結果的にはもう少しコントラストをつけてもよかったと思う。

また老婆と正夫の湖畔の幻想シーンでは、魚眼レンズとNo．23Aを組み合わせて、魚眼のデフォルメ効果とNo．23Aの効果で異様な空間に2人がいるようにした。だが、フィルムが優秀なせいか、真白にトバしたいと考えていた魚のディテールはNo．23Aを使っても出てしまった。始めの方で城跡の移動カットの重なるシーンやラスト近くでお経に乗って寺の中を移動するシーンなどにはX1を使い緑の木の葉を明るく協調した。特に寺の中の移動が重なるシーンでは空と木の葉が眩いように白くしたかった（X1はこの他にも人物の皮膚感を強く出すために75ミリと併用してアップにも使用）。

画面処理について

この作品の画面処理について、最も重点的に考えたことは、人間の置かれている空間ということであった。ドラマの背景となっている状況というものが重要であり、また人間と自然、あるいは伽藍のようなある永遠的なものと人間との対比を画面の中に出したいと思った。正夫と荻野が寺の中で対話するシーンの最初のカットでは、巨大な山門の下、仁王像の睨みつけるところに2人を置いて、画面的に人物をフレームの下に小さく入れ、人間の存在の小さいこと、この永遠の命を持っているものの下では人間がいかに小さく存在するかというようなことを画面構成の上で表現しようとしたのである。その他のシーンにおいても随所にその対比を使った画面を考えた。また人物のアップではワイドレンズを用いて、その人物の後に広い空間が拡がっているといった画面構成を多く作った。1カット、1カットが作者（監督）の主張と密接な関係にあり、決して単なるドラマの記録といった撮り方はしなかったつもりである。

結果的に18ミリのワイドレンズの使用が多くなった。人物と人物の置かれている空間を同一画面に写し込むこと、またデフォルメされた部屋の空間、人物の表情など効果的に使えたと思っている。しかし、ワイドレンズで撮影しても、それと分からないような画面、またその効果を強調した画面と、そのシーンに対する考えで使い分けた。

ほとんどのシーンを三脚を使用してガッチリ撮影している（引きのサイズで、人物の動きによる画面修整は全くしなかった）わけだが、これは舞台状況の不変性と関連を持たせるとともに、一枚の画面構成として1カット、1カットを大切にしたかったからである。無作為に選んだものでないだけに、1つの画面の語る意味を重要視したいと思った。手持ち撮影は正夫と百合のラブシーンと康弘と正夫の対決シーンにおいてのみ行なったが、ラブシーンでは出来上がりの音楽効果を考え、頭の中にリズムを持ちながら撮影した。また移動を多く使用したが、あるときは音楽（お経も含めて）との関連性を考えながら撮影し、画面が平板にならないよう、そして観客の心理効果も考えた。

人間には移動画面による生理的快感というものがあると思う。今回の画面サイズがスタンダードサイズだったので、今日的な視覚視野である画面の横の拡がりを、ある程度カバーして見せるための移動効果も考えた。全編、従来のツナガリといったようなことは全く念頭に置かないで撮影した。

この作品の全体的なトーンは、前に書いた五個荘の街の印象を基本に考え、オープンにおいては強いコントラストのトーンを中心に、また屋内のシーンは光の届かない暗黒のジメジメした極端なローキートーンとした。そしてそのローキートーンの中に百年の歴史を刻んだ柱、壁、土間、障子などが厳然と立っているといった様子が微妙なトーンで出るようにした（撮影の上では暗部のディテールを失わないためにネガを少し乗り目にしてポジで焼き込むようにした）。しかも、そのライティングは〈見せるためのもの〉ではなく、自然なものでなくてはならないと考えた。照明の佐野さんとチーフ助手の中堀くんが、私の期待以上の効果を上げてくれたと思っている。

私は、しばしば、佐野さんと私の撮りたいと思っている映像やライティングについて話し合ったが、現場では常に私の要求をはるかに超えたライティングをされ、何度か新しい発見をさせられた。その鋭角的で、しかも自然なライティングに感覚的な刺激を感じながら、安心して撮影を進めてゆくことができた。

画質が自然であると同時に、音の方も自然でなくてはならない。したがって、キャメラ操作上、かなりの無理があってもできるかぎり同時録音で撮影した。

アリフレックスのサウンドプリンプはミッチェルNC用のヘッドに乗せてもバランスの悪いものであり、その操作は楽ではなかった。また18ミリのレンズを使うときには、プリンプのフロントドアが使えないので、平面ガラスを前のゴムに密着させて保持しなければならないのである。

セカンド助手大根田くんをして「一から十まで面倒を見なきゃあならないんだから……」と言わせるほどのものであった。とにかくロールチェンジからレンズ交換と相当手こずったようである。しかし、私は、どうしてもこの作品を一眼レフのキャメラで撮影したかった。一眼レフで撮影したからこそギリギリのフレーミングもできたし、大きなナメショットなど私の好きな画面ができたと思う。結局、最後まで1台のアリで全カットを撮影した。

数ヶ所フェイドアウトをしているところがあるが、それらはすべて撮影時に行なった。また岩下が姉弟の情事を目撃してショックを受けるシーンで白のワイプを使っているが、これもオプチカル処理ではない。オプチカル処理は1カットも使っていない。

メイクアップは特別なエフェクト(百合の心理描写に少し使った)以外、すべてノーメイク(女性の場合は普通の化粧)で生々しい皮膚感を描出させた。

キャメラは常にドラマに対して客観的に、作者の主観となるアングルに置くようにした。つまり、キャメラが積極的に監督の意志を盛り込むように画面を考えたわけである。私は私なりに監督の主張を理解し、できるかぎりのことはしたつもりである。

この作品は私にとって劇場用映画の第一作目であるけれど、私はなにも特別な考えを持たなかった。テレビ映画、CFと考えを異にして撮影するということはしなかった。どんな作品でも、自分なりの理論を持ち込んで撮影することができると考えている。

この映画の製作に参加したほとんどのスタッフは実相寺監督を中心として数年来集まってきたフリーのスタッフ集団〈コダイ・グループ〉の人たちである。そのため、スタッフ間のコミュニケーションは一時集めのスタッフよりはずっとうまくいった。新しい映画創りの1つの方向となるのではないかと思う。

私自身の映像を……

私は、映画とはカクあるべき——といったものにとらわれた撮り方はしたくない。先輩の技術は賞賛しても、それに盲目的に追従した撮り方もしたくない。

私はあらゆる機材、あらゆるフィルムを使って、自由に思うまま撮影したい。人のやらないことをやりたい。キャメラが決して入り込まなかったところにキャメラを持ち込んで撮影したい。今日、美のみが映像の対象であるはずがない。いろいろのところへゆき、いろいろな人に出会い、いろいろな物やことを見て、私自身で考えた私自身の映像を創りあげたい……。

この作品はそのワンステップである。

初出:『映画撮影』40号(1970年)

Script Supervisor
Noriko Shishikura

スクリプター
宍倉徳子
いろいろな偉人や奇人とかかわったけど（笑）それは監督のおかげですよ

「ペコちゃん」の愛称で知られる宍倉徳子氏は、初期にはスクリプターとして、後期にはプロデューサーとして実相寺昭雄作品に長らくかかわってきた人物だ。最も信を置かれていたと言っても過言でもない氏と、実相寺監督の関係はどのようなものだったのか。黎明期の円谷プロや、夫であった鈴木俊継監督のことなども含め、この機会にじっくりとお話をしていただいたのでお届けしよう。

最初の印象は悪いんです

八木　宍倉さんが最初に実相寺監督に会われたのは『スパイ平行線の世界』（66）のときですか？

宍倉　まだ東京映画が残っていて、そこのスタジオを借りて撮っていたんですね。岸惠子さんのご主人のイブ・シャンピ……あの方がフランスから各国に声をかけたオムニバス作品で。その撮影初日の朝に私の前を歩いている足の長い、ジーパンを履いた背の高い細い人がいるんです。どうも助監督らしいけど、こんな遅い時間にスクリプターと一緒に来るなんてもしかしたら……というのは、その前の日に私は（円谷）一さんから「明日ね、優秀なヤツが来るんだ」って散々吹き込まれていたから（笑）。でも「この時間に助監督が？」って。

八木　助監督だったらもっと早く来ないといけないですね。

宍倉　というのが映画育ちの感覚でしょう。だから「なんてヤツだ」と思ってね（笑）。「まさか？」と思ったら本当にそうだった。

八木　データベースを見ると円谷一さんが監督で、中川晴之助さんが監督補で、助監督が実相寺昭雄さんと鈴木俊継さん、演出助手が東條昭平さん。ですから円谷プロ関係の人が結構かかわっているんですね。

宍倉　鈴木は国際放映の『泣いてたまるか』（66-68）かなんかで一さんに可愛がられていたの。それで連れてこられたのね。

八木　一さんは実相寺さんや鈴木さんを連れてきたりして、いろいろな方を連れてこられたんですね。

宍倉　だから一さんが元気でいたら円谷プロは本当にいい会社になっていたんじゃないかな、ものを作るっていう意味ではね。粲さんは若いのに一所懸命に新しいものを作っていましたけど、皐さんは会社を大きくしていろいろやりたい方じゃなかったかな？

八木　一さんがご存命だったらっていう話は、実相寺監督からも飯島監督からもお聞きしました。

宍倉　一さんが来たからみんな来てくれたんですよ。じゃなきゃ飯島（敏宏）さんはいらっしゃらなかったかも。まあ、実相寺監督はいろいろなことをやったから分からないけど。やっぱり一さんは大きい枠でいろいろなことを考える人で、利益とかそういうことより、作品のことを大事にしていた。心の綺麗な人でしたね。

八木　そんな方が「才能のあるヤツが来る」と言ったのが実相寺監督だったのですね。

「ねえ君、僕のことバカにしてない？」

八木　最初は『スパイ』があってその後が『曼陀羅』ですか？　『ウルトラマン』はやられていないですよね。

宍倉　私はプロデューサーになるまでは、円谷では実相寺さんとやったことがないの。で、『曼陀羅』をやるので京都に行くんだけど。コダイ・グループを作ったからほとんどボランティアっていうか……。池谷（仙克）さん、稲垣（涌三）さん、大木（淳吉）さんとかみんなが行ったから、私も行ったんですよ。奇才、天才と言われる実相寺さんとはどんな方か、この目で現場を一度見てみるのもいいかなって。だからそもそもは監督の撮り方が気に入ったとか、監督となにかやりたいっていうのは全くなかったの。でも、それで京都で照明の佐野（武治）さんという素晴らしい人とは出会えたんですけどね。覚えているのはセットでお堂のシーンがあって、私は遠くから座って見ていたんです。監督が移動車を引いてアングルを覗いていたんだけど、「お堂の柱が移動車に当たって邪魔になるから切れ」って（笑）。そんなの、ちょっとレールを動かせばいいって思うじゃない。でもその「ちょっと」が違うのよね。それで見ていたんだけど、こっちは「なんでですか？」なんて聞かないしね。全く気に入られたいと思ってもいないし、ただ見ていただけで。まあ、作品は監督のものだからいいんじゃないかなって思っていたの。

八木　監督は聞かれることがお嫌だったみたいなので、それはよかったんでしょうね。

宍倉　昔の映画の撮り方は決まっていたんですよ。最初は引きで、それから寄って、切り返し、肩ナメとかって。あと監督によっては「お茶を飲んでカップを戻す」という動作の途中で「カット！」とか言うわけ。そうすると、今度はそこからつなげないといけないわけでしょう。飲んでカップを戻すまで撮っていればどこでもつながるのにね。私はそういうのがダメだったの。怠け者だったんです。ところが、さすがに私がなんにも言わないのが逆に気になったのか。監督が来て「ねえ君、僕のことバカにしてない?」って(笑)。

八木 そんなことがあったのですね。

宍倉 実相寺さんは私なんかが「カット尻がちょっとつながらないかな?」なんて思ったときでも、「なんでつなげるのよ。2~3コマ切って」とか言うの。でもあれは嘘かもしれない。ちゃんとやれって私に怒っているのかもしれないけど。だからどこまでが狙っているのかがちょっと分からない。すごいのは台本を2冊持っているんですよ。見たことある?

八木 カット割りが2つあるんですよね。

宍倉 カット割りして、「これでいい」っていう方には丸いハンコが全部押してあるの、番号に。忙しいんだから寝ればいいのに、それを隠しておいて朝来たらクリちゃん(中堀正夫)に違う方を渡すわけ(笑)。クリちゃんもその内に慣れたけど。それを助監督さんにも渡したりする。

八木 僕もその洗礼を受けましたけど、「みんなやられるんだよ」って言われました(笑)。一所懸命写して、半分くらいできたところで新しいのが出てきたりして。

宍倉 「監督、そんなことを中堀さんにやったらいけませんよ」って言ったんだけど。まあ、中堀さんもああいう人だから「いやいや」なんて言って笑っていたけど(笑)。みんなもその内に違うのがあるっていうのに慣れていって。

八木 でもスクリプターには本物を渡しますよね。

宍倉 それはそうですよ。ただ、私なんかは違うのが来ても平気でした。本当にいろいろな人とやりましたから櫛の歯みたいにカットを割る監督もいましたけど、そういうのってよく見ると、監督のつなぎのリズムが分かってくるんです。でも実相寺さんのは全く分かりませんでしたけど……。

池谷さん、大木さん、稲垣さんがウチの3人息子なんです

八木　『曼陀羅』に参加されるに当たっては、池谷さんや稲垣さん、大木さんとの交流が元にあったのですね。

宍倉　あのころはウチによく出入りしていたんですよ。私は子どもがいなかったので、池谷さん、大木さん、稲垣さんがウチの3人息子なんです。みんな若くてね。大木さんが池谷さんのスマートさに憧れて、「淳吉」の「吉」を取っちゃったりして、「吉」を取ったらいけないって私は思ったんだけど（笑）。稲垣さんがお家から外国のウイスキーを持ってきてくれたりして。池谷さんはよくお酒を飲みました。大木さんはウチに来て酒量が増えた。全く飲めなかった稲垣さんがウチに来てお酒を覚えたから申し訳なかった。というのは、鈴木（俊継）が呑兵衛だったから（笑）。

八木　鈴木さんが皆さんを呼ばれていたのですか？

宍倉　なんだか仲がよかった。鈴木って役者から出ているから、例えば技術的なテクニックを使ったりする派手さがないの。でも役者さんとかスタッフにはすごく好かれたんです。どういうわけかね。私なんかはもう少し「押しがあれば」と思うんですけど（笑）。

八木　鈴木監督の演出は『ウルトラセブン』「盗まれたウルトラ・アイ」のように素敵な作品がありますよね。

宍倉　たぶん『チビラくん』（70-71）のときだったと思うんですけど、市川森一さんがウチに来て鈴木と朝までホン作りをやっていたのを覚えています。市川さんが鈴木のために頑張って書いてくれていたのね。

八木　監督と脚本家でじっくり一緒に作っていたのでしょうね。

宍倉　私も仕事をしていたから早く寝ていたんですけど、どこかから2人で帰ってきて打ち合わせをしてね。私は

知らなかったんですが市川さんは日大の後輩だったんです、科は違ったんですけど。そのころは円谷プロには日芸の卒業生が結構いて、撮影部とか合成をやる人が多かったんですよ。

八木　佐川（和夫）さんや中野（稔）さんがまさにそうですよね。

宍倉　私が4年生のときに入ってきたの。中堀さんはもう少し下かな。だから大学では会っていないんです。特撮の現場は爆発や街の破壊、怪獣の戦い等が多くて、手持ちキャメラもたくさんあったので、よい画を撮ろうと競い合って頑張っていました。入社して間もないのに本番でキャメラを任されるなんて、もううれしくてしょうがないのね。でも途中で集まって会議しているから聞いてみたら、「イマジナリーラインがどうとかこうとか」「入り方が違う」って（笑）。で、「目線はどこ」とか言うわけ。それで私は「目線はキャメラ」なんて言っていました。だからズボラで、私はスクリプターなんて嫌なんですよ（笑）。

八木　スクリプターとしては珍しいと思いますが、つながりみたいな部分の考え方は実相寺監督と同じだったんですね。

宍倉　私がなんで監督とこんなに長い間やったかっていうと、本当は監督の頭を割って中を見てみたかったの（笑）。どういう感覚かが分からなくて……。いかにもすごいというところもあれば、本当にふざけん坊で人をからかったりもするしね。子どものように無邪気だったり……。

八木　どこまで本気でやられていたんですかねえ。

宍倉　分からない。例えば『ウルトラマンティガ』「花」のときなんかは、製作部は初日から桜の開花を全部調べていたじゃない。でも最後はセットにしたでしょう。あれは徹夜したけどセットの桜は実によかった。もしかしたら池谷さんと組んでいたのかもしれないんだけど、だからやっぱり確信犯かもしれないなって。

八木　でも、自分から「セットでやりたい」とは言わないんですよね。「前線が行っちゃったから……」みたいなことで。このとき、宍倉さんはプロデューサーだったわけですが。

宍倉　だから製作部が可哀想だった。ロケでやりたくないのかなと私にはなんとなく分かっていたから。初日にみんなで成城のミスタードーナツの前で待っていたら来ないし、中堀さんなんかは近くに桜を見に行ったりしていたけど……。製作部は、結局青森の方まで行ったんじゃない？

八木　あのときは円谷側の本編班助監督でしたけど、コダイ・グループじゃない班だったので詳細は分からないんです。でも、桜前線を調べてロケハンをしているらしいけど、ずっと決まらなくて大変だという話だけは聞こえてきていました（笑）。

宍倉　でもあのセットだからああいう撮影ができたとは思うのね。

八木　完全にコントロールされていて素晴らしかったです。

宍倉　それで朝までかかりましたからね、撮影は。

八木　僕は残念ながらあの日の撮影には参加していないのですが。あの素敵な映像はロケではできないですね。

宍倉　だからスクリプターをやるときはいいんだけど、プロデューサーのときはねえ……。自分がお金を持っていたり、自分でお金を集められればいいんだけど、そうじゃないからやっぱりある程度は利益を出さないといけないし、せめてトントンくらいで終わりたいじゃない（笑）。でも、みんなそういう認識がなくてね。

八木　でもすごかったですよね。『ティガ』のときはコダイ・グループの班ではなかったので全く参加できませんでしたが。東宝ビルトで浅野忠信さんが1日だけ来て撮影したことがあったと思うんです。あの日は同時に逃げ惑う人々を撮影していて、人が足りないというのでそこだけ行きました。でも、全然映っていなかったです。

宍倉　影で出ているのよね（笑）。

八木　そうなんです。影だけ映っていました（笑）。

一緒に仕事をすればみんなファンになっちゃいます

宍倉　その後が江戸川乱歩の『D坂の殺人事件』（98）で、すごいのはやっぱり実相寺さんの信者が多いんですよ。江戸川乱歩のご遺族の平井（憲太郎）先生なんかも、「僕は監督のやることだったら全部OKしますからなんでも言ってください」って（笑）。あとは「あぶな絵」がありますけど、監督が言えば喜んで絵師の方も地方から泊りがけで来て徹夜で描いてくれるんです。でも監督は自分では絶対に声をかけないの。だから大木さんと私で一升瓶を持ってお願いに行って（笑）。頼む方はみんな名人級のその道の達人で、監督が一声かけてくれたらなって思うんだけど、それは絶対にしないの。それで私に、「ペコちゃんが行って頼んだらやってもらえるんだから」って（笑）。そういうところは分からなかった。もしかしたら自分がなにか言って相手が断れないと悪いとか、そういう優しさがあったのかもしれないけど。でも断れないっていうか、相手は実相寺さんとやりたくてしょうがないのにね。それに一緒に仕事をすればみんなファンになっちゃいますし。真田広之さんも岸部一徳さんそうでしょう。

八木　『D坂の殺人事件』では真田さんや岸部さんには結構演出をされていたのでしょうか。

宍倉　普通の監督みたいなことはしないけど、『D坂』のときは割と役者さんと話をした方だと思う。それに美少女の三輪（ひとみ）さんを助手の小林少年（男の子）にしたり。

八木　そういう一面もあったわけですね。

宍倉　『姑獲鳥の夏』（05）は全く知らないんだけど、本当は監督がやるはずだった『エーゲ海の風に吹かれて〜岸惠子輝きのギリシャ紀行〜』（04）のときは東京のホテルで監督と岸さんのスタッフと朝日新聞社の人と私で会って話をして、みんなは4〜5人の小さな編成で行くと思っていたの。でも監督は「コダイ・グループを全部連れてく」みたいな感じで（笑）。それだと10何人ですから無理なんですよ。それで監督は降りることになって、私たちだけで撮影に行くことになってしまったんです。ギリシャの歴史とか岸さんのフランスでの生活のエピソードなども入る素敵な話だったので残念でしたけど。もし監督がロケハンもやりシナリオにも携わる時間があれば、やれていたかもしれません。ただ監督はもしかしたら、体調の異変を感じていたのかもしれない。でも、岸さんの作品にかけた意気込みは素晴らしかったです。もっと時間があれば、お2人にとってとてもよかったのにと思います。

「ともかく僕の半径何メートルには彼を近づけないで」

八木　時間が遡りますが、宍倉さんは『シルバー仮面』の記録もされていますよね。

宍倉　編集の浦岡（敬一）さんも素晴らしい方でしたね。『東京裁判』（83）の方です。16ミリなんてやったことがないのに、やっぱり監督だからということで引き受けてくださって。麻布の方に編集室があったんですけど、TBSでのラッシュの予定を過ぎても誰も現れなかった。それで「ちょっと見てきてくれる？」って言われてクルマで行ったら、小林正樹さんとか深作欣二さんとかそういう錚々たる監督がゴロゴロいるわけ。畳の部屋にはネガ編集の女の人も並んでいて、みんなネガ待ちなの。もうTBSどころじゃない、すごい偉い人が待っているわけ。で、浦岡さんは自分の後ろに監督やスクリプターさんが立って「ここです」なんて言うのは大嫌いなの。しかも、ラッシュがあがってもすぐには取りかからないで2〜3日溜めてからパパパッって浦岡マジックの編集をするわけです。それは私みたいなズボラにはありがたかったんだけど（笑）。でも、やっぱり昔からのスクリプターさんは監督の意向を伝えないといけないから「ここで切る」とか言うんだけど、彼にしてみたら言われる通りに編集したって面白くないわけじゃない。それに映画で育っていて、テレビみたいに途中でコマーシャルが入るから「あと何コマ」というのは初めてだった。だから私はしょうがなく後ろに立って「浦岡さん、あなたはネムラン星人です」「寝なくても大丈夫です」って。ひどい女でしょう（笑）。

八木　テレビは映画と違って1コマずれてもダメですからね。

宍倉　だってロール分けするときに「あと何コマ！」とか言うでしょう。そんなのも全然頭にないわけだからさ。

八木　浦岡さんがやられた監督の映画のテンポは独特ですよね。

宍倉　『波の盆』（83）をやったときも、ＴＢＳから編集の若い人が勉強しに来ていました。で、『波の盆』の脚本は倉本聰さんだった。それで音楽の入りも全部指定されているわけ。でも監督も音楽が自分のルーツだからプロデューサーに「ともかく僕の半径何メートルには彼を近づけないで」なんて冗談で言ったの。だから、ああいう人は自分で撮った方がいいわね（笑）。

八木　あれは武満（徹）さんの音楽も綺麗でピッタリ合っていますよね。

宍倉　ああいう人がダビングに来て自分でちゃんと当ててくれるんだから、やっぱり監督はすごい人だなと思いましたね。

八木　選曲ではなく、武満さんが自ら当てているんですね。素晴らしいです。

宍倉　岸田理生さんが書いた『青い沼の女』（86）のときは、「火曜サスペンス」の音楽は当時若手の三枝成彰さん

実現しなかった『ある晴れた日に』の収録で訪れたイタリアでの実相寺監督とのツーショット

が担当で、あれもすごいのよ。普通は「何曲か頼む」っていう感じじゃないですか。でも監督は彼に「1曲でいい」って言ったの。三枝さんもびっくりしていましたけど私もびっくりしました、「ともかく、オーケストラ編成で1本録ってください」ですから。私はそういう現場にぶつかっているのね。

私は怒られたことはないんです

宍倉　実相寺さんは不思議な人で本も書きましたよね（『星の林に月の舟』）。あの中では、同期でいろいろ助けたり助けられたりした並木（章）さんのことも書いているんですけど、途中で私に見せてくれたんですよ。「ペコちゃんのことも書くからね」って（笑）。それで見たらスタッフの名前などももじっていろいろ変えて使っているんだけど、並木さんだけは全くの本名だったの。だから「監督、これはないですよ」って。昔はどういうご関係だったか知らないけど、並木さんはもうTBSの看板を背負っている制作局長ですよ」って。そうしたら「だって本当のことだもん」「本当のことかもしれませんが、仲間はみんな分かっているんだから。あえて本名を出すことはないじゃない」というやり取りがあって、ちょっと考えて「分かった」って。それで「並木」に1本棒を引いて「並本」にしただけなの（笑）。

八木　高野（宏一）さんは高田だったり、みんなちょっとだけ名前が変わっているんですよね。

宍倉　戸倉徳子とかね。あれはいかにも私みたいに書いてあるけど、もう本当にねえ、そうじゃないの……（笑）。不思議といえばいろいろなものを収集する癖があって、芸大に行っても筆箱がけろけろけろっぴじゃない。だからオペラの人とかも最初はびっくりするんだけど。それでまた人気者になるのね（笑）。しかも雑誌の連載では私がペコちゃんの人形を集めているみたいなことも書いたりして、こういうのを読むと本当にウソばっかりで笑っちゃう（笑）。やっぱり分からなかったですね。ただ怒ったりはしない人でした。私は怒られたことはないんです。あと、現場で「コーヒーどうですか?」なんて私が言うのはダメなの。自分が飲みたかったら飲むし、そうじゃなかったら制作の三松（貴）くんに頼むから「そんなことは考えなくていい」って。そのくせ、「京都の撮影所ではスクリプターさんがお弁当を作ってくれる」とか言うのよ（笑）。だから本当によく分からない。

八木　でも実相寺監督を始め円谷プロの方たちってみんないい人ですよね。

宍倉　そうそう。それでちょっと変わっているのね（笑）。私も変わっているのかもしれないけど。考えたら私は円谷家3代に仕えたわけ。英二さん、3人の息子さんたちでしょう、それからお孫さんがいて。

八木　そう考えるとすごいことですよね。

宍倉　英二さんが亡くなったとき、私は円谷プロじゃなかったんだけど連絡があって教会でのミサに行ったんですね。そうしたら「およげ！たいやきくん」の子門真人さんがいたの。

八木　あの方は社員だったんですよね。

宍倉　それまでは高野さんなんかと久しぶりに会って話をしていたんだけど、子門さんが朗々と賛美歌を歌ったらなんだか分からないけど急に涙がブワーッて出てきてね。そうしたらミサが終わってから一さんが来て「ねえペコちゃん、ウチのオヤジ、ペコちゃんになんか失礼なことした?」って（笑）。後で（円谷）粲さんと笑うのはね、「そうなんです、実は子どもが……」なんて嘘をついたら円谷家の財産をもらえたかもねって。粲さんも邪気のない人ですから。ある意味、粲さんは私の恩人の1人です。

八木　粲さんは本当に純粋な方で。僕はすごくお世話になっています。なにを基準に抜擢しているのか分からないんですけど、チャンスをくれるんです。それで、遡りますけど宍倉さんは円谷英二監督の組もやられているんですよね。

宍倉　もともとは大学に募集が来たんです、「優秀な女の子を1人」って。それで4年生の始めくらいかな、行ったのは。優秀もなにも、女の子は1人しかいなかったから（笑）。それで、ああこれで文芸か企画、そういうところに行けるかなあって。そうしたらなんとオヤジさんのところだったのね。オヤジさんは特撮も分かる専属のスクリプターを養成したかったから。それで合成のことなんか全部覚えないといけなくてね。いやーこれはあかんと思って、一さんに「やっぱり本編をやりたいんですけど」って相談したんです。それで会社を移ることにしたんですけど、私もオヤジさんにはよくしてもらっているから「他に移ります」とは言えなくて「一身上の都合で辞めさせてください」と言ったら、肩を落として「はぁ～」とため息をついて、「君にはなにもしてあげられなかったね」って。すごく優しい方でした。編集のことはオヤジさんに学びましたし。それで何年か経ったときに日活の小林旭さんの戦争映画のロケで御殿場に行ったら、東宝の特撮で来ていた高野（宏一）さんたちが歩いているわけ。それで「どこに泊まっているの？」って聞いたら違う旅館だから胸をなでおろしたの（笑）。そうしたら翌朝、仲居さんが「古川（卓巳）監督がご飯を一緒に食べようと待っています」と呼びにくるじゃない。それで慌てて食堂に向かって扉を開けたら、目の前にオヤジさんと特撮のメインスタッフがいたの（笑）。メインスタッフは同じ旅館に泊まっていたのね。それでオヤジさんが「なんだ、記録をやっているのか」って。「ああ……」と思ったけどね。でも日活を辞めたときには、まあ一応は特撮と本編の両方をできるということで円谷プロが呼んでくれて。それは一さんだったのかもしれないです。一さんにはウチの鈴木ともどもお世話になりました。

八木　実相寺監督のことも踏まえて、今日はたくさんお話を伺えて楽しかったです。ありがとうございました。

宍倉　でも、結局は実相寺さんのことは分からなかったです。いろいろな偉人や奇人とかかわったけど（笑）、それは監督のおかげです。あと監督と一緒にやってよかったなと思うのは、どんな小さな作品でもあり得ないような音楽家や芸術家の方々とご一緒できたこと。それでいろいろな素晴らしい経験もできたし、知らないことをたくさん覚えることもできました。でも、残念ながらついに監督の頭の中は分からなかったです。

宍倉徳子（ししくら・のりこ）

日本大学芸術学部を卒業後、日活に入社。スクリプターとして『競輪上人行状記』（63年）などを担当、実相寺監督作品では『シルバー仮面』から『無常』『曼陀羅』『帝都物語』などの記録を務め、プロデューサーとして『ウルトラQ ザ・ムービー 星の伝説』や『D坂の殺人事件』などを生み出している。監督作には『ウルトラマン 怪獣大決戦』がある。

S. ROCCO
AUTONOMIA
500.000 firmatari
non bastano.

ペコちゃん　実相寺昭雄

ペコちゃん、と言えば不二家のマスコットだってことぐらい誰でも知っているだろう。でも、この業界でペコちゃんと言ったら、スクリプター（記録係）のペコちゃんこと宍倉徳子さんなのだ。何でそんな名前がついたかと言うと、ペコちゃん人形にそっくりだからだ。目がくりくりとして悪戯っぽく、現場にペコちゃんがいれば、その雰囲気で、スタッフは徹夜つづきでギスギスしていても、心が和んでしまう。いやはや、ペコちゃんさまさまである。女性の年齢を詳しく書くわけにはいかないが、記録のペコちゃんは相当長生きしている。でも、ちっとも年をとらない。それも風雨に耐えて首を振るペコちゃん人形そっくりだ。ぼくとも古いつき合いで、『スパイ平行線の世界』という円谷一さんのテレビ映画で円谷プロの助監督として行ったときから、ペコちゃんに魅せられてしまった。ぼくの映画にも随分つき合って貰っている。もちろん『帝都物語』もペコちゃんがスクリプトを取ってくれたのだ。

ペコちゃんはプロデューサーとしても、なかなかの腕を発揮している、NTVの『火曜サスペンス』など、円谷の作品を何本もプロデュースしている。もちろんぼくが演出した「青い沼の女」でも陣頭に立っていた。プロデューサーとしてのペコちゃんは、スクリプターのときと違って、ひどく厳しい。大きなお目々で睨まれると、熟練したスタッフも尻尾を巻いてしまう。言うことを聞いてしまう。何故って、本質的にはペコちゃんがスタッフ思いで優しいからだ。

「お疲れさまァ」

と、ペコちゃんの笑顔を見ると、それだけで皆納得してしまう。ぼくも、そんなペコちゃんの笑顔見たさに、一緒に仕事をさせて貰っているのかもしれない。

さて、何でペコちゃんのことを持ち出したかと言うと、ペコちゃんこと宍倉徳子さんは、円谷英二《おやじさん》が特撮専門のスクリプターとして最初に育てた人だからだ。それまで、特撮専門のスクリプターというのは存在していなかった。助監督がスクリプトを取っていたのだ。円谷さんは自分の手元で専門のスクリプターを育てようとして、ペコちゃんに目をつけた、というわけだ。

でも、ペコちゃんはドラマ志向だったから、円谷さんの下に長くはいなかった。それでも、編集の厳しさと凄さを円谷さんから教えられた、となつかし気に回想する。余談だが、円谷さん専門の記録さんは、ペコちゃんの後をついで久松さん（ウルトラシリーズなどで数々の名作を撮ったカメラマンの鈴木清さんの奥さん）が栄冠の座を占めている。

ペコちゃんは特撮から一旦離れたけれど、しばらくしてまた円谷プロへ戻ってきた。『ウルトラQ』にはじまったシリーズで、何本も仕事をしている。

記録係というのは大変な仕事で、全体の秒数を計算したり、カットのつながりを確かめたり、編集につき合ったり、監督に助言をしたり、俳優さんの演技を細かくチェックして、セリフの言い回しを注意したり、いろいろと気を配らなければならない立場なのだ。まして特撮の記録ということになれば、合成のカットを確認したり、本編とのつながりを打合せしたり、多くの場合数台のカメラで撮影するすべてに目をゆき届かせたり、と大変なことが大多い。

ペコちゃんに、

「何が特撮の記録で大変だった?」

こう尋ねると、

「うーん、そうねえ」

と、くりくりと大きな目を輝かせ、

「待つことかな」

と、ペロリと舌を出した。

そう、よく話に〝映画は待つこととおぼえたり〟なんて言われるが、特撮はとりわけ〝待つ〟という忍耐力が要求される。

「待ってる間は何をしているの?」

と聞くと、

「そうねえ、レース編みか、眠るかのどっちかだったわ」

ペコちゃんは愉快そうに笑う。そして、

「矢張り、ものを作ることに参加してるってのは楽しいわ。プロデューサーをやってから、スクリプターの楽しさがわかったの。……だって、お金の心配をしなくていいもん」

と、肩をすくめた。

記録さんは、男が多い現場の中で母親のような存在だ。ほっと、安心させてくれる記録さんに出合うと、ほんとうに撮影もスムーズになり、現場は楽しくなる。

そうそう、ペコちゃんは劇場用の『ウルトラマン』の監督もしている。その現場はのぞいていないが、きっとスタッフたちはペコちゃんの笑顔に、何でも言うことを聞いてしまったろう。

第二のペコちゃん出でよ! 特撮の将来のためにも。これが、ぼくののぞみでもある。

掲載誌不明

コダイのシシィ　実相寺昭雄

シシィ！といえば、ウィーン仕立てで、宝塚や東宝ミュージカルの名舞台でおなじみの、ハプスブルグ家の名高い皇后エリザベート幼少時の愛称である。

シシィは絶えざる努力で、自分のプロポーションを維持したそうだが、ジュネーブで還暦の歳に暗殺されるまで、見事な体型を保っていたそうな。

何の話を始めるんや？といわれそうだが、実はわたしも加わる事務所〝コダイ〟にも、シシィがいるのである。

女性の年齢はいえないが、円谷英二さんの現場にもいたし、数々の円谷プロ作品にも、スクリプターとして、あるいは劇場版監督として、はたまたプロデューサーとしてかかわっていたことがある女性である。本名の語感から「和製シシィ」と呼ばれている。とにかく本家も顔負けで、不老長寿の秘薬を常用しているとしか思えないほど、プロポーションもスリムである。目もパッチリだ。その顔立ちが不二家のペコちゃんそっくりなので、シシィの前はペコちゃんと呼ばれていた。

このペコちゃんが、ペコちゃんフィギュアのコレクターで、なにか話がややこしいから、シシィにもどすが、シシィがペコちゃんのフィギュアなどを蒐集しているのだ。

それにつられて、わたしもペコちゃんにちょっと手を出してみたが、いやはや、ペコちゃんのフィギュアやグッズは、すごいものがある。そして、人気も高いのにおどろかされる。ハートチョコレート「ミニペコちゃん」に着いているペコポコ人形を揃えるのも大変だ。〝ペコ50周年記念〟とパッケージには印刷されているのだが、キャラクターとしては大変な長寿である。その一シリーズだけでも、一体は欠けている。ヒミツのマスコット色違いで三色というのが、なかなか揃わない。ほかのシリーズも人気が高くて、タカをくっていたわたしは驚いてしまった。

ペコちゃんの人気は、まだ当分衰えないだろう。新参者のコレクターであるわたしには、到底及ばない歴史である。それに、現在もいろいろなフィギュアが出されているので、五十年目に手を出しても無理なのだ。といっても諦められないのが、フィギュア好きの悪いところだが、コレクター道に徹しているわけではないので、ペコちゃんものに限らず、すべてが中途半端になってしまう。

不二家の商品を千円以上買えば、たしか六百九十円ぐらいでフィギュアを買えるという企画も進行しているが、これとてすぐに売り切れてしまう。わたしはすでに一体を逃してしまった。ペコポコお雛様も手に入らなかった。まあ、フィギュア・コレクターの道は険しいということを、ペコちゃんが教えてくれているようだ。でも、うちの事務所には、生けるシシィ、いや等身大のペコちゃんがいるから、わたしは満足なのである。

初出：『フィギュア王』No.42（2001年）

実相寺昭雄パノラマ館

『怪奇大作戦』京都編の撮影の合間。撮影の稲垣涌三氏（中央）と実相寺昭雄監督

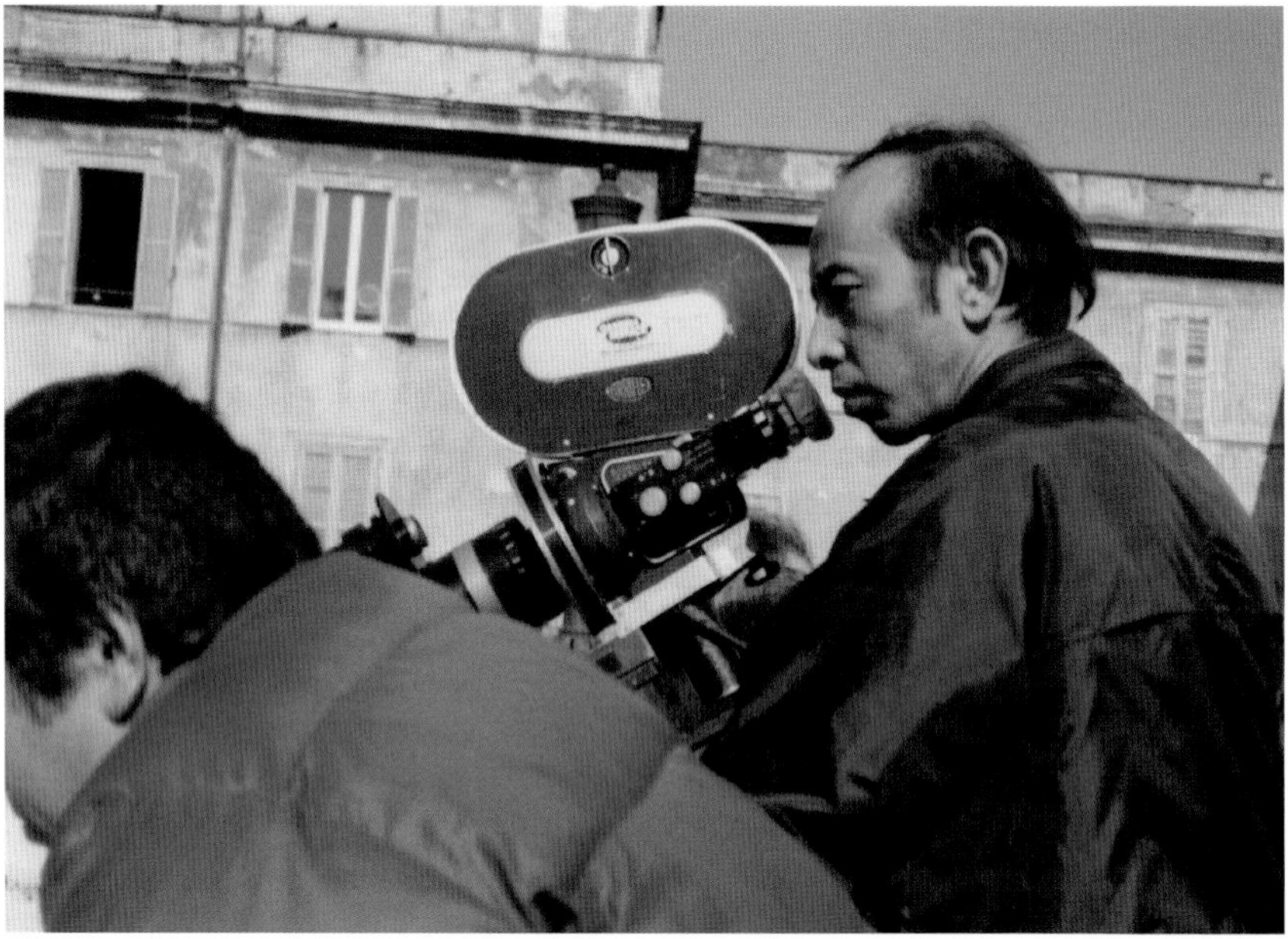

ヨーロッパのCM撮影での実相寺昭雄。撮影の中堀正夫氏と

ディレクターズアングルファインダーでフレームを決める実相寺昭雄監督

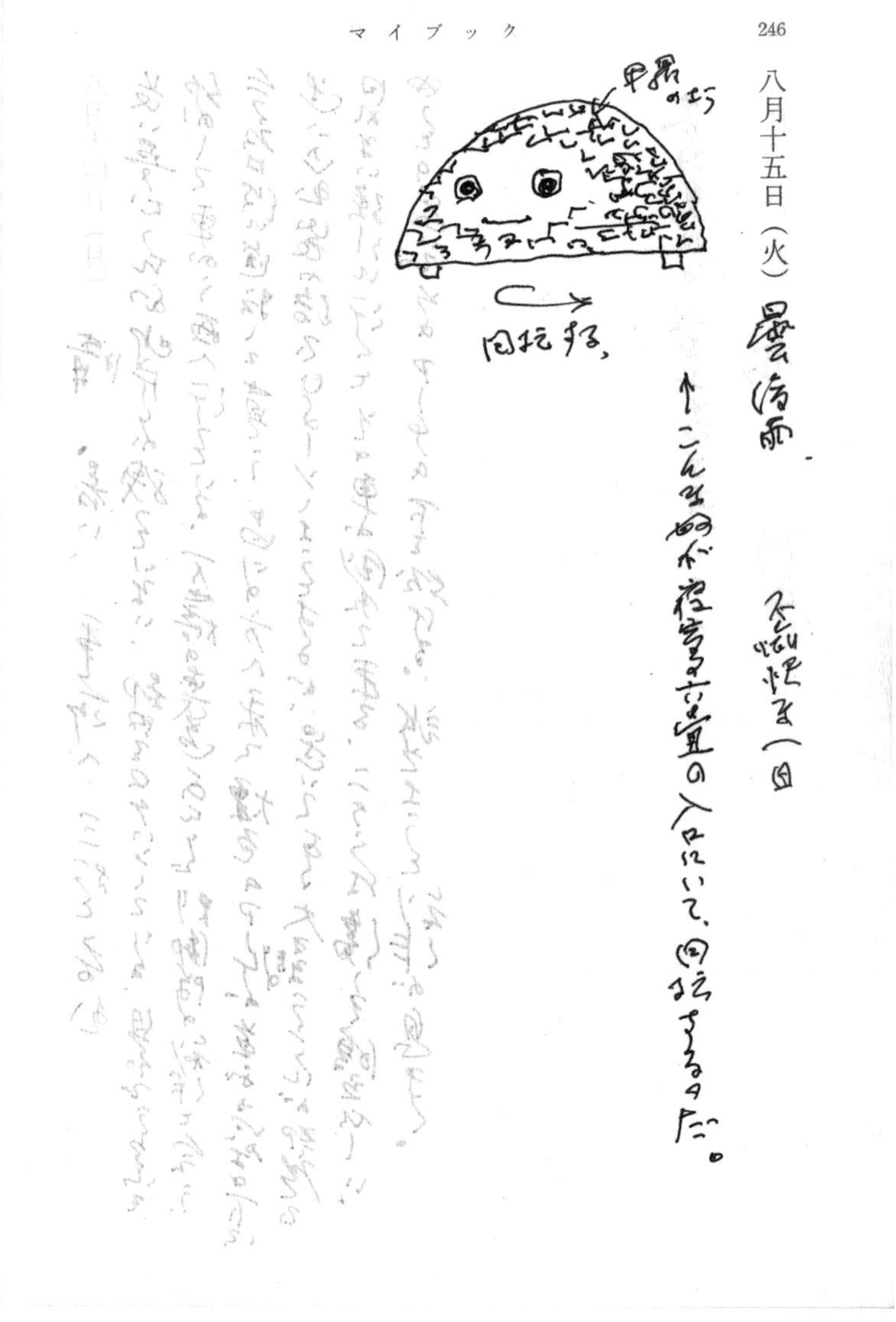

「夢日記」（2000年8月15日）より

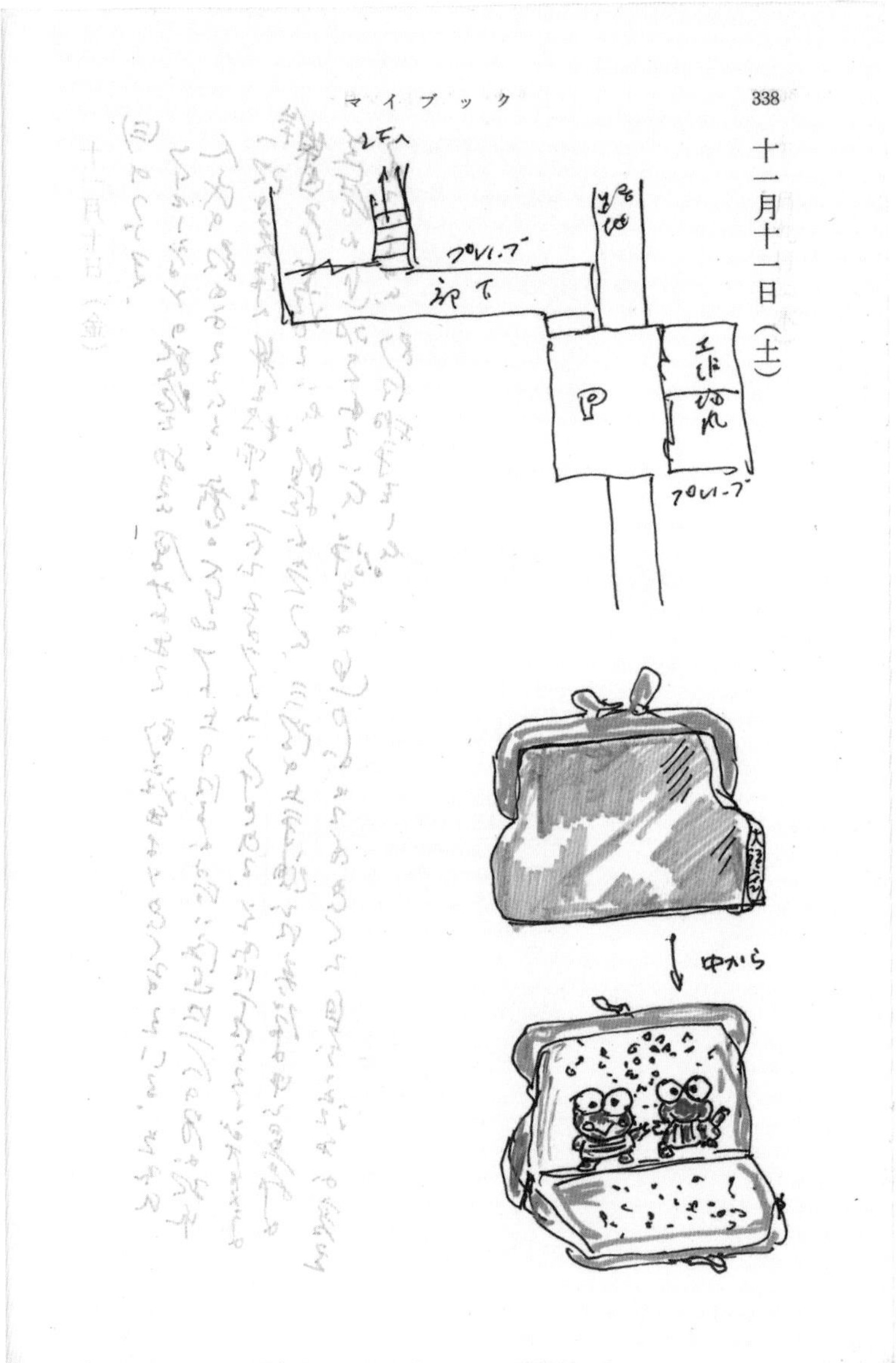

「夢日記」（2000年11月11日）より

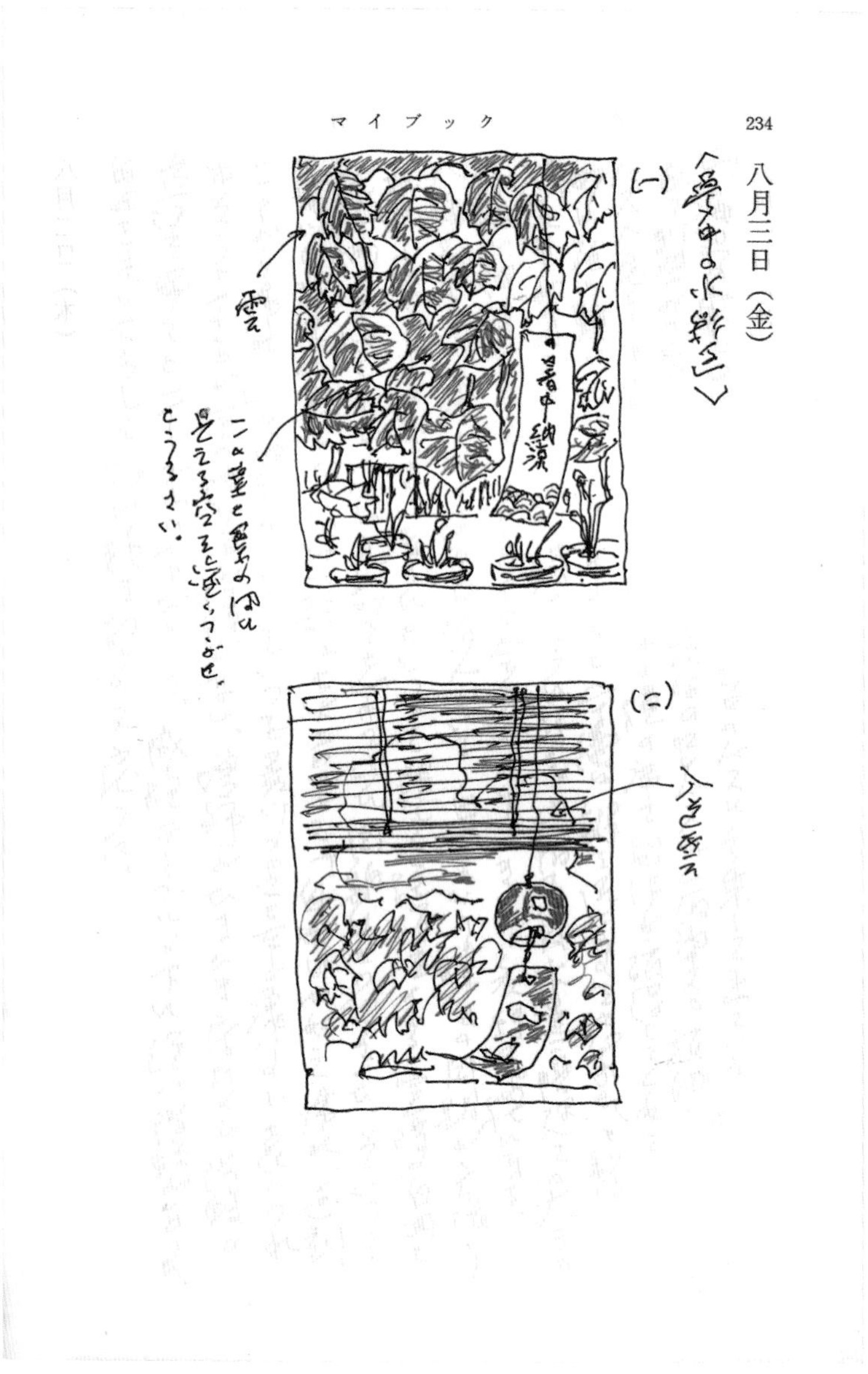

「夢日記」（2001年8月3日）より

「夢日記」（2001年8月17日）より

『歌麿 夢と知りせば』用に描かれた西田真による浮世絵風の絵

PART 2

70年代〜

After 70's

Cameraman
Masao Nakabori

カメラマン

中堀正夫

監督は日本のことを探っていた「滅びてしまえ」と思っていたかもしれないけど

『シルバー仮面』でカメラマンデビューをはたし、『哥』で映画カメラマンとして一本立ち、コマーシャルなども含め多くの実相寺昭雄作品を担当した中堀正夫氏。自身と実相寺監督の年譜を重ね合わせた『年代記』を資料として作成するなど、監督との関係には特別なものがある。氏の長年に渡る活動歴を追うことで、どのような実相寺像が見えてくるのか。お話を伺っていこう。

『シルバー仮面』の監督のカット割りが俺の台本には写されていないっていうことは……

八木　中堀さんはカメラマンとしてテレビから映画からコマーシャル、音楽までたくさん実相寺作品を担当されているので、監督のいろいろな側面をご存じだと思います。今日はたくさんお話を伺いたいのでよろしくお願いいたします。デビュー作としては『シルバー仮面』ということになりますよね。

中堀　あのときは一所懸命ではあるんだけど、監督は「自分の中では最低の作品」なんて言っているじゃないですか（笑）。やっぱりそうだなって思いますよ。

八木　確かに番組の企画面では準備不足の感は否めないですけど、映像的にはとてもかっこいいと思いますよ。

中堀　監督にはとことん慣れていたから、２人だけで走り回って撮影したくらいなもので。あとはスクリプターのペコちゃん（宍倉徳子）がいてね。

八木　それまでは露出計を持ってずっと一緒にやられていますから、もう関係性ができていたわけですね。カメラマンと監督の関係になる前はどういう話をされていたのでしょうか？

中堀　それは「暗く撮れ」ばっかりですよ（笑）。あとはフランス映画を見てこいとか。潰しているんじゃなく、微妙に出ているシルエットをちゃんと考えて撮ってくれということでね。見ろと言われたのはゴダールのモノクロ作品だったと思います。それで『シルバー仮面』に入るわけですけど、監督のコンテ割りを写したことがないんですよ。午前中だけで70～80カットを撮っているから、勝手にパッパパッパと「これだったらこれだ！」って走り回って（笑）。

八木　話が始まるまでにもすごく割っていますよね。

中堀　でも監督の割りが俺の台本には写されていないっていうことは……書けないくらいの時間の中でやっていたんじゃないかな。

八木　そんなギリギリだったんですね。

中堀　狛江の畑の中に土地を借りて、その中にスタジオを作るわけじゃないですか。狛江スタジオっていうんだけど、そこでシーン1の火事を撮っているの。スタジオの外側に全部板を付けて、セットとしてドアも作って中に入れるようにしているそのセットを本当に燃やしているんだから危ないの。キャストもみんな脅えていて、亀石征一郎さんなんか「俺たち、殺されるんじゃないの？」なんて言っていた。

八木　家を燃やす場合は普通だとオープンセットに一から建てますよね。そんな撮影の仕方はしないです。

中堀　だから大変だったですよ。一応、火事にはならなかったけど、燃えたものが上から落ちてくるんだから（笑）。

「これじゃ死ぬぞ！」「映画だってこんなことはやらないよ」なんて言われてね。それで怪獣も燃やしちゃったりして。本当は現代企画だって燃やしたくなかったんだけど、火を点けちゃって燃えたんだからもう仕方がないよっていう感じでしょう。

八木 監督は小説『星の林に月の舟』の中で面白おかしく書いていますよね、「着ぐるみの怪獣の中ではもがき苦しんでいた」って。

中堀 俺が近づいていったら、着ぐるみの中で「助けて〜！」って言っているんだから。岡村晴彦さんだってよくやってくれたよ。あんな色を撒いて走って、自分でもなにをやっているかさっぱり分からなかったと思うんだよね。

八木 無茶苦茶ですけど、やっぱり実相寺監督だからみんな協力したんでしょうね。

中堀 俺なんかはよく分からないけど、どう作りあげていくかみたいなことをＴＢＳのプロデューサー側と共有できていなかった。宣弘社の社長なんか第1話の試写では大拍手で喜んでいたけど、視聴率が出た途端にギャフンって感じだったしね（笑）。

八木 やっぱり『ウルトラマン』『ウルトラセブン』が成功したのは、実相寺監督がとんでもない作品を作っても金城哲夫さん、円谷一監督を中心とした脚本家や監督たちがＴＢＳと企画をしっかりと固めていたからじゃないですか。『シルバー』の混乱の原因は準備不足とか局側の企画プロデュースの問題なんでしょうね。

中堀 でも3〜4話からは普通に真面目に、オーソドックスに撮っています。実相寺監督は1〜2話しかやっていないからね。あとの監督はみんなオーソドックスでしたよ。だから俺も合わせて撮っていたわけだけど。

八木 『シルバー仮面』の実相寺監督回は映像的には満足されましたか？

中堀 飛び回っていて、きちっとフィックスでどうのっていうのはないわけだから、そんなにはね。ただ監督とやっていたから、割り方っていうのは大体分かるわけ。例えば前半で喫茶店の中を長回しで撮っているけど、「あそこはあそこは外で撮り足した方がいい」というようなことも覚えちゃっていたからどんどんとできるわけですよ。追っかけ回すじゃないですか、夏純子さんと篠田三郎さんが一緒になって。そういうことは『無常』『曼陀羅』でずっとやっているし、その前には『怪奇大作戦』なんかでも東京の2本を一緒にやっているわけだから。『怪奇』の「死神の子守唄」でナイトシーンをバッテリーライトだけで撮っているときだって、どういう風に撮ればいいかがもう分かっている。つまりは「シルエットだけでいい」ということだから、俺はシネキンライトを背負ってカメラに向けてライトを当てるんです。そうすると動いている人はみんなシルエットになるわけで。

八木　ライトがフレームの中に入っても大丈夫なんですね。

中堀　それが狙いでもあるわけだから。シネキンっていうタングステンのライトでしたけど、それを持って走り回っていましたね。

八木　「死神の子守唄」のそのシーンではカメラを覗いたのが稲垣（涌三）さんで、当てたのがチーフの中堀さんだった。そのころからもうチームができていて、分かっていらっしゃったということですね。

中堀　でも『無常』のトップの町なんかは、「なんでこんな撮り方をするんだよ？」と思うような大胆不敵なものでね（笑）。それで撮っていたら、家と家の間から新幹線がすごいスピードで通るのが見えたら「これを撮れ！」って。それで狙いが分かるわけじゃないですか、新幹線が入るだけで。監督は日本のことを探っていたというか……俺は「日本のことをきちんと描きたい」と思ってやっていたけど、監督は「滅びてしまえ」と思っていたのかも分からないけど（笑）。

監督は「故郷がない」と言っているじゃないですか

八木　そして中堀さんの初映画作品『哥』ですが、これは実相寺監督も気に入られていますよね。『シルバー仮面』とは違って画はとても落ち着いてしっとりしています。

中堀　監督に合わせつつも、「こうですか？」「こうですか？」と言える状態になっていましたからね。自分でも好きな映画です。

八木　実相寺監督はアングルなんかをおっしゃらないので、中堀さんがどんどん画を提案されていった。

中堀　割ってはあっても、それを理解した上で先にカメラを置いたりしてね。だから監督の画コンテを写して理解して、どんどん撮っていくという感じです。それで監督が場所移動してちょっと先に行く間に、インサートを3カットくらい勝手に回してもOKな関係になっていました。

八木　当時からそうなっていたんですね。『ウルトラマンダイナ』（97-98）のときの実相寺監督は「クリちゃん、じゃあ後はよろしく」という感じで、監督がいないところで中堀さんがいい画をいろいろ撮影されていたのが印象的でした。

中堀　『哥』のときは「よろしく」なんて言わなかったけどね（笑）。このときも、「この人は日本のことを考えているんだな」というのがあったかな。でも、俺が思っている日本というのは自分の故郷なんだけど、監督は「故郷がない」と言っているじゃないですか。育ったのが中国の張家口だからね。だから俺らの「本当にいい時代にいい場所で育ったな」なんていう感慨は共有していなくて。ある時期からは、俺が監督につきながらそういうことをバックアップした方がいいんじゃないかなって勝手に思い始めるんですよ。監督からは「お前はそんなことを考えないでいい」と言われるかもしれないけど（笑）、監督とあんなに長い間一緒にやっていけたのはそこが一番大きいです。自分の気持ちとしてはね。だってゴビ砂漠に続いているようなところで育って、日本の街並を初めて感じたのが稲垣浩監督の『無法松の一生』（43）に出てきた小倉の土塀のシーンなんですから。その画の中で無法松の奥に見えた傷痍軍人が、印象的だったと言っています。それはやっぱり見ている視線は違いますよ。とにかく『哥』ではまさに日本を描いているし、それは『あさき夢みし』までですよね。

八木　『哥』では現場での演出などはいかがでしたか？

中堀　俺がついてからは最初からそうでしたけど、細かいことなんかは言わないじゃないですか。それに分かっているような人ばっかりが出ているし、そういう人を選んでいるわけだからね。女の人は『帝都物語』（88）の原田美枝子さんくらいまでは「質問に来ないでちょうだい」っていう感じだったし（笑）。

八木　これは何日間くらいで撮られたのでしょうか？

中堀　『哥』は4泊5日で広島に行ったのがラストで、トータルは21日とかそれくらいで短いですよ。広島ではノーライトじゃないですか。レフ板くらいは持っていったけど、行ったときの光でそのまま撮れるようにしているから。そういうことを理解して「何時に出発だ」ということをこっちが考えてスケジュールを組んでいきましたね。

八木　撮影期間は短いですよね。

中堀　でも最初は調布の大映でずっとセットで撮っているわけだから。一軒家を作っちゃって、ミッチェルカメラを借りて。大映がちょうど解散したとき（1972年）ですよね。だから撮影部は日大の後輩の1人だけしかいなかった（笑）。あと照明部は全部大映の人たちで、大映は照明部がメーターも持っていたんですよ。宮川一夫さんの流れでね。撮影部も当然メーターを持つけど、先に照明部が全部測っているの。それで1週間は一緒に計っていたけど、ラッシュを見て「あ、こいつらは任せておいて大丈夫だな」っていうことで測らなくなりましたね。

八木　さて、続く『あさき夢みし』は時代劇でまた画のトーンも違って美しいですね。

中堀　やっぱり丁寧に、バタバタしないで撮っていましたから。本当は御所の中って丸柱じゃないですか？　でもセットなんかはそうはいかず、一切無視して池谷（仙克）さんがやっていましたね。あと、庭から入ってきた光なんか屋敷の奥まで届かないんだからシルエットでいいんだよっていうことで、原（知佐子）さんなんかは出たってシルエット。声は聞こえども姿は見えずっていうやつです（笑）。音から始まって見えてくるとか、そういうことはいろいろやっていますよね。

八木　撮影に入るまでにはどんな打ち合わせをされましたか？　時代劇だと状況が全く違うわけじゃないですか。

中堀　本当は火だけで撮りたいと思っていたでしょうね。

八木　火でいうと、火をスカイラインで撮っているところはとても美しいです。

中堀　もう、アタマから綺麗だよね。ラストシーンの寺田（農）さんがでっかい屋敷の広間に1人でいるところなんかは少ないライトでまかなっているけど、そういう表現をするときでも監督はほとんどなにも言わなかったね。

八木　そして『歌麿 夢と知りせば』ですが、これは予算が潤沢だったという話です。エンターテインメント的に面白い作品ですけど、映像的にはあまり実相寺監督っぽくない部分もありますよね。

中堀　アタマは京都で撮っているじゃないですか。監督は京都のプロの仕事を経験しているから、こういう特機がいるから利用した方がいいなとか、そういうことが全部分かっているんですね。だから最初の立ち回りもクレーンを入れて、俺なんか「バレてるんじゃないかな?」とヒヤヒヤしたけど、1回しかテストをしないで一気にやっちゃうわけ。あと、広沢の池に長いレールを敷いてワンカットで撮っているのが初日なんですけど、周りが「こんなのワンカットでできるのか?」っていうのを見ていて、こっちは実力を試されているようなものじゃないですか。でも軽業師のように180度までカメラを回したりして撮って一発でOK、そういうので認められると余計に協力的になってくれますよ。ただそういう思い切ったところ以外では、レベルを崩さないで水平で撮ってもいるんです。時代劇なんかはなるべくアオッたりしないで、アップなんかでもなるべく同じ高さからっていうのがありますから。狙いがない限りはなるべくキチッとね。昔の映画はみんなそうですし、そういう画が綺麗ですからね。日本家屋でも障子なんかが中途半端に斜めになったりするのは嫌じゃないですか。

八木 実相寺組は広角だからそれが歪んだりして、それもまたかっこいいんですけどね。

中堀 歪むことを上手く使うというかね。で、斜めにする場合はフレームの四隅のどれか1点に必ず被写体の角が重なるようにするんです。そうするとバランスが取れているように見える。これはコツみたいなものですけどね。

八木 『歌麿』ではレンズなどはどうされました?

中堀 あれは全部パナビジョンなんですよ、東宝以外に貸し出したのは初めてなんですけど。で、明るいレンズが1本あったんです。撮影絞りはF1・8とかF2で、ライティングも助かるしということでそれを使って。でも被写界深度が浅いんです。暗くても2・1とかだったかな。フォーカスを送るやつが上手くないといけないんだけど、東京から連れていったのは下手くそでね。だからぼけるっていうか、そういうところも多いんです。

八木 ぼけているのも使っていますよね。なんでフォーカスが甘いんだろうと思って見てはいたんですけど。

中堀 本当はあのレンズを使って上手くやれたら最高だったんですけど、全部パナビジョン専用のレンズでしたね。で、あのカメラは1000フィート巻きだから重いじゃないですか。それで斜めにするとマガジンと本体の接点が外れて途中でカメラが止まったりするんです。だから布かなんかでギュッと縛りつけて使っていましたね。

八木　この時点で中堀さんはコマーシャルとかではパナビジョンを使われていたのでしょうか。
中堀　使っていましたね。照明の佐野（武治）さんがなんでコマーシャルをやるのかというと、お金があるから新しい機材をどんどん使えるわけじゃないですか。だからお金をもらうとかそういうことではなくて、新しい機材のことを覚えて経験していくためにやっていたんですね。

カレーパーティのゲストがアンナ・カリーナ

八木　では、その流れでコマーシャルのことも伺っていきたいと思います。やはりお聞きしたいのが、アンナ・カリーナを撮影したというS&Bゴールデンカレーのことです。
中堀　これは平幹二朗さんと佐久間良子さんの新婚旅行についていったんですよ。スイスで最初にお会いしてカレーを食べる平さんを撮って、次はパリのジョルジュサンクっていうすごいホテルの地下1階の大広間を借りてカレーパーティをするっていう設定で（笑）。そのゲストがアンナ・カリーナだっていうんだから。
八木　昔のコマーシャルは夢があっていいですね。監督はアンナ・カリーナにどんな演出をされました？
中堀　監督はなにもしないよ（笑）。最初は違うホテルで待ち合わせをしたんですけど、待っていたら孔雀の羽根の色のコートっていうのかな……それを着た女性が逆光の中で現れてカウンターに座ったんです。監督が「もしかしたらあれがそうかな？」って言って話しかけて、そんな感じで始まったの。で、アンナ・カリーナがゴダールと住んでいた古いアパルトマン……これは6階と7階のメゾネットで、家の中に入ったら螺旋階段で上に行ったり下に行ったりするというものだったんだけど、そこのキッチンでも撮影をさせてもらったの。螺旋階段の途中にはベッドルームがあって、7階は図書室で360度、周りは本だけ。キッチンでの撮影が終わったら監督は「上で撮ろう」って先に行ってしまって、俺らが片付けているときにアンナ・カリーナが商品パッケージを持ってくれてカメラの前に立ったから撮っちゃったの。条件としては「カレーは食べるけど商品のパッケージは持たない」ということだったのにね。あれは使ったと思うんですけど。

八木 このときのキャスティングはどなたですか？

中堀 監督が選んだんだと思います。で、全部片付けて上に行ったら、アンナ・カリーナがいつも本を読んでいるであろう場所に座っていて、光もいい感じでライトを当てなくても大丈夫なの。もう、「ここで撮れ！」って言っているようなものでね。それで読書しているアンナ・カリーナを撮ったんだけど、監督は本棚を見て「すごいよなあ」なんて言っているわけ。まあゴダールの蔵書だったんだろうから、フランス語のできる監督にとってはそれは興味深いよね。

八木 この撮影は1971年のことだったようですね。

中堀 この年はJALの仕事でグアムにも行っているんだけど、それから数ケ月後に横井庄一さんが日本に帰国しているの。グアムでは撮影で大騒ぎをしていたから、きっとそれを見ていたんじゃないのかななんて思っているんだけど。あとこの年、S&Bゴールデンカレーの前にはホンダのN360っていうクルマのコマーシャルでもパリに行っている。これは岸惠子さんが出ているんですけど、「稲垣さんと俺と制作と監督の4人だけはこっちのホテルで」って言われて、四つ星ホテルに泊まっている電通とかスポンサーとは別れたわけ。そこはワシントンホテルっていう二つ星のホテルで、実は実相寺さんが初めて原さんとパリに滞在したときに泊まっていたホテルだったんです。後で分かったんだけど、実相寺さんはそのホテルから寺田（農）さん宛に絵葉書を書いているんだよね。橋の

下かなんかからノートルダム教会が見えるいい写真を使った絵葉書で、見たらちゃんと「ワシントンホテルより」って実相寺さんが書いているんです。

八木 そこに泊まりたいと言ったんでしょうね。

中堀 最初から自分で指定していたんでしょう、コーディネーターに。それにホテルが違えばスポンサーとプロデューサーの面倒を見なくてもいいじゃないですか。あのホテルは、確かモンマルトルの坂を降りてきたところにあったと思います。

ベルテックカーステレオのコマーシャルで佐野さんと初めて会った

八木 中堀さんが最初につかれた実相寺監督のコマーシャルはなにになりますか?

中堀 セメダインコンクリメントでまだモノクロだった。俺はアシスタントで、1969年の撮影ですね。監督が最初にやったコマーシャルは吉永小百合さんが出たカルピスで、大きいのは1970年のベルテックカーステレオ。俺はここで初めて佐野さんに会っているんです。

八木 佐野さんと監督は、『無常』の前にすでに一緒にお仕事をされていたのですね。

中堀 セットに入る初日の日に打ち合わせをして、佐野さんは1人でシネキンライト1つだけ持ってきて。まあ誰か1人くらいはいたかもしれないけど、それでロケーションに行ったんです。監督が「クルマの解体工場がいい」って言うから行ってみて、鉄くずのアップを撮っていたら佐野さんが「ちょっと待って」ってシネキンを点けたのね。でもタングステンだから昼間は当てると赤くなっちゃうの。ブルーのフィルター(B5)を入れたら太陽光に合うんだけどね。だから「あれ?」って思ったんだけど、佐野さんが「これでいいよ」って。それで気づいたのは、「あ、そうか。これはわざとサビを赤くしたいんだ」ということ。とっさにそういうことを考えるから、この人はすごいよなと思いました。

八木 それはコダイ・グループになってからですか?

中堀 なってからですね。で、女の子を天井から吊って、周りには360度乳白色のビニールを貼って、外からも上からも光を当てていて……アイランプを50個くらい使ったんじゃないかな? その中をその女の子が降りてくるんだけど、衣装が途中で脱げていくわけ。

八木 すごいコマーシャルですね。佐野さんの照明はいかがでしたか?

中堀 なにせ早いっていうね。圧倒的に早いし、ムダなところには当てない。それに一発のシネキンでサビの色を出そうっていうのは、並大抵の人では考えつかないですから。しかも自分だけしか分からないような色のフィルターを使っていて……いろいろな色が混ざっているんだけど。フィルター会社じゃないところに自分で頼んで作っているんですよ。だから自分だけが使うもので、番号も自分だけが分かっている。で、あんまり話なんかはしないで、むしろこっちがついていくという感じ(笑)。なにも要らないようなときにも10キロライトを持ってきたりするから、自分の形を作りたいっていう感じだったんじゃないかな。

コマーシャルでもテレビでも映画でも、監督は特に変わることはなかった

八木 実相寺監督はたくさんのコマーシャルを手掛けられていますけど、薬師丸ひろ子さんの出ている資生堂の「初

恋」（79）が名作として知られています。この作品についてもお聞かせください。

中堀　あれは3分のコマーシャルで、まるで1本の映画みたいになっているじゃないですか。橋の上とかいろいろコンテがあって、それを元にあっちだこっちだっていうのを現場で考えてやっていますね。結構近所で撮っている。手前の木と奥の壁に映った影が一緒になって奥行きがある林みたいに見えるところとか。いろいろなことをやっていますけど、ラグビーボールが飛んできて受け取るまでの短い時間であれだけカット割りをしているのはやっぱり普通では考えられないよね。

八木　これは35ミリですよね。編集はどなたがやられたのでしょうか？

中堀　監督自身です。俺が後ろについてやっていますね。これも音楽ありきから始まっているんです。

八木　編集は完全に音楽に合わせていますね。

中堀　まあコマーシャルでもテレビでも映画でも、監督は特に変わることはなかったですけどね。

八木　しかし素晴らしいコマーシャルですね。

中堀　セットが1日あるから松本ロケは4泊5日くらいで撮っているのかな。アタマの六角堂みたいな部屋と座敷がセットで、『ウエスト・サイド物語』（61）をテレビで放送したときの1社提供のコマーシャルだったんです。銀座の電通にフィルムを持っていったんですけど、俺たちは中に入れてもらえないで審査。一発でOKでしたけどね。他の2作品は直しが出ていました。

八木　コマーシャルでは、キャスリーン・バトルのニッカウヰスキーのスーパーニッカもよく知られています。

中堀　あれはニューヨークからイタリアまで世界一周の切符を持って行きました。そうしたら途中でリビア爆撃かなんかが始まってエジプトには行けなくなったのかな。ニューヨークではブロンクスの劇場でロケをやって彼女

の歌を撮っていて、歌は全部そこで同録で撮ったんです。フェルメールの絵のように壁には絨毯をかけたりしてね。ただあの劇場って、機関銃をぶっ放して壁を穴だらけにしたのが最終仕上げだって。まあ汚しなんだろうけど、「なんなんだよ、それ?」って思うよね（笑）。それから歌に合わせた実景だけを各地で撮っていったんだけど、例えばヨーロッパ映画の中に出てくる温泉とか、そういうものでしたね。

八木　あの温泉は『ノスタルジア』（83）ですね。

中堀　そうそう。壊れた教会も撮っていて、これも『ノスタルジア』でした。

小澤征爾指揮で「七つの子」を歌って大拍手

八木　音楽のことも伺っておきたいのですが、小澤征爾さんとの交流はいかがでしたか?

中堀　ザルツブルグ音楽祭の収録で1時間と、2時間は小澤さんのドラマという計3時間の番組があったんです（『ボクの音楽武者修行－'82 指揮者・小澤征爾の世界』／82）。俺らは小澤さんが来る前に実景なんかを撮っていたんですけど、お城の周りには夏休みだからいろいろな人が来ていて、そこのコテージに泊まりました。俺たちの1時間番組では、その音楽祭のメインイベントである小澤さん指揮のウィーンフィルとヨーヨー・マでのバッハのチェロ組曲をゲネプロ時に収録する予定でした。この音楽祭で初めての東洋人2人とウィーンフィルによる演目ですが、なんらかの力でゲネプロの撮影はできませんでした。本番ではスケジュール通りに公演はしたのですが……。これは小澤さんがザルツブルグに来る前に決まったことで、小澤さんに聞いても詳しいことは分かりません。それで小澤さんと相談した結果、小澤さんとヨーヨー・マがコテージの部屋で2人で練習するところを撮影することになりました。練習する2人とカメラの俺だけが1つの部屋に入り、1インチのVTRの回転音が入るから監督たちは隣の部屋に陣取っての収録です。そのときはカメラがあることも忘れての演奏となりました。そして途中で2人は会話を始めるのですが、これもまたカメラの存在を忘れた激論でした。内容を完全には理解できませんでしたが、どうやらクラシック界での東洋人の立場について話しているようだと気づいたころ、急に小澤さんがカメラに気づいて「STOP！ STOP！」ということになって収録が終わったのです。そんな中で、ロケハンをしているときに城の庭を通りかかったら小澤さんもいらして、コロムビアレコードの副社長の娘の誕生日パーティをしているからスタッフみんなでお茶を飲んでいけって言うわけです。それで呼ばれたら、「タダ食いはよくないから、ここで歌を歌っていけ」なんて小澤さんが言うわけ（笑）。でもなんの歌を歌っていいか分からないから困っていたら、「歌うのは「ハッピーバースデイ」に決まっているだろう！」って。それで歌おうとなったんだけど、「お前らだけじゃ心許ないなあ。カラヤンのところで勉強しているオペラ歌手を一緒に混ぜるから歌え」と言われたんです。そこに出てきたのが23歳のキャスリーン・バトルなんですよ。しかも「じゃあ、俺が指揮するから」って言って本当に指揮してくれたわけ。そうしたら、最初はみんなバラバラだったのに、途中から小澤さんの指揮する指の中に俺たちが引き込まれていくんだよね。それで上手に歌えたから、やっぱり魔法の手だよね。

八木　魔法ですね。そのときは実相寺監督も一緒に歌われたんですよね。

中堀　みんなで歌ったの。それで音楽祭が終わってからは、最後のパーティに招待するからって言われてお城に行ったんだよね。みんなタキシードとイブニングドレスを着ているから、とてもじゃないけどスタッフだけでは入れないで、監督たちが来るのを待ってお城の中に入ったの。それでお城の中の螺旋階段を上がっていくんだけど、もう階段を上がる度に拍手をされるわけ。で、ようやく最上階に着いてご飯を食べ終わったら、小澤さんが「また一緒に歌を歌ってくれないか」って言うんだよね。小澤さんが「カラス、なぜ鳴くの……で始まる歌があるだろう。あれを！」と言うので、「小澤さん、あれは『七つの子』という題ですよ」と答えると、「それだ！」。そういうわけで小澤征爾指揮で「七つの子」を歌ってまたまた大拍手。実相寺さんも一緒だったけど監督は音痴だからね。でも小澤さんがあんな曲を歌ったのは、その当時東洋人がクラシックの世界の中でどう思われているかみたいなことがあったのかな。そんな気もするんですけどね。

八木　その「七つの子」は聞きたかったです。

中堀　監督は最初、クラシックの歌手になりたかったらしいけどね。でも自分が音痴だと分かってこれは無理だ、声もよくないしって思ったらしい。

「狙われない街」は最後の作品になるように作っているからね

八木　では映画部門の後編として、『悪徳の栄え』（88）、『屋根裏の散歩者』（92）、『D坂の殺人事件』辺りのお話をお願いします。

中堀　その3本になると、もうこっちはいろいろな画を勝手に撮っている感じですね。まあ『ウルトラQ ザ・ムービー 星の伝説』とか『屋根裏』のころは、「加賀恵子ありき」っていうのが相当強いよね。『Q ザ・ムービー』は特撮なんかも含めて、監督はきちんと我慢して撮っている印象ですね。

八木　『Q ザ・ムービー』は冒頭から好きなんです。移動の長いカットは躍動感があって、新しい時代のウルトラの幕開けという感じを受けました。特撮はいつもの伝統的なスタイルでしたが、本編はとてつもなく尖っていましたよね。そして『屋根裏』の上の空間はとても綺麗です。

中堀　『屋根裏』はいろいろな角度から撮ったりしているしね、ロープ3本でカメラの向きをコントロールできるようにしてあって、だから撮っている方は相当面白かった。屋根裏の中に来るところも工夫して、長い廊下に見せたりね。これはカメラの前に小さい廊下の模型をセットして、実際のセットよりも奥行きがあるように見せているんです。特撮でよく使った技の1つですね。横からフレームインしてくる場合も影から先に入るようにしたりと、いろいろなことを考えていた。そういう意味では『D坂』はいろいろなことが整理されているかな。

八木　ワセリンにしても移動にしてもいろいろやられていますよね。ある意味では集大成的な作品といいますか。

中堀　それで最後は実現しなかった作品ですが、『光』というのがありました。これは特撮風なこともいっぱいあったから、いろいろ相談はされたけど。俺と鈴木（政信）プロデューサーは、黄河の一番奥までロケハンに行ってこいって言われているんですよ。「黄色い太陽を見てこい」って。それで監督は青島で待っているから、青島で合流しようということでね。もう具合が悪いときだったけど、そこまで言っていた。だから、かなりやりたいと思っていたんでしょうね。

八木　月の裏側の、一切光が当たらない場所の漆黒の闇を見てしまった宇宙飛行士の話ですよね。

中堀　美セン（東宝ビルト）のオープンセットで、空だけしか見えなくなる場所があるんですよ。そこで9・8ミリみたいな超ワイドを上に向けて、アールになっている造形物だけレンズ前に置けば、微妙な形の月を撮れるから考えてみてくれって。ある程度大きいものを作って、その中に入っているという状態にすれば月の表面が見えて、微妙なアールになっているということで。

八木　僕はカナダのファンタジア国際映画祭に『ウルトラマンマックス』を4本出していて、実相寺作品「胡蝶の夢」

も持っていったんですね。皆さん初めて見る実相寺監督作品にはど肝を抜かれていました。それでご報告も兼ねて入院されていた順天堂病院にお見舞いに伺ったのですが、そのときに『光』の話をされていました。宇宙飛行士が持つ時計をオメガのタキメーターにしようなんて話されていた記憶があります。そして『マックス』でのもう1本、「狙われない街」は実相寺監督の総決算的な作品じゃないかと思うんです。

中堀 あれは最後の作品になるように作っているからね。メトロン星人が地球を捨てて宇宙へ帰る話じゃない。だから、自分はもう地球を捨てるっていう覚悟みたいなものがあるんじゃないですか。そんなことを大見得を切って言っているわけじゃないけど、芝居とかでちゃんと見せている。すごい作品だなって思います。

八木 『マックス』の「胡蝶の夢」「狙われない街」は最初のアイデアが実相寺監督なんですよね。監督発案ですからやっぱり本気だったんだなと思います。

中堀 かなり本気ですよね。「夢」といえば、実は監督が残している夢日記って相当の数があってすごいんです。映画なんかを作るときに役立つようにって絵まで描いているんだけど、それが2000年から2006年まであるの。だからまあ、やることなすことが常人には考えられないレベルだよね。本当にすごい人です。

中堀正夫（なかぼり・まさお）

1943年、東京生まれ。日本大学芸術学部映画学科卒業後、円谷特技プロダクションに入り『ウルトラマン』の特撮助手よりスタートする。そこで実相寺昭雄監督と出会い、『ウルトラセブン』『怪奇大作戦』と続き大きな影響を受ける。その後、映画ATG作品『無常』『曼陀羅』に参加、1971年にはテレビ映画『シルバー仮面』でカメラマンとなり、1972年ATG3部作のラストとなる『哥』で映画カメラマンデビューとなる。その後、映画、CM、テレビ作品を撮り続けている。

Assistant Director
Ikko Tsuzuki
+
Assistant Director
Yonosuke Minamoto

助監督
都築一興＋助監督 皆元洋之助

現場としては嫌な現場じゃなかった 僕らは楽しんでやっていたと思います

『歌麿』を撮った実相寺昭雄監督はその後、『帝都物語』までの10年ほど映画を撮影していない。京都映画撮影所で撮影を開始するも、スケジュール後半は東京での撮影を余儀なくされた同作の現場について、助監督を務めた都築一興、皆川洋之助の両氏にお聞きした。『必殺シリーズ』などで多忙な日々を送っていたお2人の目には、実相寺組はどのように映ったのだろう？

僕らにとっては初めての体験が結構あったわけです

八木　『歌麿 夢と知りせば』は実相寺監督の1つのターニングポイントかもしれないと思っているのですが、今日はその現場がどういうものだったのかをお伺いできたらうれしいです。

都築　僕も洋之助も『必殺シリーズ』などのテレビ時代劇をずっとやってたので、ちょっとどこかに脱出したいっていうことがあったんですよ。違うものもやりたいなっていう。でも、どういういきさつで古本（哲史）を含めて僕ら3人の助監督が選ばれたのかは分からない。

皆元　記憶にないねん（笑）。まあ多分、京都映画で撮影をするのが決まった時点で、助監督は服部（光則）くん以外は京都映画に頼もうということになったんでしょう。録音の広瀬（浩一）さんはもともと実相寺さんと仕事をしていたし、ひょっとしたら「京都映画にも助監督はいるか？」「ああ、おるよ」みたいな話だったのかも分からない。まあ助監督の何人かは京都で段取りしようということで、たまたまそのときに空いていた僕らが選ばれたのかな。別に面接とかそういうのはなにもなくて、会社から「今度、実相寺組が来るけどお前らやるか？」と声をかけられた、みたいな話だったと思いますけどね。

都築　絵がテーマだったので、劇中で使う絵を描かれた西田（真）先生とはイメージなんかを結構しゃべった気がするんです。オープニングの絵ですとか、描いている途中とか刷っている途中の絵がありますけど、そういうものを描くための準備ですよね。全体のスケジュールでいうと、準備が1ヶ月以上はあって、それも含めて半年くらいだったのかな。結構長かったです。まあ、京都から東京に行くまでの間に1ヶ月くらいは空いていますけど。で、冬の寒い時期の東京が始まって、信州にも行って。東京に行ってからは割合に早かったですけど、それは予算の関係でバーッとやったんでしょうね。でも2人ともすごくうれしかったんです。違う仕事ができるっていうのと、お金をたくさんかける映画をできるっていうことで。

皆元　僕らにとっては初めての体験が結構あったわけですね。エキストラを1つのシーンで100～150人も使えるとか。監督との関係もそれまでとは全然違って、京都映画のスタッフは外部から来られる監督の力量を測っているところがあるわけです。「こいつ、どんだけやるのか？」って（笑）。だから「こんなホンで撮るんか？」なんて平気で言いますからね。それからすごく人気のある、みんなが好きな監督……例えば工藤栄一さんや三隅研次さん、そういう監督でもどこかでやっぱり測っているところがある。でも、実相寺さんの組は実相寺昭雄の信奉者がいっぱいいるわけですよ。言ってみれば実相寺組というのは、黒澤明組とか山田洋次組とか新藤兼人組と同じで、実相寺さんに映画を撮ってもらうための組なんです。そういう組の経験はそれまでにないものでしたね。

都築　だから僕らはコダイ・グループの中にはちょっと入れないっていうか。

皆元　きっと監督もコダイ・グループの連中には結構無理なこと言っていたと思う。チラッと小耳に挟んだりすると、制作主任の鈴木（道朗）さんに対してはめっちゃワガママを言っていた。きっと助監督の中でも服部くんにはワガママを言っていた。でも、われわれにはそういうことは言わない。

都築　ただ、現場にエキストラが100人いても「今日は撮れない」って言ってはったよね（笑）。

皆元　それは俺らに対するワガママじゃないから。だって、これだけお金を使って準備をしておいて今日は撮らないっていうのは、お金を管理する人に対するワガママやろ。あるいはスケジュールを管理する人にとってのワガママ。俺らは別に痛くもかゆくもないわけで。

都築　そうなると「お前、今から予告を撮れ」とか言われて、もう大慌てでやったりしていたけどなあ。

皆元　それはワガママやなくて「撮らしたる」いうくらいのものなんよ（笑）。

コンテをあれだけ綺麗に書くのはテレビ出身の演出家やなあ

八木　最初に実相寺監督と会われたときの印象は覚えていますか？

都築　あんまりしゃべらん人やったから覚えてないなあ。まあ、とにかく現場が静かなんですよね。『必殺シリーズ』は工藤組を筆頭に火事場みたいな現場が普通でしたから、とても印象的でした。静かで、しかもコダイ・グループの人たちがどんどん撮影を進めていく。どこで打ち合わせをしているのかなあっていう感じでね。

八木　監督が現場で細かく指示を出すようなことはあまりなかったのですね。

皆元　コンテはムッチャたくさん割ってあって、しかも台本に書ききれなくて別の紙まで使っている。それで鉛筆で書いている内はまだ決定じゃなくて、カットナンバーにハンコを押したのが正式なコンテなんですね。しかもそのコンテには「これ、どういう意味があるの？」というカットが結構ある。あのコンテでどうやってみんなイメージを組み立てているのかなあって思ってました。でも、例えば現場で監督とカメラマンと照明とかが、「ああでもない、こうでもない」ってやっていたという記憶がないんですよね。

都築　コンテをあれだけ綺麗に書くのはテレビ出身の演出家やなあって思ったね。フィルムの人って、みんなにコンテを解放して見せるっていうことはそんなになかったので。

皆元　でも現場での演出の記憶がないんだよな。

都築　カメラの横にはよう座ってはりましたけどね。自分もクレーンに乗って一緒に上がり下がりしていましたし。

皆元　僕らが当時京都映画でやっていた監督は率先して現場を仕切るタイプが多かったんですけど、実相寺さんはそうじゃなかったんでしょうね、記憶にないということは。で、コンテに対して撮影の中堀（正夫）さんが「こうしますけど、いいですかね？」みたいなことはちょこちょこと言っていたような気がしますけど。照明の佐野（武治）さんなんて、会話をしているのすら覚えがない。

都築　監督と一緒のフレームに入っている姿は見たことがないな。佐野さんは佐野さんで、自分の世界をどんどん進んでいくという感じで。だから、もうスケジュールがないのに……って思っていても、2時とか3時になってようやく「現場、どうぞ入ってください」だったから。

皆元　変な見方をすれば、佐野さんがあそこまでライティングするんやから、レールはあそこまで敷かなあかんっていうこともあったかもしれない（笑）。佐野さんとしては「こういう画を監督は求めているんだろう」っていうことで作るんだろうけど、実相寺組はとにかく引くときはアホみたいに引きますよね。

都築　ワイド使いやからな。ほとんどワイドで撮ってる。

皆元　だから、今度は美術とどれくらい話をしてたのかっていうことだよね。そこまでレールを敷くということは、美術は広い範囲を作らなきゃいけないから。実相寺さんと西岡（善信）さんが話したのか、ひょっとしたら池谷（仙克）さんが「監督の意向でここはバーンといきたいので」みたいなことを西岡さんに伝えていたのか。

都築　池谷さんが仲立ちしていないと、そんなにしゃべらんと作れないですよね。

皆元　監督と佐野さんの間はカメラマンがつないでいた、で、美術のことは池谷さんがつないでいた。そういうことが、前もってあったんじゃないのかな。そうじゃないと、あんなに現場が静かに進行しないでしょう。

「俺の得意技はゴザを早く巻くこと」

皆元　実相寺さんは俺の顔を見るといつも苦虫を噛みつぶしたような変な顔をするんだよね（笑）。なんだろうって思っていたら、俺がそういう顔をするみたいなの。

都築　いろいろな人を見てはるのやね。

八木　実相寺監督は面白い人なんですよね。作るものはああですけど。

皆元　実相寺さんの話で妙に記憶にあるのは、ＴＢＳはドラマのリハーサルをするときにゴザを敷いて「ここは廊下でここは座敷」みたいにしてやっていたそうなの。で、ＡＤのころはそのゴザをくるくるくるっと巻くのが上手だったんだって。それはすごく耳に残っていて。現場だったか準備をしているときだったか……でも2～3回は聞

『歌麿』の撮影風景（京都映画撮影所）

いた気がするんだよね。「俺の得意技はゴザを早く巻くこと」って。

都築　だからちょっと不思議な人という感じはありましたね

八木　それは初めて聞きましたけど、面白いお話のネタはいろいろあるんですよね。

都築　だから本音のところは全然つかめない。

皆元　結構、シャイなんじゃないかな。今回『歌麿』を見直して感じたのは、撮り方も実相寺さんのシャイさを表しているのかなっていうことで。俳優さんの芝居とか表情をまともには撮らないわけですよ。ものすごくいい芝居をしているんだけど、ズラして横から撮ったり、後ろから撮ったりね。特にロケでの岸田森さんと三田（和代）さんとが再会したところのカメラワークとか、あれなんかも2人のいい芝居をじっくり撮るんじゃなくて、振り回しているじゃないですか、カメラを。

都築　あれは確か信州ロケ、冬の長野で撮っているんです。凍った湖の上を歩いているカットとかも印象に残っていますね、歌麿の孤独が出ていて。

皆元　あの撮り方はシャイさと自己顕示欲がないまぜになっている感じがするんだよね。僕らは芝居を見せようとする、あるいは芝居を通してなにかを伝えようとするんだけど、そうじゃなくて、まともに受け止めないでちょっとズラして撮っていく。それでときどき演出家の存在を感じさせるようなカメラワークを入れて、お客さんを芝居にのめり込ませないわけじゃないですか。

八木　寺田（農）さんは、実相寺監督は役者を「もの」として扱うっておっしゃっていて。監督にとっては役者も空間の中のオブジェという感覚だということみたいですね。

都築　空をあれだけ広く撮っていて、そこに人が溶け込んでいるみたいな撮り方なんですよね。それはカメラマンの画づくりももちろんあるやろうけど、それでOKを出すのは監督の責任ですから。だから人物も配置することの1つでしかないんでしょうね。浮世絵を配置する、江戸の街を配置する、その中の一部やいうことで。そういった意味では撮ったものを見るのは楽しかったですよね。それまでは役者の芝居を撮る、殺しのテクニックを撮るというイメージで仕事をしてたので。監督がイメージする江戸の情感や空気、風、空を撮る中の1つが岸田森であり、みたいなことだったですから。「じゃあ全体としてなにを言うてたん?」って聞かれると、「いや、分からんのやけど」ってなりますけど(笑)。

皆元　いろいろ手を尽くして自分の世界観なり美意識なりを提示する。だから芝居や登場人物にのめり込まないんですよ。最後の平幹二朗と山城新伍の立ち回りでも2人が倒れるところをボーンッて引いているじゃないですか。

八木　あそこで2人のアップにはならないんですよね。だから2人への感情移入ではないということで。

死ぬほど苦労してスケジュールを合わせた日に限って撮らない

都築　思い出すと、現場が静かに進行している割に実相寺さんがいつもどこかに引っかかっているような印象がありましたね。「俺はなにも言わんけど、分かってるやろうなあ」という感じで、黙ってはいるけどコダイ・グループという確固とした塊を統率しているというか。僕らはそれを外側から見れる立場だったので面白がっていたけどね。

皆元　会話はないかもしれないけど、実相寺さんはなにを考えているんだっていうことを周りが図りながらやっている気配は感じたな。佐野さんは違うかも分からないけど。で、俺らは外部の人間なんで、「言ってくれなきゃ分からへん」っていう方でしょう。でも結構、任せてくれたりすることもあるわけですよ、人の動かし方とか。それと僕は西川右近さんの担当みたいな感じで、木屋町のお茶屋を借りて舞の稽古とかをしたりして。右近さんは舞だけではなくて、濡れ場を結構面倒見ていたような気がするな。あと浅草奥山のシーンで一興が象を出したいと言ったらＯＫだったりして。結局は連れてこれなくて象は出なかったけど。

都築　役者とのスケジュールが合わんかった（笑）。

皆元　「版画を撮れ」って任されたりもしたな。「こういう風にして版画は作られるんですよ」っていうのを撮れって言われて撮ったんですけど、１０００フィート回して怒られた（笑）。「アホか！」って。

都築　あれは結構長いシーンだったけど、「お前、撮れ」というのは結構ありましたよ。予告を撮るのも、あれだけ役者を山ほど用意して……普通だったらそれで本編の方を撮らないといけないところですよ。

皆元　現場としては嫌な現場じゃなかった。僕らは楽しんでやっていたと思います。ただ、このカットがどういう意味を持つのか。それはコンテを見ても分からなかった。今だから分かるのはさっき八木さんが言ったように、俳優さんをオブジェとしてどう撮るのかというコンテだから分かりにくかったわけですよね。当時、僕らはどうしても、こいつはどう考えていてどう行動してというのをどう写していくのかという発想だったから。

八木　「今日は撮れない」という話がありましたけど、これは実相寺監督の後年の映画ではあまり考えられないことです。

皆元　それは天気がちょっと微妙だったの。ピーカンで撮りたいんだけど薄曇りみたいな感じで。それで天気を見て、今日はもう止めっていうことだったな。

都築　もう、死ぬほど苦労してスケジュールを合わせた日に限って撮らない。次は1ヶ月後にしか合いませんよ、しかも2時間だけ……そんなスケジュールでしたから。山城新伍さんなんて本当にスケジュールがなかったです。

皆元　助監督は一興がチーフで、俺と服部くんの2人がセカンドみたいな感じだったのかな。

都築　京都ではそうやね。現場のチーフ的なことは私がやって、監督とのつながりとか上の方から見るのは服部さんがやられたの。東京との使い分けはそんな感じでしたね。服部さんはおとなしくていい方で、京都のシステムを上手に使ってくれはりましたね。で、京都から入っているのは洋之助さんと私ともう1人、カチンコをたたいている古本の3人ですね。

皆元　主役の岸田森さんはその前に『斬り抜ける』（74-75）で一緒に仕事をしていて、僕らは結構仲がよかったんです。

都築　岸田森さんは一所懸命の人やったから、この作品を全部背負ってるっていう感じの雰囲気でした。

八木　実相寺監督の映画で初の主役なんですよね。

都築　脇で光る人でしたからね。でもこの作品は主役級が全部脇でしょう。そうそう、濡れ場といえば緑魔子さんと岸田森さんのときはスタッフをほぼ出して撮っていたな。

皆元　相当ハードなことをやるからスタッフを制限するというので、僕らは段取りだけやってセットから出ているんです。

江戸の空間みたいなものがよく出ていると思うんです

都築　中堀さんの画が大好きやったんで、あらためて見て「わあ、中堀ワールドやなあ」と思いました。ロングでバストで2人が並んで、お月さんがバーンってあってという画はなかなかないですから。普通はロングやったら絶対お尻まで入れるぞとか、足まで入れるぞと思うんやけど。緑魔子と後ろ姿でしゃべる長いところとか、すごく印象的ですね。月を作った佐野さんもすごいんだけど。あとはワイドで撮っているから、奥に点で出てきた人でも2、3歩で手前に来てアップになる。そういう画が多くて斬新でしたね。アップでも移動でどんどんいきますから。

八木　移動のスピードも速かったりとか、いろいろありますよね。

都築　ワイドで撮っているからものすごく速いのもありますよ。後ろから撮って、ギューンって前に回るような画がしょっちゅうありましたから。カメラが自由自在ですごいし、照明もすごかったです。もちろん美術もすごかったし、やっぱり面白かったですね

皆元　見返したけど、確かにすごくいい画をいっぱい撮っているなあというのはありましたね。

都築　江戸の空間みたいなものがよく出ていると思うんですよね。『必殺シリーズ』も江戸だと思うんですけど、あれは関西の江戸ですから（笑）。でも『歌麿』の画づくりはやっぱり江戸の空間を感じさせる。昔はあんだけ空が広かったんやろうなって思わせる力があるような気がするんですね。それはオープンセットを2ヶ所を使ったというのも理由の1つで、京都映画だけで撮っていたらあの江戸の広がりは撮れていなかったでしょうね。橋とか長い通りとか、あの辺は東京で撮ったのを組み合わせているんです。でも東京では現場助監督は僕1人になったので、むっちゃくちゃ忙しかったです。

八木　東京での作業はどんな感じだったのでしょうか。

都築　私にとっては現場は一緒でした。ただ助監督が1人だけになったので、「ああ、1人で70人動かさなあかんのか」って思いながら走り回っていました。それでクランクアップまでついて、仕上げはやっていないですね。だからなんで私1人で行くことになったかの経緯もよう分からないんです。

『歌麿』の撮影風景。実相寺監督の横で拳を握っているのが皆元洋之助氏

佐野武治の照明

皆元　芝居小屋のシーンでは、エキストラを動かすためにヅラと衣裳をつけて俺と一興も出てたよな？　捕り方がなだれ込むところなんかをやっていたんじゃないかな。テストの前に動きを決めて指示を出しておいて、その中に混じってやっていたと思う。

都築　照明の南所登なんて、このときは確か製作でついてたと思うんです。オープンセットで縁日のシーンなんかだとヅラをつけてどこかにいてて、僕らが言いたいことを周りに全部伝えてくれていました。それを照明部のチーフがやってましたから（笑）。まあ、製作をやったのはこのときだけやけど。

皆元　照明の佐野さんの弟子ですからね、なんとか力になりたかったんじゃないかな。

八木　なんでもやっちゃうんですね。

皆元　照明でいえば佐野さんが使う紫の色っていうのがポイントで。そんなにきつくはないねんけど、必ずどこかで紫の色を使うみたいなところがあったんだけど。あれは劇場で見ないと感じられないのかもしれない。ここぞというときに紫の色を使うんだよね。

都築　後半の長い廊下で立ち回りをしながら手前に来て……っていうところがありますよね。あれなんかは表からミラーで当てているんですよ、光を。ミラーを立てて太陽の光を反射させてセットの奥まで光を通している。もちろん、中は中で照明をしていますけどね。それで光の中を出たり入ったりしながら斬り合いをするわけです。あれは太陽がだんだん傾くから、ミラーの位置も微調整しながらやってはったなって思い出しました。

八木　すごくコントラストが出ますよね。

都築　中で当てたライトの光よりもよっぽど強いから、そこだけぶっ飛んでいるんですよ。

皆元　その手法は、僕が京都映画にいたころは結構使っていたよ。南所登もよくミラーを使っていた。

都築　光が結構揺れてるっていうのも多かったですね。水槽を空中に置いて、それで上から光を当ててね。そういうユラユラが多かったけど。

皆元　水槽を足場に上げるわけだから、それだけで1時間くらいはかかっちゃう。

都築　だから2時とか3時で「はい、どうぞ！」って渡されるんやから、現場はね。それから撮らなあかん（笑）。

皆元　新しいセットに入ったら大体午前中はライティングで、芝居小屋なんかはもっとかかってた気がするな。すごく高いところに10キロかなんかのライトを吊り上げたりしてたから……。あれはカメラもえらい引いていたからね。

都築　確かに花道まで全部入るくらい引いていた。

皆元　夜の芝居小屋、平幹二朗の1人芝居の画がすごかったなあ。これは第1セットですね。

八木　床のてかりとかもすごいですよね、磨き上げていて。

皆元　機械のブラシをかけると輪っかの跡がつくから、その後は全部、甲板掃除をするようなタワシで磨くんです。西岡さんの美術ですけど、大映はあの「床の黒光りが命」みたいなところがあるよね。

八木　実相寺監督は京都映画で66年に『風』を撮ったときに、京都の円形移動とか特機の技術を体験しているんですよね。その技術がすごいということで、学ぶところが多かったようです。

皆元　実相寺組は木で作った4〜5メートルあるような長いレールを必ず10本、ロケに持っていけって言うの。また、それを光明寺の坂とかのややこしいところに敷かせるのよ。

都築　岸田今日子さんが籠で襲われるところやな。

皆元　だから大工事になるわけ、下にいっぱいかませないといけないから。しかもそれがメッチャ長いんだから。あとは大沢の池では、短いんだけど高低差1メートル以上の斜めにレールを敷けっていうの。坂とか階段は動かすのも大変なんです。台車にロープを付けて数人がかりで引っ張っていた。

都築　でも木のレールはスムーズですね。大阪のテレビでやるようになったらもうパイプしかないっていうことで、パイプはなんと安っぽいのかと思いましたから。

皆元　木のレールの方が安定しているよね。まあ、重いけど。

都築　でも『歌麿』はズームを絶対に使わなかったからな。全部移動で。

皆元　田村亮さんの顔に寄るところなんかも、全速力、もう3人くらいで移動車を押すわけ。逆側には移動車を止めるやつが待っていて、「せーの」で寄っていくから途中は絶対にピントが合わないでグジュグジュグジュってなっちゃう。ピントはアタマとケツだけ合うわけ。でも「なんのためにこんなの撮るのやろ?」と思うてたけど（笑）。

都築　止めるときだって、ガーンって止めたら画が揺れちゃうからシュッと止めないといけない。

皆元　だからNGがいっぱい出たよね。あそこは10テイクくらい撮ったんじゃないかな。

実相寺体験が残したもの

八木　今日はたくさんのお話をありがとうございました。最後に『歌麿』をやられて、実相寺監督と仕事をされてのご感想をお願いいたします。

都築　演出をやる人間として感じたのは、『必殺シリーズ』はストーリーとかテクニックとかだったんですけど、映画ってやっぱりそれだけじゃないっていうことですね。画でものを言うというか。セリフで「今日は晴れですよ」って言わないでも、ああ、江戸の晴れはこんな感じかなっていうのを画で見せることができる。江戸に生きている人たちはこんなやったかもしれないって感じさせる。ストーリーを知るっていうことじゃなくて、感じさせることができる。実相寺さんの作品を見てそういうことを考えましたね。だから後々自分で撮ったりするときも、人間が本当に小さくて、あとはお月さんがおるだけ、普通ならテレビの画面に収まらないダメな画なんかも自分なりに使ってみたりして。面白がってそういうことをしたこともあるので、結構無意識に影響は受けていますね。

皆元　やっぱり僕は未熟だったんだと思います。あのときは助監督になって3年目くらいでしたけど、当時は完成したものを見ても分からなかった。でも今回見返してみて、作り方や撮り方、実相寺さんの演出方法というのがなんとなく分かった。的外れかもしれないけど、これがさっき言ったシャイなんだけど自己顕示欲が強いっていうことですね。でも対象を「もの」として見て、それを自分の感性を表すためにどう撮っていくのかということがテーマだと分かっていれば、もうちょっとかかわり方が違っていたのかなあって。だからもう少し経験を積んで、あるいは何本か演出をした後にやっているとずいぶんかかわり方が違っただろうし、そこから学ぶこともあったのでしょうね。そういう意味では、僕は一興ほどは学べていないんですよ。彼はチーフという立場だし、僕よりもはるかに経験を積んだ助監督だったのでそういう風に受け止められたんだろうけど。僕はそこはちょっと受け止めきれなかったですね。『必殺シリーズ』とかそういうテレビ映画のレベルで見ているわけだから、外して表現をするとか、そういうことは考えていませんでした。分かりやすくこいつの心情を撮ろうとか、ストーリーを分かりやすく撮ろうとか、そういう風にしか見てないわけだから。実相寺さんが狙っているのは全然違うことなわけでしょう。

都築　あのころ、洋之助さんは京都映画の仕事をずっとやってはったんですけど、私はあっち行ったりこっち行ったりしていて。例えば松本俊夫監督の『16歳の戦争』（73）に行ったりしたし、ATG系では高林陽一監督でも2本やったりしていて。だから、ストーリーよりもなにか感じさしてくれればいいっていうような感覚があるのは分かっていたんです。その経験は大きかったかもしれないですね。

都築一興（つづき・いっこう）

1948年生まれ。愛媛県出身。初めて観た映画は、『にあんちゃん』だったか『笛吹童子』だったか……。ドクロの面が顔から取れずよくうなされた。中学の課外授業で『切腹』を観た時の衝撃。これが映画か！　高校では女の子を誘う口実となり、大学の映画部では観た本数を競い合った。下宿の大家がたまたま斬られ役の俳優だったおかげで撮影所の出入りを許され、学生と助監督の二足の草鞋。『トラ・トラ・トラ！』で、一年分の学費を稼いだ。その後、『必殺シリーズ』などをやりながら、ATGの映画や実相寺監督の『歌麿』にも参加した。撮影所を離れてからは、テレビ局の刑事ドラマや旅ものなど多数。現在、趣味のレザークラフトとBSの古い映画三昧の日々。

皆元洋之助（みなもと・ようのすけ）

1947年広島県生まれ。関西学院大学卒業後、松竹芸能を経て京都映画の契約助監督となった。81年『赤い稲妻』で監督デビュー。歌舞伎座テレビ「斬り捨て御免！」「眠狂四郎」シリーズなどを手がけ、『舞妓物語』で初の劇場映画を監督。89年からは東通企画で2時間ドラマや帯ドラマなどを送り出す。近年にテレビ東京「駐在刑事」シリーズがあり、『山本周五郎時代劇 武士の魂』第1話「大将首」は2017年の民放連賞・優秀賞を受賞した。

PART 3

80年代〜

After 80's

Actor
9saku Shimada

俳優

嶋田久作

期待されていたら、それを違う方向に外す だから天邪鬼なんです

映画デビュー作『帝都物語』で実相寺昭雄監督との邂逅を果たし、以後は乱歩ものや『ウルトラマンティガ』などでの怪演で後期実相寺作品に欠かせない俳優として特異な存在感を示してきた嶋田久作氏。年に一度のプライベートな飲み会も含め、実相寺監督とは多くの時間をともにしてきた俳優だ。そんな嶋田氏に、実相寺昭雄はどのような姿を見せていたのか。かけがえのない交流の一端をお話しいただいた。

監督はあまり正義を好きじゃない（笑）

嶋田　僕がしゃべれるのは作品にかかわることと、あとは年に1回、一瀬（隆重）さんと監督と僕でお会いしている時期がずっとあったんですよね。そのときに世間話とか無駄話をしていたくらいのことで、だから本に載せるようなことを話せるかどうかは分からないんですけど。

八木　嶋田さんは加藤保憲や明智小五郎という重要な役を演じられていますので、特に現場で嶋田さんが見られた監督像について伺えたらと思います。もちろん、世間話や無駄話にも興味はあるのですが。

嶋田　監督の長いキャリアの中でたまたま僕が会った時期のことについて話せばいい、ということですね。でもあれだけの人なので多面的だし、会う人によって態度も全く変わるのでどれが実態かは分からないんですけど（笑）。

八木　そんな中でも、やはり『帝都物語』の加藤保憲はものすごく過激なキャスティングだと思うんです。

嶋田　これはいろいろ書かれていることですけど、候補は何人かいたけどなかなか決めきれないっていう状況があったようですね。それでキャスティングを1回全部ガラガラポンしたときに、一瀬さんが僕の名前を挙げてくださったみたいです。林海象さんのミュージックビデオとか、東京グランギニョルという小劇場での僕を見てくれていたのかどうかは分からないですけど。そのときに一瀬さんから「今度映画を撮るんだけど、嶋田くんって映画は知らないでしょう？　ちょっと東宝に遊びに来ない？」と言われて、実相寺さんの現場を見学するような形で呼ばれて行ったんですよね。それでスタジオの扉を開けたら全員が僕の方をバッと見たので（笑）、「ああ、なんかあるんだな」っていうのが分かりました。あれがたぶん面通しだったんじゃないかな。でもそのときは監督とはあまりお話をしていないんです。だからどういう経緯で決まったのかは知らないんですけど、第一印象で決めたのかな。

八木　その後、役が決まってからはいかがでしたか？

嶋田　「どういう役で、こういう風なことをやるんだ」なんていうことは、あまり説明されない方ですからね。だから「ああ、そういうことはおっしゃらない人なんだな」と思って。で、台本はいただいていたんですけど、小劇場時代に日常的な生活を送る人間からはちょっと外れた風変わりな役をずっと演じていたので、「この中でできるのは加藤保憲という人物と學天則というロボットくらいかな？」と言っていたんです（笑）。

八木　嶋田さんが學天則も演じられていたらとても面白かったでしょう。しかし加藤保憲はとても独創的ですよね。

嶋田　悪役でもああいうタイプにする原作ってあまりないですから。でも僕の場合は「内面を演じろ」とは言われていませんし、監督としてはストーリーはまとまらなくても、要所要所に置いておけば時系列の中で1つの区切りをつけられるということで加藤保憲を扱っている感じがして。だからすごく表層的に、物体として演じた部分はありますね。もちろんバックボーンも知っていますし、奇門遁甲とか大和民族との関係みたいなことも理解はしていたんですけど、監督がそういうことをおっしゃらないので求められているアプローチが違うのだろうなと思って。そこは演技に対する考え方が似ていたのかな、僕と。

八木　実相寺監督は、こういう精神状態であるとかこういう背景がありますということよりも、役者さんを「もの」として扱われたと考えている方も多いですね。「もの」という言い方が不適切でしたら、形、フォームといいますか。

嶋田　でも本当にそうですね、動く小道具ですよ（笑）。光を作って、その中で物体が動けばちゃんと陰影も動くので。もちろん「この人は上手い」とか「この人は下手だ」とおっしゃることはあるんですよ。あるけれども、人間の心理状態を画に定着させたいわけじゃないんです。当然ですが人間には心理状態があるし、その心理状態があるために時系列の中で物事が変転していくわけだから、その動力として心理状態は必要ですよね。だけどその心理状態とか変化を捉えるためのクロースアップを撮るとかは考えていない。それに人間の本当の気持ちなんて本人だって分かってない（笑）。だからそういうことではなくて、自分の好みの世界観の中で心理を利用するっていうのかな。一般的には俳優さんに求められる本当らしさとか、リアリティのある自然な演技とか、そういうことはあまり必要とされていなかったようです。

八木　加藤保憲は不思議な悪役で、見ているとシンパシーを覚えてしまうんですよね。

嶋田　監督って悪の方にシンパシーを持っているのかもしれないけど、ヒーローに対しては屈折した部分がいっぱいあるんだと思います。『帝都物語』のときはたまたま悪役のヒーロー像だったので、そのまま利用したかったのかもしれないですね。『ウルトラマン』なんかだとウルトラマンを相対化するというか、怪獣と同等の存在にしたいという感覚があるじゃないですか。なぜかといえば、監督はあまり正義を好きじゃない（笑）。だけど悪の場合は、日常にはあまりにも通俗的な悪ばっかりがはびこっているので、空想の中での「こういう悪であってほしい」という美学があったんじゃないですか？　『帝都物語』はまだ1回目だから実相寺昭雄像はよく分からなかったけど、その後に一緒にご飯を食べたり何本かやっているうちに、監督の嗜好とか世の中をどういう風に見ているかとかもだんだんと自分なりに分かってきて。そういう観点からすると、ああいうステレオタイプな悪役がかっこよく見えるように撮ったのかなという気はしますね。

「ちょっと屈折した人たらし」ですよ（笑）

嶋田　そもそも日本の映画で悪役をヒーローにする作品は少ないですよね。沢田研二さんの『魔界転生』（81）なんかはありますけど、やっぱり少年少女に夢を持たせる意味でもヒーロー像は正義の方が多いですから。

八木　数少ない例の中では市川雷蔵さんの眠狂四郎などはかっこいいですよね。

嶋田　ニヒルな感じでいいですよね。監督もああいうヒーロー像は嫌いじゃないと思います。でも『ウルトラマン』だと、実相寺さんはやっぱり変化球というか、違う視点からの話に入っていった方ですよね。ニヒリズムというか、世界に対してある種の諦めがあるのをどうしても感じてしまいます。

八木　著書にも「所詮、死ぬまでの〈ヒマツブシ〉」なんて書かれていますし。

嶋田　お話をしていても、そういう感じはずっとしていました。ただ明るい方で、絶望はしているけどニヒリズムを突き抜けて明るいですよね。

八木　何度もお酒を飲みにいったわけではないのですが、お酒の席でも楽しい話しかされないですよね。

嶋田　冗談を言ったりしてね。だから本当に大事なことは言葉にしないでも分かってくれる人じゃないと……野暮なことが好きじゃない人でしたから。突っ込んで議論をするとかは嫌なんですよ。そこを察してできる人と、あとは監督が言うことをやってあげたいっていうタイプの人たちが集まっていましたね。

八木　周りのみんなが慕っているし尊敬している。そういう雰囲気はありました。

嶋田　だから、やっぱりちょっと独特な集まり方をしているなあと思います。スタッフももちろんいますけど、編集者の方がいたり、いろいろなジャンルの方が周りにいらっしゃいましたから。ベタベタしている人じゃないけど、人とのつながりはすごく広いし、人の心をうまい具合につかむ。だから「ちょっと屈折した人たらし」ですよ（笑）。

八木　今回の取材で聞いたのは、実相寺監督は「ジジ殺し」だということなんです。TBSの若手社員だったころは上司にすごく気に入られていたみたいですね。

嶋田　結構偉い人たちとか大御所が実相寺さんのことを好きでしたよね。だからいたずら小僧みたいな感じだったんじゃないですか。わがままを通したりするのが可愛かったというか。僕がお会いしたのは1987年だったので、ちょうど50歳くらいだったのかな。もういたずら小僧ということではなく評価も確立していましたけど、僕としては「普通に話せばいいかな」と思ってあまり萎縮しなかったんです。それは逆によかったんじゃないですかね。実相寺昭雄さんを尊敬した態度で気を遣ってしゃべっていたら、へそ曲がりだから多分嫌われたと思います（笑）。まあバカだとは思っていたかもしれないけど、ちゃんと自然にお話をしていたので、そこが会っていても気楽だったんじゃないですか。実相寺さんもそんなに疲れなかったのかもしれないし。

八木　『帝都物語』の話に戻りますが、加藤保憲を作っていくに当たってはどのように進んでいったのでしょうか。

嶋田　助監督の小林（浩一）さんが僕と監督の通訳係みたいな感じで、「こうしろ」「ああしろ」「呪文のときはこういうポーズを取ってください」というのを伝達してくださっていました。もちろん監督とも話すんですけど、演技のことはなにもおっしゃらない。ただカメラテストをやったり、衣裳を着たときにチェックしに来られるだけで、そのときに「いいよ」なんて言って帰られる感じですね。だから演技論はしなかったんですが、具体的に動作で迷ったりとか、どういう目付きで見たらいいかとかを僕から聞いて、即物的な判断をすぐ返答していただいたという形でやっています。あとは無表情というわけではないんですけど、怒りみたいなものをずっと持っていてもしょうがないということもあって、じゃあニュートラルな表情をどうするかというところで「こんな感じですか?」と自分で提示して「そう、それ」って言われてその顔をするとか。それからどれくらいの速度で振り向いたらいいかとか、すごく即物的な判断をしていただいた感じです。相手を見るだけでも、ちょっとした微妙な違いを即座に判断してくださっていました。

八木　加藤って単純に怒っているわけではないですもんね。

嶋田　最後の魔法陣のところは少しテンションが上がっていて、ちょっと心が動揺しているので表情も出るんですけど。通してのところでは心情などを出す必要が全くないので、心の動きが現れないときの外側をどう作るかということを監督とお話ししたりはしました。それで例えば九字を切ってから式神を飛ばすときなんかは、心情に負荷がかかるとどうしても監督のおっしゃっているように動作がいかないこともあって。何回かテイクをした後に、監督はめったに怒らないんですけど、「こう、こう、こう」ってご自分でやって見せられて(笑)。そのとき本当に具体的に内面はムダだからっていうことを、ムスッとした顔で示していましたね。「こうやればいいじゃない」って。それで怒られて、本当にムダな心情で時間を潰しちゃいけないなと思ったりしました。その後に『屋根裏』をやるときにはだんだん親しくなっていて、「どういう映画が好きなの?」「僕はロベール・ブレッソンが好きなんです」

なんていう会話をして。ブレッソンと実相寺昭雄は全然違うんですけど、心情というものを撮る必要がないというのは共通したところですよね。

八木　全然違うかもしれないけど、ちょっと同じような匂いはあります。

嶋田　人間の撮り方、捉え方がある意味では俯瞰からなので似ているんです。ムダな気持ちとか、作為的に心情を作り出すことに信を置いていないという部分では共通していますね。監督と演技論をしたくないと思ったのは、僕の方にもそういう感覚があったのかもしれないです。それが『帝都物語』では功を奏した。あと『屋根裏』のときは監督と親しくなっていて、ブレッソンの話もしていたから「監督の作品は移動が多いですよね。でも僕は移動しない映画が好きなんです」なんて言ったことがあるんですよ（笑）。そうしたら『屋根裏』では基本は全部フィックスショットで、移動は垂直移動しかないんです。三上博史さんが（屋根裏の穴から下へ）糸を垂らしていくところだけ。「針に絶対にピントが合ったままずーっと寄っていけ」って中堀（正夫）さんに無理な注文をしてその通りにやっていますけど。その上から下の垂直移動だけで、あとは全く移動がないでしょう。やっぱりへそ曲がりだから、こんな若造で全然映画も分からないやつが生意気を言ったら、そういうのをバネにしたりするわけですね（笑）。

八木　舞台が屋根裏だし、面白いと思われたんでしょうね。

嶋田　不自由さが好きですよね、監督は。お金がいっぱいあるよりない方がなんとかしますし、テレビみたいに制約があるものの方が面白いものを作るじゃないですか。本当はすごくわがままで自分の思い通りにやっているけど、なにか足かせがあった方がバランスを取れるというか。そういうタイプの監督だなと僕は思っているんです。

八木　『屋根裏』は移動ショットはないけど実相寺監督らしい美しい作品でした。

嶋田　いい画ばっかりですよね。お金がない中、みんなで工夫して撮りましたから。でも移動がないのはその1回きりでしたけどね。『D坂』は普通に戻してやられていましたから。そういう意味では実相寺監督の作品の中では珍しいものになっています。あと、監督って偏愛するものを映画の中に入れるでしょう。音楽関係だとマーラーがベートーベンの第九を編曲した楽譜があって、それを『屋根裏』で僕に「めくれ」と言っていて。「書き足してあるここが、しゃべっているときにちょうど開くようにしてね」って。実際にその楽譜が映っているんですけど、誰にも指摘されたことはないんですよね。これは一例ですけど、そういうこだわりもお持ちでしたね。だから自分の愛したものがいろいろ、映像にはちりばめられているんだと思います。

時代ごとに、ダメになっていく過程を押さえて作品化されている気もするんです

嶋田 監督とお会いしたときによく話すのは、どんな映画がダメで面白かったかなんです。要するに悪口ばっかり言うんですね。オペラとかクラシックに造詣が深いからか、ベートーヴェンとかモーツァルトの伝記映画は「みんな面白くないんだよね」とおっしゃっていて。でもケン・ラッセルの『恋人たちの曲／悲愴』(70)っていうチャイコフスキーの作品だけは面白かったみたいですね。なんでそういう話になったかというと、1980年代のオムニバス映画で『アリア』(87)というのがあったんです。で、「みんなつまらないけど、まあゴダールはちょっと面白かったかな」ということからのつながりで、「音楽映画ってどうですか?」「つまんないよね、全部」という話になって。ゼフィレッリが撮った『トラヴィアータ／椿姫』(82)の話も出て、あんまり感心しなかったみたいですね。

八木 アベル・ガンスの『楽聖ベートーヴェン』(36)なんてどうなんでしょうね。

嶋田 監督は若いころからたくさん映画を見て日記を書いてらっしゃるでしょう。それを読めば分かるかもしれな

いけど、アベル・ガンスを見たかどうか……。でも古い映画も見てらっしゃいますよね。30年代、40年代の映画はもちろんご覧になっていますし、ヌーヴェルヴァーグもちゃんと見ているわけですから。

八木　卒論はルネ・クレールなんですよね。

嶋田　後年は映画を一切見なくなりましたけど（笑）、もともとクレールはお好きだったみたいですね。

八木　確かに後年は全然映画を見なくなったそうです。

嶋田　人の作品を見て楽しいと思えなかったんじゃないでしょうか。『無常』ではなぜ自分が悪の限りを尽くすかを最後に田村亮さんが長ゼリフで言うわけですけど、ああいう根っこはずっと変わってないんじゃないですかね。それで『屋根裏』でも高等遊民とか、世界に希望を持っている人間じゃない、暇つぶしで生きている人間たちにシンパシーを感じて描いている。でも、1人ではしょうがないなっていう感覚もないまぜになっている世界観ですよね。しかも後年になってくると昭和に比べて時代がどんどん伸びやかではなくなってしまって、正しいこととかがどんどん求められていろいろなことが平板になっていくでしょう。それはすごく嫌っていましたね。世の中が痩せ細っていくし、日本に未来がないってね。映画もどんどん斜陽になったけど、日本自体が斜陽になっていく過程をそのようにご覧になっていたんでしょうね。もちろん明るく冗談みたいな言い方なんだけど、本音ではそういうところを嘆いてらっしゃいましたね。『ウルトラマンティガ』（96-97）でも「夢くらい見させてくれよ」っていうセリフがあるじゃないですか。あれは結構本音で、だから最後はドラマトゥルギーで作品をまとめることよりも、夢の構造にどんどん近くなるようなところもあったと思います。要するにまとまらない、カオス状態になっても構わないというようなぶっ飛び方というか。『シルバー假面』もそうですけど、ちょっと破綻した部分があってもよい。ディティールを押さえておくのが大事で、全体がまとまることにあまり頓着しなくなった部分もあると思うんです。だからその時代ごとに、ダメになっていく過程を押さえて作品化されている気もするんですよね。そういう形で、各時代の「今」を監督は生きてらっしゃるんだなって。

八木　『ウルトラマンマックス』では2つやりたいと言われたんです。1つは「胡蝶の夢」でもう1つは「狙われない街」です。夢と斜陽でダメになっていく日本という、嶋田さんがおっしゃったテーマが取り上げられました。

嶋田　でも、あの2本はまとまっていたじゃないですか。メトロン星人が戦わないのもオチになっているし（笑）。でも『シルバー假面』になると、もっとまとまらない部分もあるんじゃないのかなと思うんです。まあ『マックス』は子ども用の番組だからっていうのもあってまとめざるを得ないし、監督はそういう制御が働くんですよね。

八木　それは『ウルトラマンダイナ』のときに感じたんですけど、ポスプロの段階で監督が「これで分かるかな?」って悩まれてナレーションを足したんです。だから好き勝手にやっているように見えて、ちゃんと子どもたちに分かるようにということを考えられている。それを見てすごく意外だったんです（笑）。

嶋田　本当に気まぐれな人ですし、前に言っていたのと全く反対のことを言ったりしたりするから実際のところはよく分からないですけどね（笑）。

「夢」では岸田今日子さん用に書かれた女性言葉をそのまましゃべった

嶋田　でも夢にはこだわっておられて、お酒を飲んでいるときに「夢を忘れるのはもったいないから、最近は見たものを書き留めているんだよね」とおっしゃっていましたね。そうすると夢を忘れないようになったり、あとは夢をコントロールできてしまうから困るなとかおっしゃっていました。

八木　日記だけではなく夢日記も書かれていたんですね。

嶋田　凝り性だから凝ったらなんでもひとかどの芸になるじゃないですか。２０１１年に川崎市市民ミュージアムでやった実相寺昭雄展のトークショーに呼ばれてお話をしたのが亡くなってからの唯一のご奉公なんですけど、展示を見ていたら昔は字が下手だったんですよね（笑）。それがあそこまでの達筆になったわけでしょう。これは絵も同じですよね。だから興味を持ったものは必ず……プロとは言わないけれど、ちゃんとしたレベルにまで達しているというタイプの人なんだと思いましたね。だから69歳で亡くなりましたけど、ご本人はいろいろなことに熱中する度合いが半端じゃないから時間が足りなかっただろうなと思います。もう、時間がいくらあっても足りなかったんだと思う。「ヒマツブシ」なんておっしゃっていますけど（笑）、頭の中は忙しかったでしょうね。

八木　『ティガ』はサブタイトルがまさに「夢」で、嶋田さんはドクトルチヒロという役で出演されています。

嶋田　あれは本当は岸田今日子さんの役だったんですよ。僕は角田英介くんに割り当てられた主人公をやれと言われていて、いま思えばあの役に合うと思うんです。だからやっておけばよかったなと後悔しているくらいで（笑）。でもそのときは、ちょっと自分に似ているところもあるあの役を演じるのは恥ずかしくて、ドクトルチヒロの方が作ってやれるからやってみたいと監督に言ったら、「キュウちゃんがそれをやりたいんだったら、キュウちゃんでやろう」ということになって。だから僕は岸田今日子さん用に書かれた女性言葉をそのまましゃべったということなんですよね。経緯を知っていたので、「そうか、岸田今日子さんの役を奪ってしまったのか。じゃあセリフはそのまま言わないと失礼だな」って（笑）。

八木　岸田さんが「やらない」とおっしゃったわけではなく、そういう順番だったわけですね。

嶋田　その時点で、監督が岸田さんにおっしゃっていたかどうかは分からないですよ。でも「岸田さんにやっていただく」ということだったんです。

八木　普通に考えるとオファーをする前ですよね。

嶋田　監督のことだから分からないですけど、まあ普通に考えたらお話はしていないとは思うんですけど。

八木　実相寺監督には破天荒なイメージがありますけど、そういうところはしっかりしていますから。

嶋田　確かに常識人ではありましたよね。お金がそんなにないなりにしぶとく生き残っていく中での社会との最低限のルールみたいなものは、監督は僕より全然ありましたから。僕はそういうのが結構なくて、たまに失礼なことを言ってしまう場合があるので（笑）。だって普通は言わないじゃないですか、「こっちの役の方がいいです」なんて。でも言った後に「実はこれは今日子ちゃんにやってもらうつもりだったけど」というのをお聞きして……さすがに僕も岸田今日子さんに決まっているのを知っていたら「これをやりたいです」とは言いませんから。

八木　そういうことだったんですね。

嶋田　あれも『ティガ』の中では結構な異色作ですよね。

八木　「かなり」の異色作ですよ。

嶋田　好き勝手やったんでしょうね。でもあれは「『ウルトラマン』を撮るときの監督はこういう人」みたいな期待があって、その期待のもっと先に行ってめちゃくちゃにしちゃったっていう作品ですよね（笑）。だから天邪鬼なんですよ。期待されていたら、それを違う方向に外すっていう。一方の「花」の方は監督の中での日本の好みが出ていますよね。ミニチュアなんかのセットも、日本人は歌舞伎で見立ての素養があるから楽しめる。現実のものとミニチュアを昇華・統合して自分の中でリアリティを作ることができるとおっしゃっていました。だから嘘でもいいんだよ、むしろCGで本当らしく作ったものなんかより、ミニチュアの方がいいんだよということでした。日本はリアリティに関して1つ上の次元の感性を持っているんだから、それを使わない手はないよねって。だから着ぐるみとかセットに対する愛情はありましたよ。

八木 特撮という文化自体が見立てですからね。あれが本物に見えるわけはないので。

嶋田 だからCGについては、別にやってもいいけど芸術にはなにも寄与するものはないと思ってらっしゃったんですよね。「まあ、やりたければやれば？」っていうことで（笑）。あとは1回だけ監督のご自宅にお呼ばれしたことがあって、あれは2000年代に入って役者を辞めたいなとか思っていた時期だったんですけど。監督のお誕生日で、みんながデジタルビデオのカメラをプレゼントしたんですよ。で、監督が撮ったのは猫が動いている映像ばっかりだったんです（笑）。ずーっとネコちゃんを撮っていて、小林さんが「せっかくビデオカメラをあげたんだからもっといろいろなものを撮ってくれると思ったのに」なんて言うから、僕が「えー、だって、世の中に他に撮るものなんてないでしょう。猫くらいだよ」って言ったら、監督がすごく喜んで。「そうだよね、キュウちゃん。猫くらいしかないよ。そんなもんだよね」って（笑）。だから映画を撮るときはすごく集中するけど、その反面ではすごく冷めていた部分もあったんです。日常では撮るものなんかないよっていうね。

相手のちょっとした気持ちの変化とかは全部分かる人です

八木 実相寺監督は猫を飼われていたんですね。でも、今のお話は監督を象徴するようなエピソードです。

嶋田 それから印象的だったのは、娘の吾子さんの爪を集めて缶の中に入れていましたね。あれを久世光彦さんに見せたらしいんですけど、久世さんが驚いたのがうれしかったみたいです。自慢話として僕にもしてくれたんですけど（笑）。でも、あんまり自慢話はしない人でしょう？　どっちかといえば自分を落とすというか、そういうタイプです。野暮が嫌いだから。

八木　ポルノビデオかなんかを買いに行ったら、店員さんが驚いて「大ファンなんです！」って言うから「あ、ヤバい！」と思ったらしいんですけど、「蜷川幸雄さんですよね、サインください！」と言われて、仕方ないから「蜷川幸雄」ってサインをしてきたとか（笑）。自慢話ではなく、そういう話をよくされていました。

嶋田　おかしい話をいっぱいしますよね。お酒の席ではほとんどそういうどうしようもない話で（笑）。

八木　しかし嶋田さんが役者を辞めようと思われていたとは。

嶋田　監督のお宅にお邪魔したときに「僕は下手ですからねえ」なんて言っていたら、「でも『屋根裏』よかったじゃないの」って言ってくださったんですよね。だからすごく遠まわしだけど辞めることもないんじゃないかということで、役者を続けることをちょっとだけ後押ししてくれて。まあ実相寺さんにとっては、「上手いか下手か」は大事なことではないんですけどね（笑）。ちょっと怒ったりもしますけど、ご自身があれだけシャイだから、すごく神経が行き届いているというか、めちゃくちゃ細かい人ですよね。優しいというか……相手のちょっとした気持ちの変化とかは全部分かる人です。だから怖いんですけど、それをいちいち気にしてもしょうがないから普通にお話をしますけど。身構えてもしょうがない、意外と自然体でかかわった方がいいなっていう。そういう人ですね。

八木　では最後に、嶋田さんにとっての実相寺監督とはどのような方でしたでしょうか？

嶋田　それはうまくまとまらないですよ。今日はたくさんしゃべったけれども、本当のところは分からないというか、まとめようがないかな。結局は簡単に捉えきれない人物だと思います。でも今でも好きな人です。やっぱり思い出しますし、最初に出会った監督だし、重用してくれた監督だから寂しいですね。まあでも暇つぶしが終わったんだからね（笑）。ただ、あの人は残しているでしょう。だから僕たちとは違って、自分がやったことに対する自負心が相当あるんじゃないのかな。ヘラヘラしてそんなことは一言も言わなかったけど、そうじゃなきゃ日記でも絵でも書でも残しておかないと思うんですよ。

八木　ＴＢＳ時代の番組も自分でキネコして残しているんですよね。

嶋田　他の人の映像は残ってなくても、実相寺さんのだけ残っているのは「これは残しておくべきだ」と思って自分でキネコしたからなんですよね。それを後年みんなが見て、『ウルトラマン』以前を確認できるんだからすごいことですよ。そういえば、「監督はこれだけいろいろなことをできるけど、ご自身のことをどう思ってらっしゃいますか？」と聞いたことがあるんです。そうしたら「俺は生放送の中継車に入っているときに能力が最大に発揮されている」とおっしゃっていましたね。だから映画やなんかではなく、オペラや朝比奈隆さんの仕事でスイッチングするのが最高だって。要するにテレビのスパンで１週間に１本を撮るとかだと後世に残るものなんかは作れない。高が知れている。……とはいいながら集中して素晴らしい作品を残しましたが、「結局、リアルタイムで判断する瞬時の頭の動きが、自分にとっては一番才能を発揮できる至福のときだ」ということでした。だから自分の天職は中継でのディレクターだと思っていたようですね。

嶋田久作（しまだ・きゅうさく）

１９５５年４月24日生まれ、神奈川県出身。映画『帝都物語』（88）で加藤保憲役で初出演を果たし、強烈な存在感を放つ。『帝都大戦』（89）でも同役を演じ、その後も個性派俳優として、映画、ＴＶドラマと幅広く活躍。近年の主な映画の出演作に『生きちゃった』、『シン・ウルトラマン』、『凪の島』、ドラマでは、『リバーな犬、（Gosh!!）このヤロウ』、『しょうもない僕らの恋愛論』、『ハレーションラブ』などがある。

Actor
Shiro Sano

俳優

佐野史郎

俳優のリアルな体がないと嘘になってしまう その肉体を実相さんはなによりも求めていた

俳優としてはもちろん、特撮やロック、文学などサブカルチャーへの深い造詣でも知られる佐野史郎氏。実相寺昭雄作品には『帝都物語』を皮切りに『悪徳の栄え』『ウルトラQ ザ・ムービー』に出演、『ウルトラQ dark fantasy』『闇』へのゲスト出演もあり、『ウルトラマンマックス』ではナレーションとして参加。俳優を「もの」として扱ったとも言われる実相寺作品の現場をお話しいただいた。

やっぱり「カレーライススプーン事件」は強烈に残っています

八木　佐野さんの最初の実相寺昭雄体験から伺えますか？

佐野　ウルトラシリーズはリアルタイムで『ウルトラQ』から見ていて、でも『Q』のとき実相さんは撮っていないよね。まあ子ども心に、金城哲夫とか佐々木守とか、野長瀬三摩地とか……印象に残るというか見た目が覚えやすいというか……名前が長かったり変じゃないですか、みんな。なんだか変な名前がいっぱいあるなっていう印象でしたよね。それで『ウルトラマン』になったら、実相寺昭雄っていうまた変な名前の人が出てきた（笑）。これはなんなんだろうって気になって目に止まっていたのが最初かな。「これは実相寺作品だ」っていう風に特に意識はしてなかったけど、やっぱり「カレーライススプーン事件」は強烈に残っていますよね。放送翌日は学校でみんなが本当やっていましたから。多分、日本中がそうだったんじゃないですか。少なくとも、松江市立乃木小学校ではやっていましたね。まあみんなっていっても、僕とか男の子たちが何人かだったんだろうけど。

八木　「空の贈り物」ですね。

佐野　スカイドンだよね。強烈に印象に残っているカットではあります。ただ毎週見てたけど、それが実相さんだとかいうのを小学6年生は意識していなかったかな。でもジャミラはもちろん真似したし（笑）、可哀想だって話題にもなりました。ちなみに実相さんから直接聞いた話では、今はもうデジタルリマスターして水をかけられるところで両目が光っているんですけど、確かリマスター前は片方が切れているっておっしゃっていましたね。それがよかったんだ、みたいなことで。ウルトラじゃないけどラドンのワイヤーが阿蘇山に……っていうのは操作のミスというか事故だったらしいけど。そういうのが味になっているじゃない。

八木　悲壮な感じになって、それを（映画『ラドン』で）円谷英二さんが使われたということですね。

佐野　『帝都物語』の撮影中かな、実相さんから片目の電球が切れていたんだっていう話を聞いたのは。ラドンのことは知っていたので、「ああ、やっぱりそういうことは現場でいろいろあるんだな」って思ったのは覚えていますね。好きなもんだから僕がいろいろ訊いてたんだと思うけど（笑）、そういう細かいエピソードをいろいろ話してくださりましたね。サービスで話してくださったんだろうけど、これはあまり知られていないですよね。

八木　はい、初めて聞きました。

佐野　実相寺監督の作品がウルトラシリーズで変だって意識したのは、結構後になってからかな。『歌麿』なんかを見たころだから、やっぱり70年代半ばですかね。『あさき夢みし』とか。僕はもう芝居をやっていて、当時の演劇人はみんな鈴木清順とか黒木和雄などＡＴＧや独立プロ系の映画をよく見ていました。日活ロマンポルノも実は文芸作品なんだと劇団の仲間から教わったのもこのころでした。70年代の小劇場の心ある役者たちはそういう映画を見てましたね。実相寺作品はその中でもちょっと変、みたいな感じだったかな（笑）。あまり評価が高いわけではなかったけど。あと当時は役者仲間によく新宿のゴールデン街に連れていってもらっていて、今でもある「中ちゃん」に行くと文学座の人たちとか、まだ髪が長かったころの角野卓造さんとか、『ウルトラセブン』「円盤が来た」の冷泉公裕さんがいらして、よく一緒にお酒を飲んでいましたよ。でもそのときは、あのフクシンくんだとは分からなかったんですけど。ビデオのない時代だし再放送もなかったしね。円盤の話もはっきりとは覚えてなかったし。そういや状況劇場の先輩の不破万作さんもウルトラシリーズには何本か出演なさってますよね？　小山内美江子さん脚本のヤメタランス（『帰ってきたウルトラマン』「地球頂きます！」）なんかで2〜3回は出ているじゃないですか。小劇場、アングラ系の役者がウルトラシリーズにかかわっているのも気になるところです。「中ちゃん」では映画やアングラ演劇の伝説の芝居のことなど、いろいろ教わりました。そういうお店でしたね。芝居を始めた１９７４年ごろはもう毎日のように行っていて、僕はシェイクスピア・シアターの旗揚げのときだったんですけどね。

八木　そのときは冷泉さんと実相寺監督の話はしていないわけですよね。

佐野　してない、してない。でも70年代半ばはよくご一緒していて、お歌がすごく上手でね、シャンソンがお得意で、いつも中ちゃんの2階で「マリー・マリー」っていう切ないシャンソンを歌ってくれていました。すごくシャイで、ナイーブで、でも女の子にはモテてた感じがするな。あのころの文学座の俳優さんっていったら、モテモテでしたよ。僕は芝居を始めたばっかりだから、そういう華のある人たちへの憧れはありましたね。ウルトラのことがなくてもね。上手いなあとか、自分も役者としてあんな風にやっていけるんだろうかと思いながら通っていました。

八木　そのころに実相寺作品をご覧になったわけですね。

佐野　『歌麿』は見たんですが……新宿の蠍座だったかな？　でも内容とかほとんど覚えてなかったですね。あのころはとにかく毎日、芝居の稽古の日々で、映画もいろいろ観てたんですけどね。僕はシェイクスピアをやっていたんですが、アカデミックな演劇としては捉えてなくてアングラ志向でしたね。渋谷の地下小劇場ジァン・ジァンでやっていて、ロックバンドの生演奏で衣装もジーパンとTシャツだけっていう感じ。自分たちではシェイクスピアでありながら、アンダーグラウンド演劇をやっているつもりではいたしね。あとピーター・ブルックの著書『なにもない空間』とか、ロイヤル・シェイクスピア・カンパニーの影響もあって。ピーター・ブルックの演出は能の影響も受けていたから、そういうこととはリンクしながらね。だから唐十郎にしろ、寺山修司にしろ、シェイクスピアにしろ、アンダーグラウンドと古典の能とかイギリスのエリザベス朝演劇とかがオーバーラップした感じで、みんなは捉えていたような気がするな。古典であろうが前衛であろうが、そこに通じている精神を貪欲にむさぼろうとしていた。そういうのが60年代から続いていて、それがもう爛熟していたのが70年代半ばだったんじゃないかな。アンダーグラウンド演劇のもう終焉に差し掛かっていて、僕は熟れきったころに出会ったという感じでしたね。

八木　実相寺監督も70年代半ばで映画からいったん離れる……ですからその辺が一番過激な時代なんでしょうね。

佐野　僕が状況劇場に入った80年の声を聞くと、もう終わっていたなって。

八木　最後だけどまだ過激な時代ですよね。そういう中で、子どものころに「空の贈り物」などで衝撃を受けた実相寺昭雄作品にあらためて触れたわけですね。

佐野　遅くとも75年には、実相寺さんのことは分かっていたね。で、そのちょっと後に、『ウルトラQ』を早朝一気に再放送したことがあったの。朝の5時とかで、それを全部見たんだよね。ちょうどシェイクスピア・シアターを辞めて状況劇場に入るまでの間ですね。六本木のパブかなんかでバイトをして、朝帰ってくると『Q』をやっていたっていう感じで。だから「あけてくれ！」はそのときに初めて見たんじゃないかな。あれが見られるというのもあって、ムキになって全部見た記憶があります。その辺からちょっと怪しいですよね、もう既に僕は（笑）。

八木　そうすると、佐野さんの最初の意識的な実相寺体験は映画ということになりますね。

佐野　意識したのはね。でも映画はなんだかよく分からなかったですね、正直に言うと。ただ当時は変な映画がいっぱいあったから、実相さんが特別に変というわけでもないんですけどね。大島渚とか松江でも中学生のころからフツーに見てました。ウルトラというよりはＡＴＧの前衛的な監督が、かつてウルトラのシリーズを撮っていた。「あ、あの作品か！」くらいの感じでしたね。それがものすごく意識的になったのは状況劇場に入ってからで、唐さんが「仮面の墓場」（『恐怖劇場アンバランス』／73、脚本：市川森一、監督：山際永三）に出ているんですよ。それで、唐さんはそれをものすごく自慢するんです（笑）。なので市川さんは状況劇場に対する信頼がおありだったのか、後に僕がドラマで金城哲夫（『私が愛したウルトラセブン』／93、脚本：市川森一）をやったり、ＮＨＫの大河ドラマ『花の乱』（94）に起用してもらったのも市川さんの声が大きかったと思います。「唐さんのところのヤツだから」って。まあ冬彦ちゃんブームもあったから、その流れの中でのキャスティングなのかもともと思ったけど。でも僕は金城さんと違って明らかに弥生系の顔で、違うのになんでだろうなとは思って。琉球と出雲の縁を知るのはずっと後のことなんだけど、精神的には確かに同じだなっていうのはあるんですよ。根っこに通っているものはね。だからこそ僕も状況劇場に行ったわけで。やっぱり土着に対する畏れ……電波的なものより土の方に憧れがあったんです。ただ自分の資質としては、土方巽さんとか三上寛さんとか、そういう土にのめり込むような体ではない。やっぱりジョン・フォックスを聴いちゃうので（笑）。いまだにどちらかに決められないままでいます。

新劇と特撮

佐野　山本學さんに聞いたことがあるんだけど、新劇の人って東宝の特撮映画にもすごく出ているじゃないですか。中村伸郎さんはもちろんのこと、俳優座の演出家の千田是也さんは『大怪獣バラン』（58）の博士ですから、すごい人が出ているわけです。河内桃子さんと共演したときにもお訊ねしたけど、あのころ『ゴジラ』はゲテモノっていうか下に見られていたというのがあって。見返したい気持ちもおありになったんじゃないかな。舞台でご一緒させていただいたので、詳しくお話を伺いましたけどね。そういう新劇の人たちが、なぜ黒澤映画ではなく……黒澤映画ももちろん出ているんだけど、ああいう作品に出ていたのか。なんか新劇の人たちの方が、アカデミックな映画を志向する人たちよりも本質を見抜いていたような気もするんです。それはもちろん、山のように古典から現代演劇までをやっているわけですから。それに当然、前衛的な要素も昔からあるし。東宝の田中友幸プロデューサーが特撮映画で現代能をやろうとしていたのも明らかだしね。怪獣映画なんかも、嬉々として喜んでやっていたって山本學さんがおっしゃっていたんです。「なんであんなにすごい人がゲテモノなんて言われていた映画に出ているんですかね？」って聞いたら、「やりたがっていたんだよ」って。それで「ああ、嫌々じゃなく、好んでやっていたんだ」っていうのが腑に落ちたんですよ。

八木　実相寺組にもそういう方が多いですよね。

佐野　だからキャスティングについても、一から考察したいくらいなんですよ。ウルトラのことは、フィギュアとか脚本とか映像のことは言われるけど、やっぱり俳優さんがいいですよ、いま見ても。この間、久々に『怪奇大作戦』「呪いの壺」を見直したけど、花ノ本（寿）さんはすごいじゃないですか。花ノ本流の舞踊の大家でいらっしゃるし、もともとただもんではないんだけど。そして岸田森さんはもちろん、皆さんの理解力というか、半端じゃないインテリジェンスというか……これは頭脳だけのことではないんですけどね。つまり体への落とし込み方がすごいんですよ。実相寺好みの俳優というのはやはりそこが違う。自分も出演していますけど遠く及ばないし、こんなことを言うのはおこがましいんだけど（笑）。

八木　実相寺監督は役者を形とか「もの」として扱うと言われていますが、役者というのは選ばれた存在です。

佐野　人間が「もの」として扱われる喜びがあって。もちろん始めたころは気がついていないですよ。でも、なんであんなに怪獣ごっこをしたのかは考えるし……状況劇場のテントの芝居を見ていると、大久保鷹さんなんて物体そのものだからね（笑）。だから「もの」としての身体っていうか……それが薄っぺらなものであろうがなんだろうが、役者の自我や気持ちじゃなくて、「こんなものが存在する」っていうことの喜びですよね。『ゴジラ』を見たときだってそうじゃないですか。ウルトラマンだって、「こんなものが目の前にいる」っていうことがうれしいわけ。要するに現実と空想を超えた超現実という世界ですよね。ヌーヴェルヴァーグとかATGの映画にも通じるけど、ウルトラは子ども向けの番組でありながらアンドレ・ブルトン的な超現実主義を、『Q』のときから一貫して提示し続けていると思うんです。その一方でウルトラマンは宇宙神話大系みたいにもなっているじゃないですか。H・P・ラヴクラフト的な宇宙観をすごく感じるんですよね。それこそ『ウルトラマン』「バラージの青い石」まで遡れば、ギリシャ神話や中東の神話大系と日本の神話体系が重なってはいると思うんだけど。地球外の星に住むとか、そういう設定はもろにラヴクラフトだなって。電波的なものと土着的なものを矛盾させない眼差しがあって、コリン・ウイルソンの『精神寄生体』やJ・G・バラード、フィリップ・K・ディックなどの世界に近いようなもの……それが未来と過去とを矛盾させずに結びつけるという精神が、円谷作品には一貫してあるような気がするんですよね。

八木　円谷作品を通底する世界観がある、ということですね。

佐野　『私が愛したウルトラセブン』の設定では、市川さんはそのことを分かりつつ意識して書いてらっしゃったことは間違いないと思うんです。あのドラマではヤマトンチューとウチナンチューだけど、それを日本とアメリカ、地球とM78星雲に例えていたのだとすればね。その「ものの見方」は、非常に超現実主義的な眼差しで貫かれている。入れ子の世界とでも言ったらいいのか……そこに僕は惹かれ続けているんだと思うんです。そして、それを成立させるためには俳優のリアルな体がないと全部嘘になってしまう。その肉体を実相さんはなにより求めていたと思うんですよね。実際、実相さんの『ウルトラマンティガ』のときの内容はまさにそれじゃないですか。あれは正面切って宣言をしている2本（「花」「夢」）ですよね。俳優がいかにも本当らしく自然に演じて見せても、「これはフィクションで、この夢の世界をみんなで楽しみましょう」なんて思っていたらダメ。フレームの中でのフィクションであろうが現実であろうが、とにかくみんなそこに生きているわけじゃない。もちろん現実に怪獣は出てきたりしないですよ。しないけど、このシナリオの中では目の前にちゃんといるじゃないか、と。地震や津波などの災害、原発事故、そして戦争同様、宇宙人もいるし、ウルトラマンもいる。だからこそ『セブン』でメトロン星人と対峙させて、「狙われた地球」を描いたと思うんですよね。そして、後には『ウルトラマンマックス』「狙われない街」でもその魂を受け継いでいる……。でもやっぱり現実と夢は別で、言っちゃえば着ぐるみと対峙して成立するっていう体じゃないと作品にならないんです。だから俳優の力はやっぱり大きいと思いますよ。嘘を信じるっていうか……でも信じ込もうとしたらもうダメで。目の前にただ宇宙人がいるとか、別に宇宙人じゃなくても好きな人がいるとか……。監督を前にしてこんなことを言うのもおこがましいけど（笑）。

八木　いえいえ、ぜひお願いいたします。

佐野　だって目の前にいるんだもん。本当は嘘だけどいるふりをしようなんていう方が厄介じゃないですか。「人生は舞台と同じ」ってシェイクスピアのセリフにもあるけど。そういえば『怪奇大作戦』「死神の子守唄」（68）だっけ？　歌手がクラブで歌う「十人の娘が旅に出た　滝に打たれて一人目が死んだ」という曲があるけど。状況劇場には『ジョン・シルバー』（67）という作品があって、「75人で船出をしたが、帰ってきたのはただ1人」っていう歌が出てくるんです。「死神の子守唄」を見る度に一緒の歌だなって思うんだけど、影響を受けているのは間違いないでしょうね。

八木　脚本は佐々木守さんですね。

佐野　あの辺の人たちはおそらくテントの芝居を見ているだろうし、唐さんも『恐怖劇場アンバランス』「仮面の墓場」では主演を務めていて現場で自分のセリフを書いたとも言ってましたからね。円谷プロとの付き合いも当然あったでしょう。唐さんはもともと手塚治虫のアニメ『W3』のシナリオとかも書いていたようで、テレビの仕事はやりたかったのかもしれませんね。お父さんの大鶴（日出栄）監督が『月光仮面』の監督だから、そういう影響も少なからずあって。そして大鶴監督の助監督に若松（孝二）監督がいたんだよね。それで若松監督と出会って助監督をやって、『犯された白衣』（67）につながるわけですから。脚本家の深尾道典さんにもお世話になっていましたしね。まあポルノもそうだし、特撮も一緒ですよね、精神は。さっき小山内さんの名前が出たけど、石堂（淑朗）さんも書いているもんね。ああいう素晴らしい人たち、いわゆるアングラ勢がこぞって円谷プロの作品に力を注いでいたことは間違いない。子ども向けとは言いながら、そこでこそ現実と夢とを超える力を思う存分発揮できるのが、やっぱり円谷ウルトラの世界というか、土壌だったんじゃないかな。

八木　実相寺監督もその流れですね。

佐野　キャスティングもそうですよね。実相さんは特に状況劇場に対する思いはなかったかもしれないけど、天井桟敷の岸田理生さんとは組んでたわけですし。やっとこのごろ腑に落ちてきたのは、熊谷健さん（ウルトラシリーズの制作・プロデューサー）ですよ。僕も生前に何度かお会いしているんだけど、そのときはよく分かっていなくて。

八木　小津（安二郎）監督と仕事をしていたそうですね。

佐野　小津監督の助手をなさっていたというけど、東宝経由なので『宗方姉妹』（50）のころじゃないかなと思うんです。助監督っていうよりも、監督助手というかアシスタントとして側でサポートしながら勉強するみたいな感じだったんじゃないかな。後に「ウルトラファミリーは小津の家族観から来ている」というのは、ご本人がおっしゃっているのを読みましたけど。僕も小津作品が好きでウルトラも好きですけど、やっぱり一緒ですよね。超現実なんですよ、小津監督も。で、小津さんのサイレント時代の映画を見ていると特に、もう、まんま画がモダニズムの写真なんです。だからこそ『ゴジラ』が出てきたときに芸術として正当に評価することができたわけ。当時、アカデミックな人の中でちゃんと評価できたのは三島由紀夫と小津安二郎の2人だけだった、なんていう話を読んだことがあるんですけどね。その流れで実相さんはさらに確信犯的に徹底的に現象をフィジカルに捉えているし、それは誰に言われなくても映像に出ている。キャスティングもそうですけど、小津さんもやっぱり物体として役者を使っているわけですから。原節子も怪獣ですよね。

八木　本当にそうですね。小津作品の登場人物は物体です。

佐野　熊谷さんの感性は面白くて、『ウルトラマン』の第1話「ウルトラ作戦第一号」では外波山文明さんら劇団変身の人が出ているんですよ、キャンプのところでね。主宰者は『ことばが劈《ひら》かれるとき』っていう名著を書いた竹内敏晴さんで、なによりも体のこと、言葉のこと、音のことを徹底的に突き詰めた方です。で、このキャスティングは制作主任の熊谷さんじゃないかと睨んでいるんです。それから『帰ってきたウルトラマン』に小津組の吉川満子さんが出ているんですよね。『Q』の江川宇礼雄さんだって小津組でしょう。だから劇団変身、状況劇場といったアングラの俳優たち、新劇の俳優たち、そして小津組の俳優たちが坩堝となって集まってきたように見える。しかも『ゴジラ』でアプレゲールを演じた東静子さんもウルトラには出ているでしょう。

八木　東静子さんは『Q』『帰ってきた』『ティガ』に出演されていますね。

佐野　吉川満子さんなんてサイレント時代からのスターですよ。それがウルトラに出ているなんて、熊谷さんの熱い想いを感じざるを得ません。

「すげえ、これが実相寺だ」

佐野　やっと『帝都物語』の話になりますが（笑）、僕は林海象監督と出会って『夢みるように眠りたい』（86）で映画デビューしているんですね。林海象監督とは嗜好は実は同じものを好きでもあるし、正反対でもあるんです。人間を「もの」や現象として見るっていうところは一緒なのかもしれませんけど。私は私であるっていう人間としての自我とか、エゴとか……そういうものから逃れられないのは分かってはいるんだけど、なるべくそれを削ぎ落としていたい。俗世でよしとされているもの、常識とされているものとは無関係でいられる体をやっぱり欲していたんじゃないかなと思うんですよね。『夢みるように眠りたい』ではそれがピタッと合って、しかも大泉滉さんや吉田義夫さんなど好きな俳優さんたちといきなりご一緒させていただいてとても楽しい現場でした。それで実は、『夢みるように眠りたい』のカメラテストを僕と嶋田久作と飴屋法水の３人でやったことがあるんです。映像が残っていれば面白かったけど、手品師が逃げていくのを追いかけていくシーンで、手品師を嶋田がやって、飴屋法水が小林少年の役をやって、というちょっとしたカメラテストをやったんですよね。そのときはあがた森魚さんもいて。

八木 そんな秘話があったのですね。

佐野 嶋田久作とは20歳くらいからのバンド仲間でした。で、状況劇場時代にはウチのかみさんの石川真希と飴屋法水と僕は仲がよかったんです。ピストルズやテクノなんかは唐さんは好きじゃないだろうけど、アパートに帰ったらみんなでジャパンとかウルトラヴォックスとかエコー&ザ・バニーメンを聴いていたからね。そういうセンスは共通したところで、飴ちゃんが状況劇場を辞めた後に「嶋田を使いたい」って言って。それで嶋田からは「飴ちゃんが東京グランギニョルっていう劇団を作るので誘われているんだけど、どうしようかな?」なんていう相談を受けて、「やってみればいいんじゃないの?」とは言っていたんです。そうしたらグランギニョルに出演するようになってえらく目覚めちゃって。もちろん飴屋法水はちゃんと「もの」として人を見ている人だし、自分自身すらもそう見ている人だから嶋田との相性は抜群でしたね。僕も劇団を辞めた後に、『夢みるように眠りたい』の撮影に入ったんですが、プロデューサーが一瀬（隆重）氏だったからその流れで、『帝都物語』のキャスティングが難航しているので、嶋田を紹介してもらえないかという話になったんです。一瀬プロデューサーはグランギニョルの舞台も見ていたしね。それでまた嶋田から「一瀬さんに映画に出ないかって言われているんだけど、どうしようかな?」という相談を受けて、「やってみりゃいいじゃん」って答えたんだよね。別に1回だけでもいいじゃん、やればっていう感じで。あのとき俺は林海象が書く前の、準備稿の岸田理生さんのホンを持っていたから、もともと『帝都』には嶋滝役で出る予定だったのかな。で、ようやく衣裳合わせ、顔合わせということになって、東宝パーラー（旧正門横にあったレストラン）で実相寺監督と初めて会ったの。そのとき印象に残っている話は、『ウルトラマン』を撮っていたときに「怪獣に向かってどんな気持ちで撃てばいいのか?」って聞く俳優がいた、と。でも怪獣なんか見たこともないし、気持ちなんか分かるわけないじゃないって実相さんが言っていて。ただいるんだから、ということで。それは、あなたは理屈を言わないでねって言われたのかもしれないけどね(笑)。僕は面白いなと思って。これがあの実相寺監督かって、一気にうれしくなった瞬間でしたね。で、生意気な言い方ですけど意気投合した感じではあったと思います。

八木 その後もすぐキャスティングされていますしね。

佐野 嶋田も僕もね。岸田森さんはもういないし、僕は憧れもあったし、そういうような俳優を求めてらっしゃったのは確かだとは思う。もちろん全然比べるべくもなく至らなかったけど、志としてはそういうことがあったと思います。あとはもう日々楽しかったですよ、撮影は。だってあんなに贅沢だしね(笑)。昭島に町を1つ作って、電車は本当に走っていたんだから。あと印象に残ったのは、撮影したけどカットになっちゃったシーンがあって、俺がやられて入院しているんだよね。そのときにレール移動で撮っていくんだけど、なんだかカメラがぐるぐる回るの、移動車押しながら。最初は壁を撮っていたのかな。それがぐるーんって回って俺の顔に……っていうもので、それは撮影が楽しかった。「すげえ、これが実相寺だ」と思いましたよ。編集で落とされちゃったけど、相当変わったカットだったからね(笑)。

八木 実相寺監督の現場で演出的になにかされたことはなかったのでしょうか。

佐野 それはなかったですけど……そうは言っても俳優なので、俳優は1つも信じていないなっていう冷たさは感じていました。一緒に寄り添ってなにかを作り上げていこうっていうよりは、冷徹な感じがしました。まあ、優れた監督ってそうだけどね。要するに3回やってできなかったら他の方法を考える。これは若松孝二監督も実相さんも同じだったような気がする。北野（武）監督作品には『その男、凶暴につき』（89）しか出ていないけど、2回か3回やって余計な芝居してたらどんどん外されていったから。つまりはフレームに入らないでいいっていうことですね。だから「俺が中心のシーンなんだけど、俺も外されちゃうのかな？」なんて思いながらやっていた（笑）。実相さんもそういうところがありましたね。できなかったときに、実相さんは「お前は要らない」とは言わなくてそのままやらせるんです。でも、それで成立するような画にするんじゃないのかな。あとはセリフを切っちゃうとか。

八木　おっしゃる通りで『ウルトラマンダイナ』「怪獣戯曲」でクランクイン前の打ち合わせで監督が書いてきたメモには「撮しても無駄と判断したものはシルエットに」と書いてあって、そこにはさらに、「役者を含めてのこと」とあるんです。だから写してもムダだと思ったらシルエットにしてしまえということで。これはフレームから外れるのと同じことですけど。

佐野　それははっきりと「もの」にしたいからですよ。でも、芝居がよかったら撮っちゃうんじゃないかなとも思うけどね。だから「第四惑星の悪夢」の愛まち子さんはどーん！と撮りますし、気に入ればアップは多いし。「京都買います」とか「呪いの壺」では「もの」としても見ているけど、やっぱり人間の魅力にどこまでも寄り添いたいという感じがするでしょう。

八木　実相寺監督の著書『闇への憧れ』には、「この時の私は〝やさしさ〟を持って、ひとやものを見ていたように思える」と書かれていて、実際に斎藤チヤ子さんを撮っている眼差しは優しいですよね。

佐野　あの2作はね。僕は「呪いの壺」が一番好きかもしれないな。あれは石堂さんだっけ。脚本が素晴らしいし、京都の俳優さんたちも完璧だしね。俳優にものすごく寄り添っている。だからうらやましいくらいですよ。

八木　岸田森さんにも寄り添っていますよね。フェリーニとマストロヤンニの関係みたいです。

佐野　それにしても、岸田森さんの手の芝居っていうのは謎なんだけど。（寺田）農さんに聞けば分かるのかな。よく顔を手で隠したりするけど、あれは自分でやったんだろうね。実相さんの指示だとは思えないから。いちいちやるから、「もの」として動かしているのが楽しくてしょうがないんだろうな（笑）。でも、「ちょっと森さんっぽくやろうかな」なんて思ったことはあるんだよね（笑）。でもそれはただのマニアでファンじゃないかなって思うんだけど、やりたくなっちゃうの。それに、やってみればそこから見つけることもあるからね。

特に「怪獣戯曲」や「胡蝶の夢」の世界観は大きく同感するところです

佐野　『帝都物語』の撮影の合間で一番記憶に残っているのは、「金城が、金城が」ですよ。それくらい、監督はしょっちゅう金城さんのことをおっしゃっていた。僕は当時はよく分からなかったけどね。チーフライター、ああ、あの名前の人かくらいの感じで。今でこそいろいろな情報がいっぱいあるけど、当時は分からないですよ。で、『私が愛したウルトラセブン』をやるときには、市川さんの脚本でいろいろ知ったことがあって。

八木　実相寺監督は金城さんについてどうおっしゃっていたのでしょうか。

佐野　亡くなったことについては言及されていましたね。割と細かく……それは雄弁に語るわけではなくて、チラッチラッとですけどね。ちょっと合わないから『セブン』で帰っちゃった、みたいな感じで。海洋博もうまくいかなくてっていうニュアンスのことはおっしゃっていました。

八木　上原（正三）さんも同じことを言っていましたね。

佐野　上原さんにも直接お聞きしましたけど、やはり無意識的にはもう行き場がないというか……。まあさまざまな事情があるから一概に言えないでしょうけどね。ただ表現者としては、作家としては、一個人に戻ればお書きになりたかったことだらけだというような気がしますけどね。それを上原さんに託した気持ちは分かるような気がするし、だから『帰ってきたウルトラマン』は『セブン』や（金城さんの）葛藤を受け継いでいたような気もしますよね。そしてそれが『ティガ』につながっていく。

八木 『ティガ』では金城さんの苦悩と才能を上原さんが書いていますし、『マックス』「胡蝶の夢」でのセリフは実相寺監督が足したんです。「怪獣の名前から発想しますか、天才・金城哲夫的ですね」というものですが。

佐野 それくらい金城さんのことをリスペクトしているというか。『帝都』の撮影中も、どういう現場だったかっていうことをよくお話ししてくださいましたよ。僕はよく分からないことだらけだったけど後で振り返れば、実相さんは金城さんのことを熱く語っていらした。これが大きな思い出ですね。あと思い出すのは実相さんのお葬式のことかな。弔問のときに、僕の前に佐原健二さんがいらしたのをよく覚えています。一度もお話をしたことはないですけど、同じ実相寺作品、円谷作品にかかわることができた先輩の後ろに並んでいたのをよく覚えている。それと農さんの弔事ですね……ああ、やっぱりあの2人にしか分からないことがいっぱいあったんだなと思いました。「実相……」っていうあの言い方がね。ちょっと芝居がかってはいたけど、そこで目頭が熱くなってしまって……。

八木 寺田さんの弔事と並木（章）さんの弔事はすごかったですね。心の友という感じで。では最後に、佐野さんにとっての実相寺監督はどういう存在だったかを教えていただけますか？

佐野 僕にとってはずっと会わなくてもどこかにいつもいる感覚とでもいうのか。これは僕と嶋田の関係にも似ているかな。人間が違うからそれぞれの分かり方は違うんだけど。実相さんって癒着しないけど、離れていても同じ美意識というか……どこか深いところではものの見方が通じていて、その眼差しを確認させ続けてくれているんじゃないかなって思います。特に「怪獣戯曲」や「胡蝶の夢」の世界観は大きく同感するところです。ファンであろうが、一緒に仕事をしようが、スーッと針が通るような、そしてお互いに説明を一切しない関係っていうのは少ないですよね。もっと気が合うと仲良くなっちゃうし。唐さんは劇団員だったからもうちょっと癒着したところもあって……でも、冷たさみたいなところは似ているかもしれない。俺はそういう人が好きなんだよね。劇作家、演出家の山崎哲さんは冷徹な部分もあるけど、徹底的に現象を解体しながらも、なによりも実在する体をこれでもかというほど掘り起こさせるしね。どこまでも人間に寄り添う。舞台の竹内銃一郎さんも実相さんと似ててね。まあ、もともと脚本家の大和屋竺さんの弟子だしね。俳優に対しては「戯曲の世界にいて一緒にいるんだからやることやってくれ」という感じで突き放すし、できなかったらどうやったら成立するのかを突きつけて、それでダメでもどこまでも追い込むしね。実相寺監督も同様に信頼できる監督の1人でしたし、どう生きたいのかというのがそのまま作品に反映されていた監督なんじゃないかなと思います。それはどんな監督だってみんなそうなんだろうけど、特に明快だった。無自覚じゃなくて自覚的に、「世界はこうなっているだろう」という宣言をしている。ご自身にシュルレアリストの意識はなかったかもしれないけど、でも明確に宣言をなさった方だと思いますね。

佐野史郎（さの・しろう）

俳優、1955年3月4日生まれ。島根県松江市出身。6歳まで東京、練馬区在住後、小中高校を松江市で過ごす。1974年、神田神保町『美学校』油彩画工房にて中村宏、種村季弘に学ぶ。1975年、劇団シェイクスピア・シアター（主宰・出口典雄）の創設に参加。1980年、状況劇場（主宰・唐十郎）入団。1984年退団。1986年、『夢みるように眠りたい』（監督・林海象）で映画主演デビュー。以降、映画、ドラマ、舞台に出演。朗読、音楽、写真にも携わる。

Producer
Iwao Aburatani

プロデューサー

油谷岩夫

音楽を追っているときの監督は本当に楽しそうだったな

実相寺昭雄監督の音楽面での活動を長年支えてきたのが油谷岩夫氏だ。テレビマンユニオンでのAD経験があり、その後は技術系の会社に勤務するなど、テレビの現場をよく知る人物である。そんな氏が株式会社コダイに合流し、主に音楽の収録の現場でのシステム調達などで手腕を発揮することになる。後にはオフライン編集も任されるなど、監督の信も厚い油谷氏から見た実相寺像を伺っていこう。

ずっと言って45年前なんですよ、知り合ったのは

油谷　僕は監督の音楽関係の仕事ではかなりたくさんそばにいたことはいたんですけど、演出助手であったこともないし、映画の助監督であったこともない。だから株式会社コダイとかコダイ・グループの他の人とは最初から立ち位置が違うんです。

八木　今日は音楽に携わっていた監督の姿をお話しいただけたらと思います。実相寺監督は著書『夜ごとの円盤』でお世話になった人として中堀（正夫）さんや宍倉（徳子）さんと一緒に「アブさん」のお名前も挙げいてます。

油谷　それは覚えていないな（笑）。ずっと言って45年前なんですよ、知り合ったのは。つまり生の監督と会ったのは1977年か1978年なんです。もちろんその前に『無常』は見ていたし、お寺さんみたいな名前だなとい

うことで印象は残ったから、監督のことは頭にはあったんだけど。テレビマンユニオンが作っていた『ああプロ野球』という朝日放送の30分番組があって、そのディレクターを監督が何本かやったんですね。僕は別にテレビマンユニオンのスタッフじゃなかったんだけど、そういう仕事のときに技術を提供する会社（パビック）に在籍していたの。当時はまだ珍しかったハンディカメラのシステムを提供して、お金をいただく。そういう技術会社のデスク兼営業みたいなもので。それに一時期、テレビマンユニオンで駆け出しのＡＤのアルバイトみたいなことしていたんで、ユニオンのスタッフとも結構顔見知りでね。ということもあって、技術スタッフでもないのになんか知らないけど撮影にくっついていっちゃったの（笑）。

八木　くっついていっちゃった（笑）。

油谷　図々しく甲子園まで行ったんです。その流れで監督とユニオンのスタッフとで打ち合わせの帰りかなんかにタクシーに乗ったことがあって、僕は助手席だったのかな。後ろに監督とユニオンのスタッフが乗って、ユニオンの他のスタッフの噂話かなんかしていたんですけど、僕がたまたま聞きかじりのことを話したら突然監督が話しかけてきてね。それまでは『無常』のイメージの方が強くて近寄りにくい人なんじゃないかなと思っていたら、全然フランクだったんです。それからですね。

「ウチの昭雄はスケベでしょう?」

八木　１９７８年ごろに知り合われて、コダイに入られるまではまだ10年くらいありますよね。

油谷　そこからお付き合いが始まって、ときどき一緒に食事をしたりする機会もあったりしたんですね。それである年の暮に僕の家に電話がかかってきて。確か大晦日だったんだけど、「君、なにしているの？」なんて言うわけ（笑）。で、独り者だからね、「いや、特になにもしてないですけど」って答えたら「家に来て『紅白』でも見て年越しをしようよ」と誘われて鵜の木のお宅に伺ったんです。初めてお邪魔したんですけど、お母様が三つ指をつかれて丁寧に出迎えてくださってね。で、顔を上げるやいなや「ウチの昭雄はスケベでしょう？」って（笑）。そんなことをいきなり言われて「はい、そうです」とも言えないし、まあ実際はそうなんだけどさ。

八木　変わったお母様だったのですね。

油谷　だって、初対面ですよ。

八木　でも油谷さんは気に入られていたんでしょうね。ご自宅にまで招かれていますから。

油谷　どういう気に入られ方かは分からないけど、後の仕事の展開を考えると「どこかで役に立つ」とは思われたんじゃないかな。というのはね、コダイ・グループや株式会社コダイの仲間は監督がフィルムの仕事を主とするようになってからの人たちなわけですよ、基本は。つまり監督自身はテレビから始まっているんだけど、周りには意外とそういうスタッフがいなかったわけ。テレビマンユニオンなんかに行って仕事をすれば別だけど、そういうところじゃなく仕事をするとなったときに、テレビ出のスタッフが本当にいなかった。それで便利だって思われたんじゃないかな。

八木　テレビのスタッフと映画のスタッフは違いますからね。円谷プロもテレビをやってはいたけど、特撮の皆さんは映画のやり方で考えていたし、テレビのスピード感ではなかったです。テレビのフレキシブルな形ではない。でも実相寺監督はテレビから始まっていますからね。

油谷　だんだん音楽関係の仕事の割合が多くなって、１９８７年には『帝都物語』のクランクインの少し前にキャスリーン・バトルの来日公演を監督が収録しているんです。ニッカのCMを撮った縁でね。じゃあ収録ってどうするかと言ったら、中継車を持っていくとかっていう話じゃないですか。僕はそのときはまだコダイにはいなかったんだけど監督とも親しくなっていたし、もっと言うと僕も株式会社コダイの発起人の1人だったの。1985年だったかな、制作の母体となる会社を作ろうっていうことで株式会社コダイを作るわけだけど、そのときに「アブさんも発起人になってよ」と誘われてね。発起人は7人くらいいたんじゃないかな。

八木　そういう流れだったのですね。

油谷　それでキャスリーン・バトルのときは、僕がコーディネーターみたいな感じで中継車とそれに伴うスタッフなんかを手配しました。あと、実はそのときには技術会社を辞めるというのも決めていて。その相談も監督とか大木（淳吉）さんにはしていたんです。それもあって「じゃあ辞めたら来れば」みたいなことになったんですね。だからキャスリーン・バトルの収録をして、編集が始まるころ……確か6月だったと思うんですけど、コダイに合流するわけです。でも、株式会社コダイは給料が出るわけじゃないからね。

「あのさあ、中継車を頼んだらいくらかかるかな?」

油谷　一番大きいのは1988年、『帝都』の翌年の暮れから朝比奈隆先生がベートーヴェンのシンフォニー全曲とコンチェルト全曲を5回に分けて新日フィルと演奏することになって。それを監督がビデオで全部収録するに当たって、システムを調える役をおおせつかったんですね。まだ暑いころでしたけど、いきなり「あのさあ、中継車を頼んだらいくらかかるかな?」っていうところから始まって（笑）。キャスリーン・バトルのときの収録のお金をどこが出したのかは分からないですけど、朝比奈先生の仕事に関してはお金を出すのはオーケストラだという話でね。それをコダイで受けるっていうことなんだけど、オーケストラも潤沢に予算があるわけではないし、なるべく費用はかからないようにしないといけないなというのがまずはありました。それでとにかく「中継車を頼んで1日収録して編集までするといくら」、みたいな計算はして。ただ計算すると監督とか僕らのギャラは1円も出ないわけ（笑）。だから僕らはパッケージが世に出るときにギャラをもらうことで先送りにして、とにかく収録だけは済ませましょうということでスタートしたんです。それで5回収録して。実際にパッケージになったのは1990年だから、足かけ3年かかっちゃったわけですけど。

八木　監督は音楽をお好きだしどうしてもやりたかったんでしょうね。

油谷　キャスリーン・バトルの前にも、カラヤンが来て演奏会をやったときの特番を撮ったりもしているし。かなり音楽の方に力を入れているというのはあったんですよね。でもある意味では自前で、しかも1人の指揮者と1つのオケと1人の作曲家のシリーズをまとめて収録するということで、いち弱小プロダクションがそういう仕事を受けるっていうのは大胆な話だよね。NHKかなんかだったら話は別だけど。しかもそれを1人の演出家が責任を持ってやり遂げるというのは、普通ではあり得ないことですよ。でもそのころはあまりちゃんと分かっていないから、なんか大変みたいだけどとにかくやってみようっていうことで始めてしまったわけです。

八木　素晴らしい企画ですよね。

油谷　これは、新日フィルの当時の事務局長の松原（千代繁）さんの力ですね。ご自身も新日フィルでホルンを吹いていた方で、ベートーヴェンのころはホルンもまだ現役だった気がする。オーケストラ自体が自主運営で、メンバーには自分たちでやらなきゃいけないことがいろいろあって、松原さんが中心になって引き受けていたんです。

八木　監督の演出されたオペラでは翻訳などもされている方ですね。

油谷　松原さんが「こういうシリーズをやるについては、映像でも残しておきたい」ということを監督に話して、2人で意気投合してなんとかしましょうみたいなことになったんですよね。だから松原さんは、収録に必要なお金の調達などもやられて大変だったと思います。しかもこれはベートーヴェンだけでは終わらなかったわけだから。

八木　そこで朝比奈先生と実相寺監督が近くなっていくわけですよね。

油谷　ベートーヴェンの最初の打ち合わせは、朝比奈先生の定宿だったホテルオークラのバーでやったんですね。松原さんもご一緒だったから確か4人だったと思うけど、僕なんてベートーヴェンの名前くらいは知っているけど、楽曲がどうのとかはなんにも分からないからそこにいるのも畏れ多いくらいでさ。ただ、そんなに楽曲どうのこうのということにはならなくて、話がうまく転がってね。それで朝比奈先生も「ああ、こういう人なら任せてもいいな」と思ったんじゃないですか。その前に朝比奈先生は『オーケストラがやって来た』という番組に何回か出演されていて、その内の1回を監督がディレクターしているから顔は合わせているんですけど。でも30分の番組1本きりだからね。

八木　30分の番組だと一瞬ですから。でも、そこからベートーヴェンの収録を5回やられたわけですね。

朝比奈先生と監督が話しているのは横で聞いていても楽しかったな

油谷　当時の新日フィルの稽古場って、国鉄からJRに変わるころの大崎の車両基地の社員食堂の2階にあったんですよ。今でこそすみだトリフォニーホールが本拠地でちゃんとした稽古もできるけど、あのころは社員食堂の2

階を貸してもらって稽古場にしていて、監督もそこには音合わせから行っていましたね。音合わせの合間に朝比奈先生と監督が話しているのは横で聞いていても楽しかったな。

八木　そのときはどういうお話をされていたのですか？

油谷　朝比奈先生は方法論というか、どういう風に音を作っていくかという話をされていましたね。あとは戦後、大阪でオーケストラを作り上げていくために奔走していたという話の中で、当時の食糧事情にも触れられて「赤チンを飲むと酔うんだ」とか（笑）、今から考えるとひどいし危ない話をしたりして。上海かどこかで米軍の捕虜みたいなことになって拘束されているときには米軍の兵隊が缶ビールをくれたとか、そういう話もされていましたね。

八木　お酒にまつわる話も多かったんですね。

油谷　２人とも酒の話をし始めると、そっちの方で結構盛り上がっていたね。それに監督も引き揚げているから、引き揚げ者同士みたいなところもあったのかな。もちろん年齢的に監督はまだ小学生で、朝比奈先生は中国でも演奏をされていたわけだからだいぶ離れてはいます。それでも通じるところはあったんでしょうね。

八木　お２人とも海外でのお仕事も多いですし、コスモポリタン的な部分も共通していますよね。それもあってか、ブルーレイ『朝比奈隆 交響的肖像』でも２人ですごく楽しそうに話されています。

油谷　研修で短期間とはいえ、本物の電車を実際に運転したことのある人が指揮をしているなんて驚きですよね。しかもその人と電車の話ができるなんていうのは、監督にしてみたらそれはもう夢みたいな話でしょう。踏切番をやったとか、本物の阪急電車を動かしたなんていうことには食いついて、下手したら音楽の話以上に真剣でしたよ。

八木　ベートーヴェン以降も継続して収録をされていますね。

油谷　ベートーヴェンをやって、ブラームスをやって、ブルックナーは曲数が多いので全部ではなく新日フィルがセレクトしたものを5曲かな。だからこれは選集という形ですね。それ以外に小澤征爾さんのものもあるので、収録だけでも結構な本数なんですよ。

八木　監督と小澤さんのお仕事はいつごろからですか？

油谷　１９８５年かな。その前に『オーケストラがやってきた』で何本か小澤さんとは一緒に仕事をしているんですけど、そうじゃない形のものは１９８５年のオペラ『ヴォツェック』を演出したのが最初ですね。ただ、残念ながらそのとき僕は現場にも行っていないし、後から話を聞いただけなんです。でもそのころに小澤さんの信頼を得ていたんだと思います。そこから何本か小澤さんの仕事はやっていますから。そういうのもあって、小澤さんがニッカのコマーシャルを撮るときに監督にキャスリーン・バトルを推薦したんですよね。

八木　小澤さんがキャスリーン・バトルを推薦されたのですか？

油谷　そもそも最初に名前が挙がっていたのは有名なソプラノ歌手のジェシー・ノーマンなんだけど、あの方はモルモン教徒なんです。だからウイスキーのコマーシャルなんて出るわけがない。でも「クラシックの人でコマーシャルを作る」という大きなコンセプトがあったわけでしょう。じゃあ誰にするかっていうときに、その辺の話が小澤さんに伝わって「いいのがいるよ」って。監督が相談したのかどうかは分からないんだけどね。それに別の仕事で監督とテレビマンユニオンのスタッフがザルツブルグに行ったときに、小澤さんとキャスリーン・バトルと監督とユニオンのスタッフで写っている写真があるんですよ。その場で推薦されたのかどうかはともかく、ニッカのコマーシャルを撮る前に顔は合わせているわけです。

八木　では小澤征爾さんがいらっしゃらなかったら、あのＣＭはキャスリーン・バトルじゃなかったかもしれないわけですね。そうするとキャスリーン・バトルもあのタイミングでブレイクしなかったかもしれない。

油谷　監督もそうだし、周りのスタッフや電通も「小澤さんが推薦するなら間違いない」って迷わず決めたみたいですね。

「あ、字幕が違っているよ！」

八木　それだけ監督と小澤さんの間には信頼関係があったのですね。

油谷　小澤さん関係でいうと１９９３年にサイトウ・キネン・フェスティバルというのがあって、これはその前の年から松本で開かれるようになったものです。演目は『火刑台上のジャンヌ・ダルク』、オペラというかオラトリオみたいな形で、ステージの上にセットも組んでオケと演者がステージの上で渾然となって演じられるというプログラムでした。これを監督が収録することになったわけです。ただフランス語の歌詞なので、字幕を作らないといけない。その翻訳は監督がやったんです。だから監督は翻訳もやって、なおかつビデオの収録もやっているという。

八木　フランス６人組のオネゲルの作曲ですね。

油谷　ＮＨＫがハイビジョンでやりたいということだったので、当時はまだアナログのハイビジョンでしたけど、それを10日間くらい松本に張り付けて。サイトウ・キネンの他のプログラムも撮るからね。システムはＮＨＫなんだけど収録の現場のスタッフは朝比奈先生のものとか小澤さんのものを一緒に撮ってきた人たち、そういう座組で収録をしたんです。それで監督も１週間くらい松本にいて、リハーサルにも付き合って、という感じでしたね。それで字幕って今だったら電子字幕で両袖に縦に出すのが一般的だけど、93年の話ですからスライドなんです。プロジェクターから１枚ずつ出していくわけですけど、それをステージの上の方に吊った反射幕に当てるんですよ。テス

『火刑台上のジャンヌ・ダルク』の台本

トで字幕も出してリハをやるんですけど、どの辺だったかな、あるところで小澤さんが突然「あ、字幕が違っているよ！」って。指揮をしながらですよ。両袖のものを視界に入れるのも大変なことだけど、指揮者の位置からだとほとんど真上を見るのに等しいようなところで、しかも相当な距離があるでしょう。それを指揮棒を振りながら「違っているよ！」ですから。ちょっとキューのタイミングがずれたかなんかだと思うんですけどね。それを客席で見ていた監督が、「すごいね、どうなっているんだろう、あの人は」って言っていました（笑）。あの監督が舌を巻いたというので、このことはよく覚えていますね。

八木　監督も撮影の現場ではいろいろなところに同時に気を配っているはずなので、ある意味では似ているとも思いますが。

油谷　それで言うと、中継車で収録をしているじゃないですか。最初にベートーヴェンを撮り始めたころはまだカメラの台数も４台とかだったんだけど、それがだんだん増えてブルックナーのころになると7台とか、補助を入れて8台という規模になってきて。それで中継車の中に7台のカメラのモニターがあると、僕なんかは全部をひと目に収めるだけでも大変なんですよ。見えはするんだけど、注意して見るっていうのが難しい。でも監督はちゃんと捉えていたし、もちろん反射的にキューを出していましたからね。

八木　スイッチングに指示を出すわけですよね。

油谷　実際に押すのはスイッチャーだけど、監督が指示を出すわけだからね。中継車によく監督と一緒に乗っていましたけど、もう唖然としちゃう光景でした。

八木　そのときは楽しそうにやられているのですか？　それとも真剣な感じなのでしょうか？

油谷　真剣だけど楽しそうなの。ああやって音楽を追っているときの監督は本当に楽しそうだったな、間違いなく。

それで全部終わるとね、よかったときでも悪かったときでも「こういう仕事のいいところは、終われば終わりだもんな」って（笑）。それで「ヒヒヒ」なんて笑っているわけ。まあうまくいったときでも、全然ミスがないなんていうことはあり得ないわけですから。

八木　終わりのない撮影はないと言いますし。

油谷　それがすごく凝縮されるじゃない？　例えばブルックナーとかマーラーの長大な曲でも、まあ90分とか経てば終わるんですよ。もちろんそれまでのカメラ割りとか準備は大変なんだけど、本番の90分が終わればもう終わり。「飲みにいこうよ！」みたいな話でね。

八木　それで飲みにいくとどんな話になるんですか？

油谷　飲みにいくと、どっちかっていうとバカ話かな。まあ「あそこはリハではよかったけど、本番でああなるのはしょうがないよね」とかいう話も少しはしていたけどね。生だから当然なんだけど、リハーサルのときにうまく撮れていたものが撮れないことってあるんですよ。オケのプレイヤーが譜面をめくるためにちょっと身を乗り出したりすると、その向こうの人を撮るために構えていたカメラに被っちゃうとかね。でもそういうのも含めて、ライブで追いかけて撮るというのは楽しみだったんですね。僕もただ横にいるだけだったけど楽しかったし。

なんとなく音楽の感覚はあったのかな

油谷　オーケストラを撮ってから仕上げるまで、最初のベートーヴェンとかブラームスまでは監督がオフラインで編集をして、僕は横で指示にしたがって編集をしていたんです。だけどブラームスの後半かブルックナーくらいか

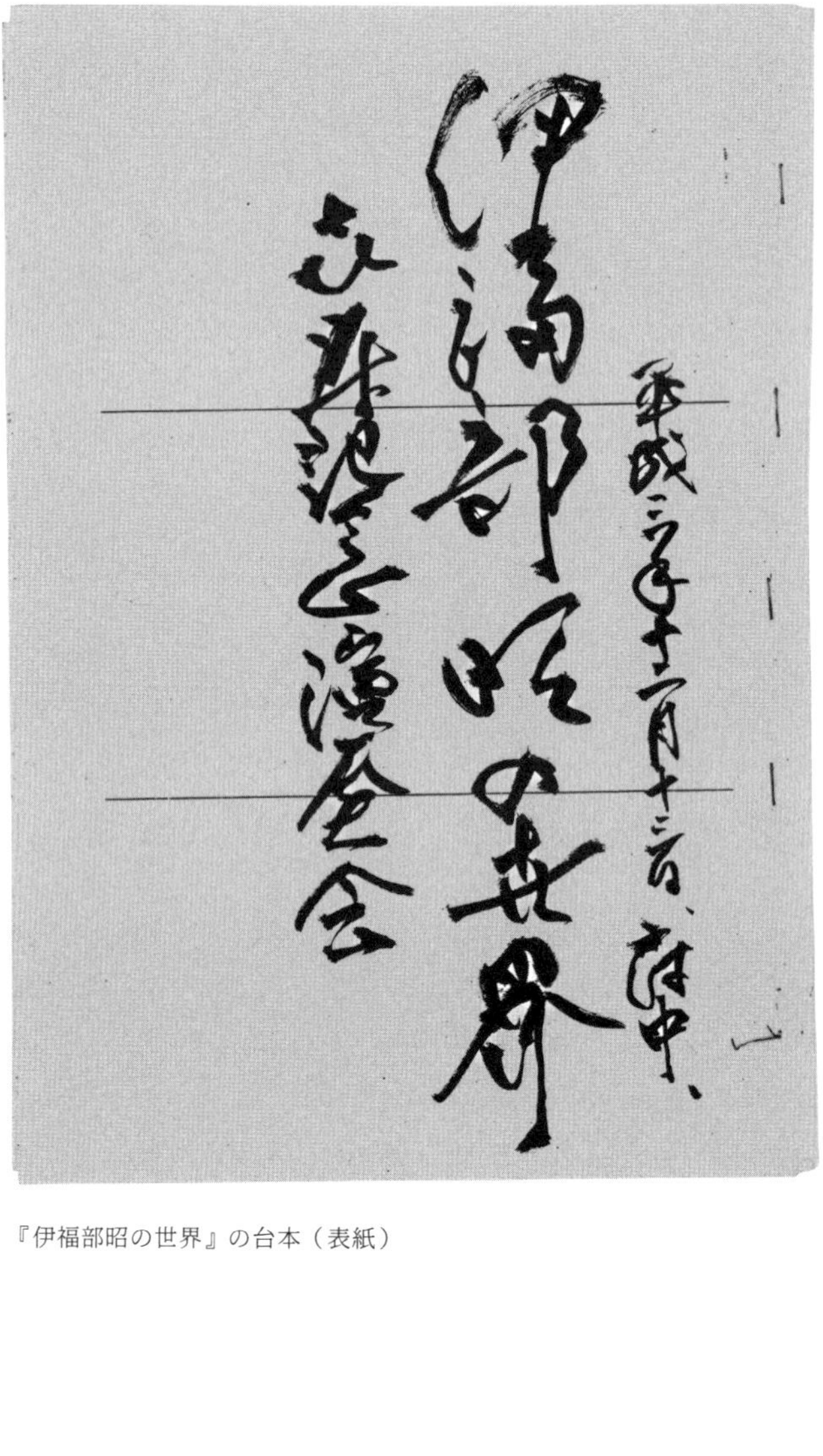

『伊福部昭の世界』の台本（表紙）

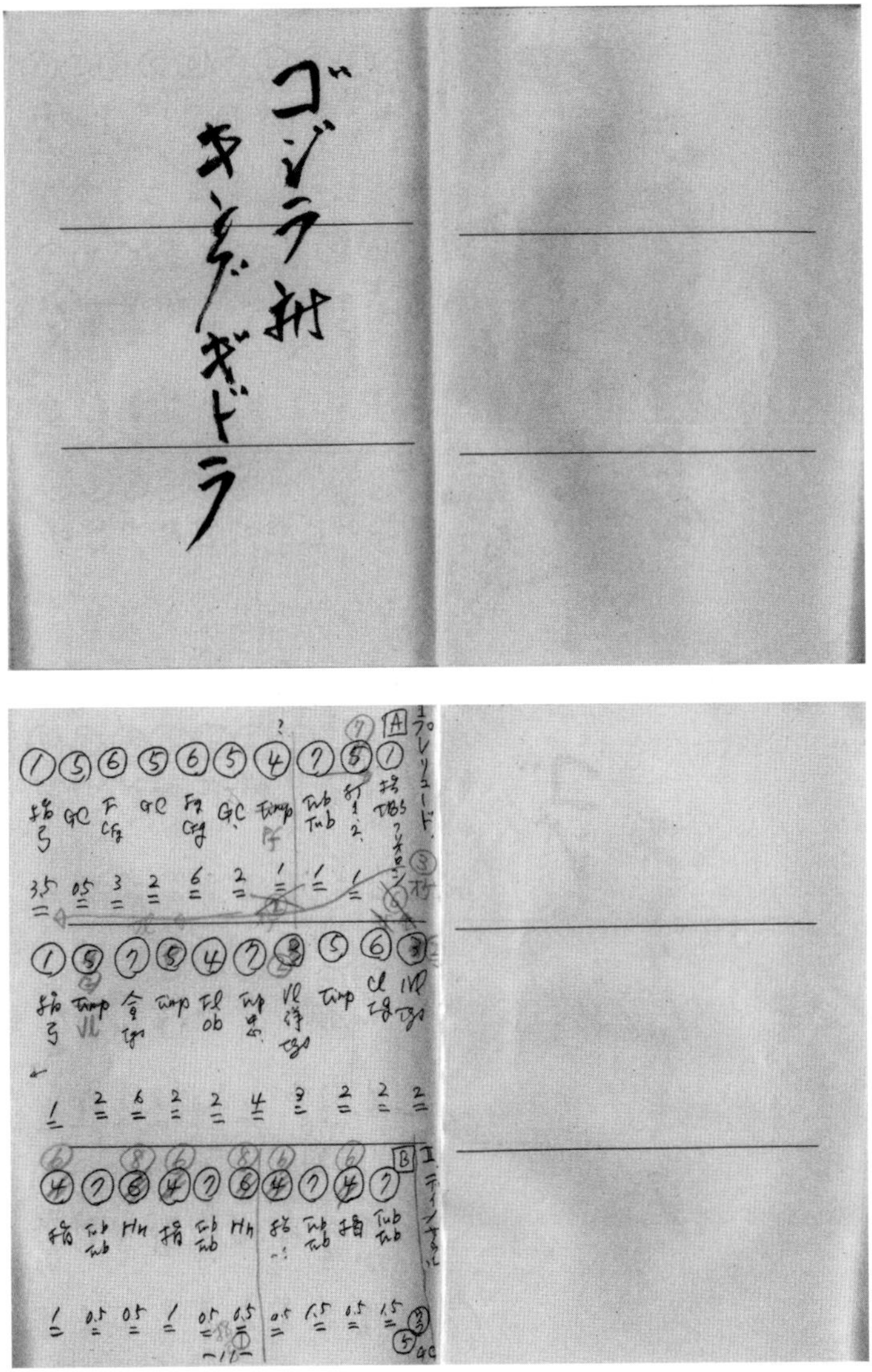

『伊福部昭の世界』の台本

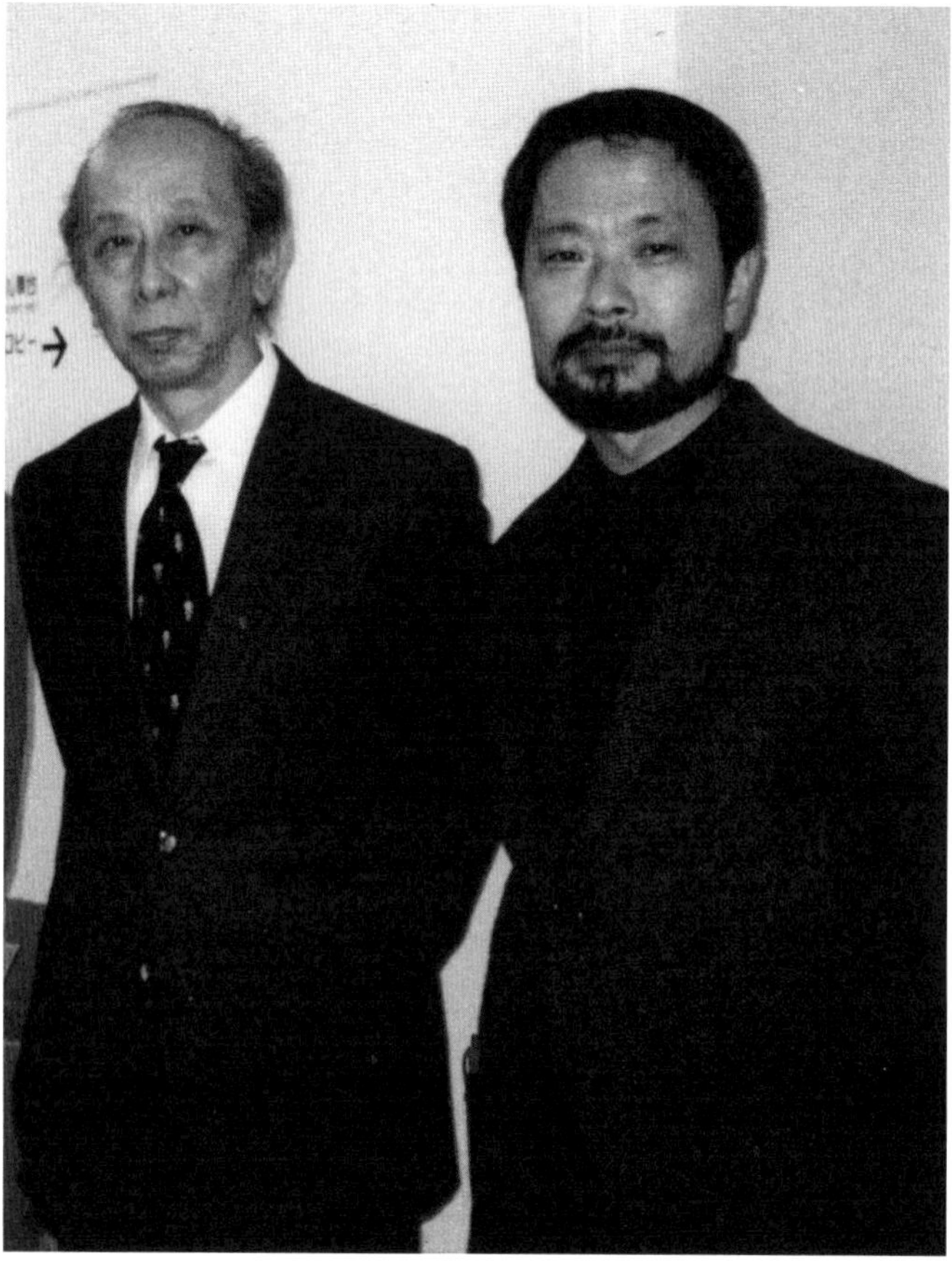

イベント「ファンタスマ」の楽屋での実相寺監督とのツーショット

らは、オフラインの編集には監督が来なくて、僕が割りを見て編集をして仮に出来上がったものを監督に見てもらうという流れになったんですね。それこそ音楽の芯もなにも分からない僕に、そこまで任せてくれるようになったというのはうれしかったけど不思議でもあります。もちろん音楽の場合は、「間」とかそういうものを撮れたものから改変するということはないんです。「間」も音楽だから。だけどそうは言ってもねえ、というのは思うところですね。ちなみに、これは伊福部昭先生の記念コンサートの台本ですけど、監督のカメラ割りはこういう感じです。もとは楽譜に監督が書いているわけですけどね。

八木　これはなにが書かれているのですか？

油谷　丸で囲んでいるのがカメラの番号で、その下が楽器の名前ですね。なにを狙うか。それで「指」というのは指揮者のことで、「ＴＢ」だったらタイトバスト。それをどれくらいの長さ撮るかが一番下の小節数なんです。これは監督が楽譜を見てリハーサルを見て、割ったものを落とし込んだものになります。しかもこのときは監督が自分で落とし込んでいたから監督の自筆です。ごちゃごちゃ書いてあるのは、リハの後で直しを入れた部分ですね。

八木　それを理解されているから編集も任されたわけですね。

油谷　結局、撮り上がったものはこれに則っている。ただ、則っていない部分がどうしてもあるわけですね。それを別のラインで撮っていたものと組み合わせて最終的なものにしていく。それが当時の監督と私たちのやり方だったんです。

八木　監督の音楽面においては、そうやって油谷さんがずっと横についていらっしゃったんですね。

油谷　監督のような分析はできないけど、なんとなく音楽の感覚はあったのかなっていう。「こういうことならこいつを使っても大丈夫かな？」というくらいの感覚はね。

八木　では、そんな油谷さんにとって実相寺監督はどのような方でしたか？

油谷　八木ちゃんに1つ嫌なことを言いましょうか？（笑）。監督の嫌いな言葉は「あなたにとって○○とは？」で、これが監督は大嫌いだったの。

八木　それは分かります。僕も突然聞かれたら困りますし（笑）。「あなたにとって○○とは？」なんて、そんなのを簡単に聞くものじゃないよっていうことですかね。

油谷　「そんなのを一言で言えるようなら、そもそも俺はこんな仕事をしていないよ」ということでしょうね。

油谷岩夫（あぶらたに・いわお）

1970年代半ばにアシスタント・ディレクターとして番組制作に関わり、技術会社のデスクを経て1987年に株式会社コダイに参加。コダイでは数少ないテレビ畑出身の中村由利とともに、コンサート収録をはじめ映画以外の作品を中心に実相寺監督の補佐を務めてきた。監督の没後は2018年から4回にわたって「実相寺昭雄メモリアル・コンサート」を企画・プロデュース。実相寺昭雄研究会による自主出版のインタビュー集『実相寺昭雄見聞録』第一集、第二集の編集も担当した。

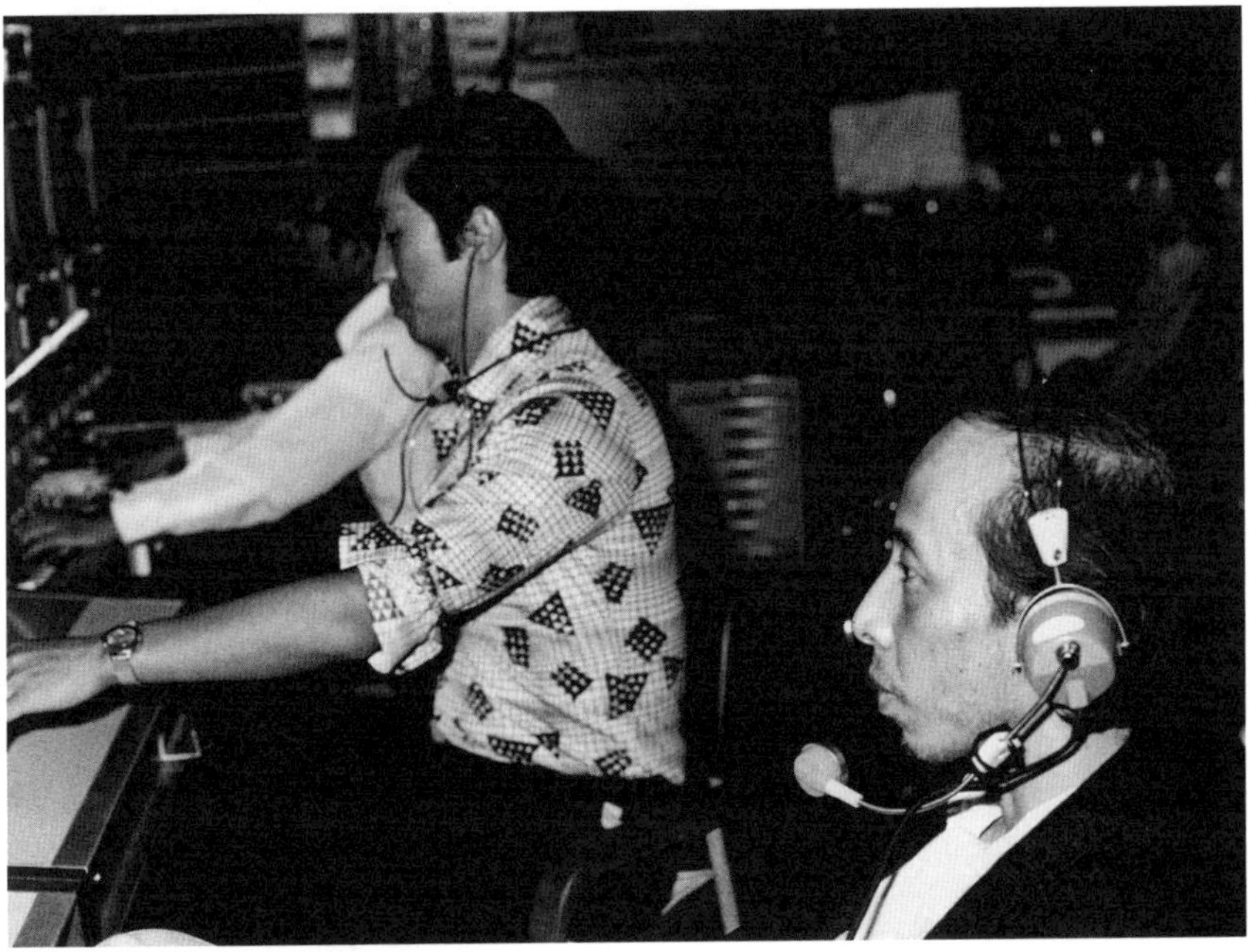

Script Supervisor
Tamaki Akazawa

スクリプター
赤澤環

いろいろな監督とご一緒していますけど心に残っている一番の監督かな

『悪徳の栄え』から『D坂の殺人事件』まで、『ウルトラマンティガ』『ウルトラマンダイナ』を挟んで6本の作品で実相寺昭雄監督のスクリプター(記録)を務めた赤澤環氏。監督と最も近しい存在と言われるスクリプターだけに、氏が接した実相寺像もまた特殊で貴重なものであるだろう。『ダイナ』では現場を共にした八木毅氏と、気のおけないムードでお話をしていただくことができた。

私はキャラ系の枠だったと思うんです

八木 赤澤さんは平成の実相寺組のスクリプターをされていたので、その時期の全体像を一番把握されているんじゃないかなと思うんです。

赤澤 どうだろう(笑)。最初が『悪徳の栄え』で『屋根裏の散歩者』『D坂の殺人事件』をやって、あとは『ウルトラマンティガ』と『ウルトラマンダイナ』。今日は、もうボロボロだけど当時の台本を出して持ってきました。『D坂の殺人事件』の撮影は1997年の1月だったんですね。だから撮影順だと『ティガ』の前になるのかな。

八木 『ダイナ』をやったときは、僕は東宝ビルトの狭いスタッフルームで監督のコンテを写していて。覚えていらっしゃるか分からないですけど、それが偽物の台本だったということがありました(笑)。半分くらい写したところで「タマちゃんはこっちの台本を写しなさい」って監督が言っていたんですよね。でも、後で聞いたら中堀（正夫）さんも含めて皆さんあの洗礼を受けているみたいで。

赤澤　牛場（賢二）さんなんかは毎回やられていますからね。「はい、ギュウちゃんはこっち」って。中堀さんにはさすがにちゃんとした台本をお見せしていたけど、昔はやられていたと思います。あと、私は「タマちゃん」じゃなく「シシマル」って呼ばれていました。で、時々間違えて「シシクラ」って呼ぶんですよ（笑）。それで大笑いするっていうことはありましたね。

八木　最初に会われたときはどういう印象でしたか？

赤澤　怖い人だと思っていましたよ。しゃべらないと、見た目はちょっと怖いじゃないですか。

八木　『悪徳の栄え』は学生時代に見て、感銘を受けたというか気持ちが悪くなったというか（笑）。それでその後はちょっと敬遠気味だったんですけど、昨日は朝から見直しました。

赤澤　朝から見るものじゃないけどね（笑）。でも、気持ち悪くもなりますよ。いろいろな食べ物がいっぱい出てきてねえ。もう、全然分からなかったですよ。あのときに「シシマル」っていう名前をつけられたんですけど、由来は知っている？　『忍者ハットリくん』に出てくるちくわが好きな犬のことなんだけど、初めて仕事をしたときに実相寺さんに「君は獅子丸に似ているね」って言われて、それで「シシマル」になったの。私は「え？」って思って、「獅子丸ってなんだろう？」って（笑）。それ以来、ずっと「シシマル」なんです。

八木　では、そもそも『悪徳の栄え』についたキッカケというのは？

赤澤　契約社員で日活に入社して、日活作品をいろいろやっている中でもちろんロッポニカもあって。で、今度こういうのが来ると。そのときは宍倉（徳子）さんがメインでスクリプターをやってらっしゃったので、まだ2年目だった私は助手みたいな感じで参加させてもらったんです。宍倉さんはその後、スクリプターを引退されてプロデューサーになられました。それ以来、私がいつも呼んでいただいたっていう感じです。だから、そのときにどうやら気に入っていただいたんだとは思うんですけど。

八木　最初に気に入られたのはどの辺が理由だと思われますか？

赤澤　自分では分からないんですけど、とにかく「シシマル」じゃないですか（笑）。監督って「ちな坊」とか、サンリオ系だとバッドばつ丸とかがお好きなので、私はキャラ系の枠だったと思うんです。

八木　三松（貴）くんもキャラ系だし、宍倉さんもそうじゃないですか？

赤澤　『屋根裏』にも出ていた加賀（恵子）さんは監督の好みのタイプだったと思うんですよ。加賀さんのことは褒めていましたし、それこそリスペクトされていた。加賀さんと私は真逆じゃないですか。だからキャラ枠で気に入られたんだと思います。

「ちな坊」からの手紙

八木　赤澤さんが持ってきてくださった『悪徳』の台本を見ると、食べ始めるまでの描写は結構あったと思うんですけど、ト書きはあまりないんですね。これは監督のコンテをそのまま写されたものですか？

赤澤　監督のあの達筆な字を読み解いて写して、あとは自分でもいろいろ書き足しています。

八木　実相寺監督の字はコンテの場合は読めますけど、手紙とか全く読めないんですよね。

赤澤　そういえば手紙も出てきたよ。私が「ちな坊」になにかを贈って、そのお礼の手紙だったりとか……。可愛い

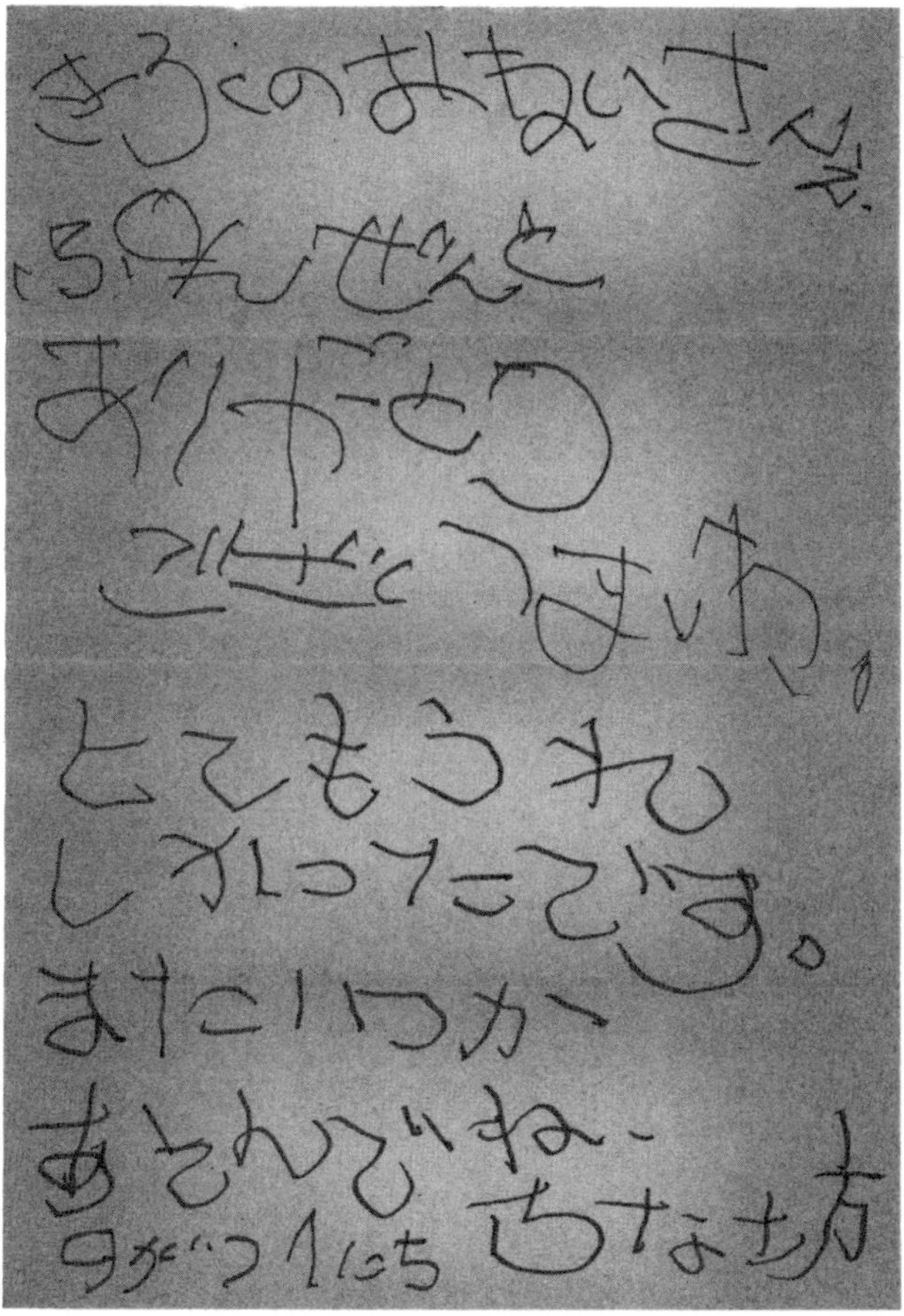
きろくのおねいさんへ
ぷれぜんと
ありがとう
ございます。
とてもうれしかったです。
またいつか
あそんでね
9がつ1にち　ちな坊

「ちな坊」直筆のお手紙

のが、「ちな坊」の字ということで左手で書いていて、「きろくのおねいさんへ」って（笑）。
八木　字がピンクで、色もちゃんと考えられていますね。
赤澤　もちろん普通のお手紙もいろいろ書いてくださって。そういうことはきちんとしてくださる監督でした。達筆ですよね。久しぶりに見ると、分からないところがあるけど。
八木　手紙はやっぱり読めないところがありますね。助監督の勝賀瀬（重憲）さんとかに「読めますかね？」って聞いたことがあるんですけど、やっぱりみんな難しいと言っていました。何度も見ていると読めるような気がしてはくるんですけど。『悪徳』に話を戻すと、これは何日くらいで撮影されたんですか？
赤澤　短かったと思いますよ。撮影実数は20日間ですね。
八木　あのクオリティのものを20日というのは、やっぱり早いですよね。
赤澤　監督は早いですね。だって『屋根裏』なんかはもっと短かったよ。8月4日からで23日にアップしているね。『D坂』は1月22日にインして2月8日にアップしています。どっちもほとんどセットだったからね。ロケに行った記憶はあまりないんですよ。
八木　しかし最初に『悪徳』をやられて監督に気に入られたというのはすごいことですね。実相寺監督の映画の中でも一番エグい部類だと思うんですよ。
赤澤　そうかもしれないね。監督って仏文科だったじゃないですか。それでマルキ・ド・サドの原書が美術の一部として置いてあって、「どのページを開きますか？」なんていう話を美術部さんがしたときに、ちゃんと自分で読んで「はい、このページ」って言って置いた記憶があるの。で、映画祭でヨーロッパの監督とお話するときはフランス語だったって宍倉さんから聞きましたたし。逆に英語はあまり得意じゃなかったらしいですね。

八木　得意じゃなかったのか、あまり使わないようにしていたのか。その辺はよく分からないんです。『悪徳』のときの演出はいかがでしたか？

赤澤　メインじゃなかったからそんなには覚えていないんだけど、基本的には役者さんに「芝居はこうで」なんて言うタイプではないじゃないですか。画が一番重要なわけで。服部（光則）さんから聞いたんですけど、そういうのは面倒くさいって思うみたい。

八木　気持ちから入るのはダメなんですよね。役になりきるとかではなく、ちゃんと形として演じてほしい。

赤澤　形として、監督の思う通りにやっていただければいいっていうことでしょう。あとダビングのときは、音楽に本当に長けていらっしゃるからすごかったですね。「このシーンのここからここまでの曲を作曲」というのではなくて大きく何曲か作って、「その中の第◯楽章の第◯小節目から第◯小節目までをこの画に当てる」みたいな感じでしたね。ああいう形でダビングをした人は今まで実相寺さんしか見たことがないんですけど、ダビング中はフルスコアを持ってずっとやっているという形でした。すごいなって思いましたね。

八木　ダビングの表がまたすごいですよね。図形楽譜のような指示書になっていて。

赤澤　すごく緻密に設計されていて、あんな人も初めてでした。でもそんなに時間がかかったっていう記憶もないですね。音楽は臨機応変にその場で指示を出し、効果音なんかはたまに監督が思いもしなかった音をつけてきたりすると喜んでいましたね。なにをするのも基本的に早かったと思います。まあ、早く終わらせてお酒を飲みたいからね（笑）。あと音楽でいうと、芸大で教えていらっしゃった関係で音楽録りに参加してくださる方もいらっしゃったんですけど、演奏者や歌手の方へのリスペクトが半端じゃなかったです。

八木　「音楽の下僕だ」みたいなことは著書にも書かれていましたね。ですから演奏家だけではなくて作曲家、音楽に携わる方への敬意がありましたよね。

赤澤　はい。あと監督は編集室には入らないんです。編集ラッシュのときに私が隣に座って「ここは短くして」などいろいろ指示を出されるのでそれをメモして、その内容を元に監督不在でエディターと一緒に編集に参加。また次の編集ラッシュで監督が見て指示……みたいな感じでやっていましたね。

八木　『特撮黄金時代』という本では『ウルトラマン』のころの話を聞いたんですけど、円谷粲さんによると実相寺監督は特技監督の高野宏一さんと1コマ2コマの戦いをしていたみたいなんです。つまりはガンガンに編集をしていたわけで、時期によって違うんでしょうね。

赤澤　へえ、そうなんですね。「シーンをオミットしないで短くして」とか、そういう感じでしたね。

八木　厳しいことを言いますね（笑）。

赤澤　「カットを減らさないで短くして」とか（笑）。

八木　ちょこちょこ切っているとテンポがおかしくなっちゃうし難しいですよね。

赤澤　そうだね。そういえば『D坂』のときだったかな、編集ラッシュを見ながら寺田農さんの芝居に「バカですねえ」とか笑顔で言ったことがあったなあ（笑）。監督の演出なのにね。指示だけじゃなくて、そうやって冗談を言うこともありました。

八木　寺田さんと実相寺監督の関係は本当にいいですよね。『ウルトラマンマックス』ではメトロン星人を嬉々としてやってくださいましたし。でも「バカですねえ」なんて、仲がよくないと言えないことですよね。

赤澤　全くです。ステキな関係だと思いました。

台本に「アップ」って書いてあってもすごいワイドで撮ったりする

八木　続く『屋根裏』では宍倉さんがプロデューサーで赤澤さんがメインのスクリプターですね。

赤澤　もうドキドキでしたけどね。8月4日にインして28日にアップしていますね。撮影実数は17日です。でも『D坂』の方が期間は短かったと思います。

八木　このときはもう「1本で来てくれ」っていう話ですよね。

赤澤　「大丈夫かしら?」って思っていましたから、すごく緊張していました。でも監督は変わらなかった（笑）。

八木　『屋根裏』は結構フィックスが多いですよね。

赤澤　はい。屋根裏のセットって狭かったんですよ。カメラもうまく入れないし、それで鏡を利用して撮影したのが印象に残っています。鏡の映りなので反転しちゃうから着物なんかも全部逆にしないといけなかった。

八木　『屋根裏』での実相寺監督の演出はいかがでしたか?

赤澤　三上博史さんとは気が合ったから特になにも問題はなくやられていたと思います。嶋田久作さんともももちろん仲がいいから、監督の言ったことに「は～い!」という感じでしたね。

八木　そして『ウルトラマンティガ』ですね。撮影順は『D坂』が先ですが。

赤澤　2本撮影して、もともとのサブタイトルは「春のソナタ」と「夢見る男」。最終的に「花」と「夢」になったんですよね。「花」の方はロケ地が気に入らなくて急遽撮影が中止になって、セットにCMで使った偽物の桜を持ってきて撮影したという思い出があります。たまたま池谷（仙克）さんがCMで桜の木を使っていて、それがあるから……みたいな話だったんですよね。

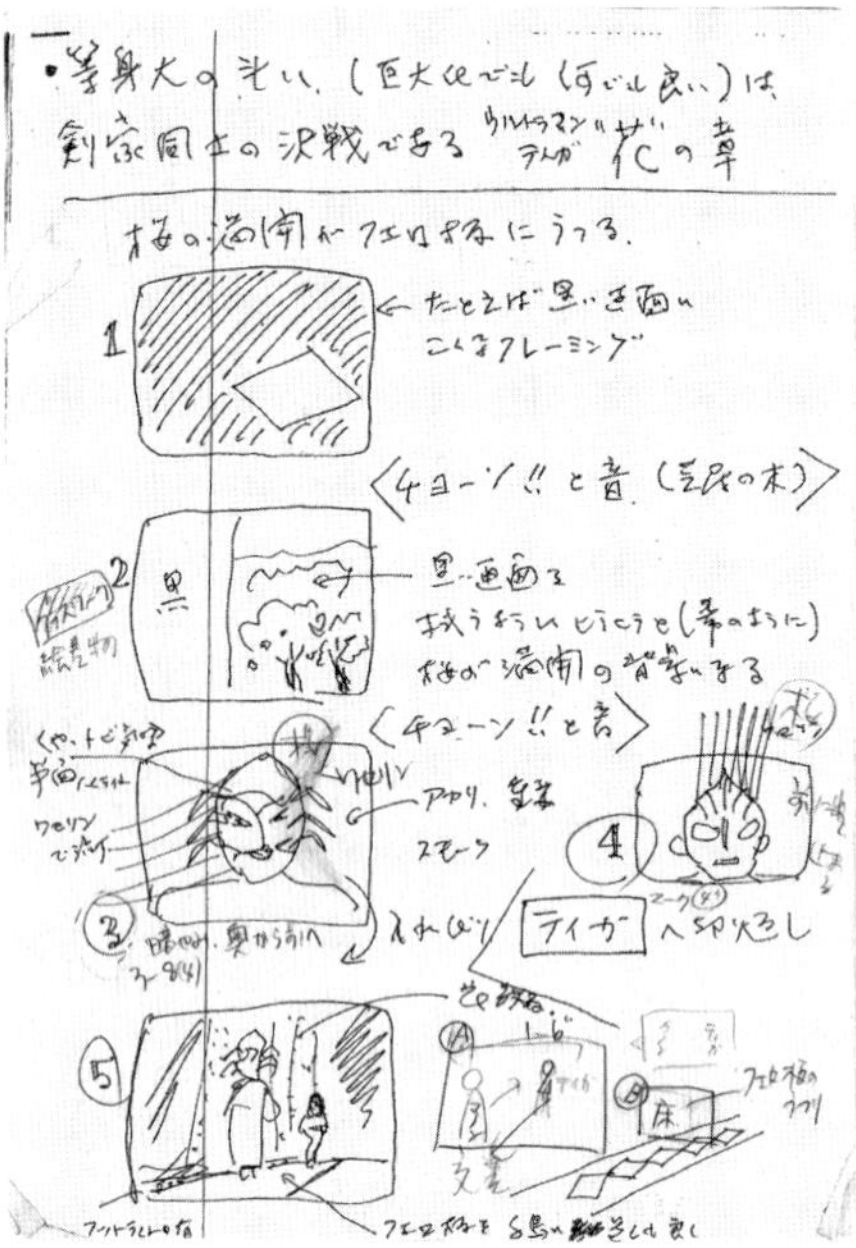

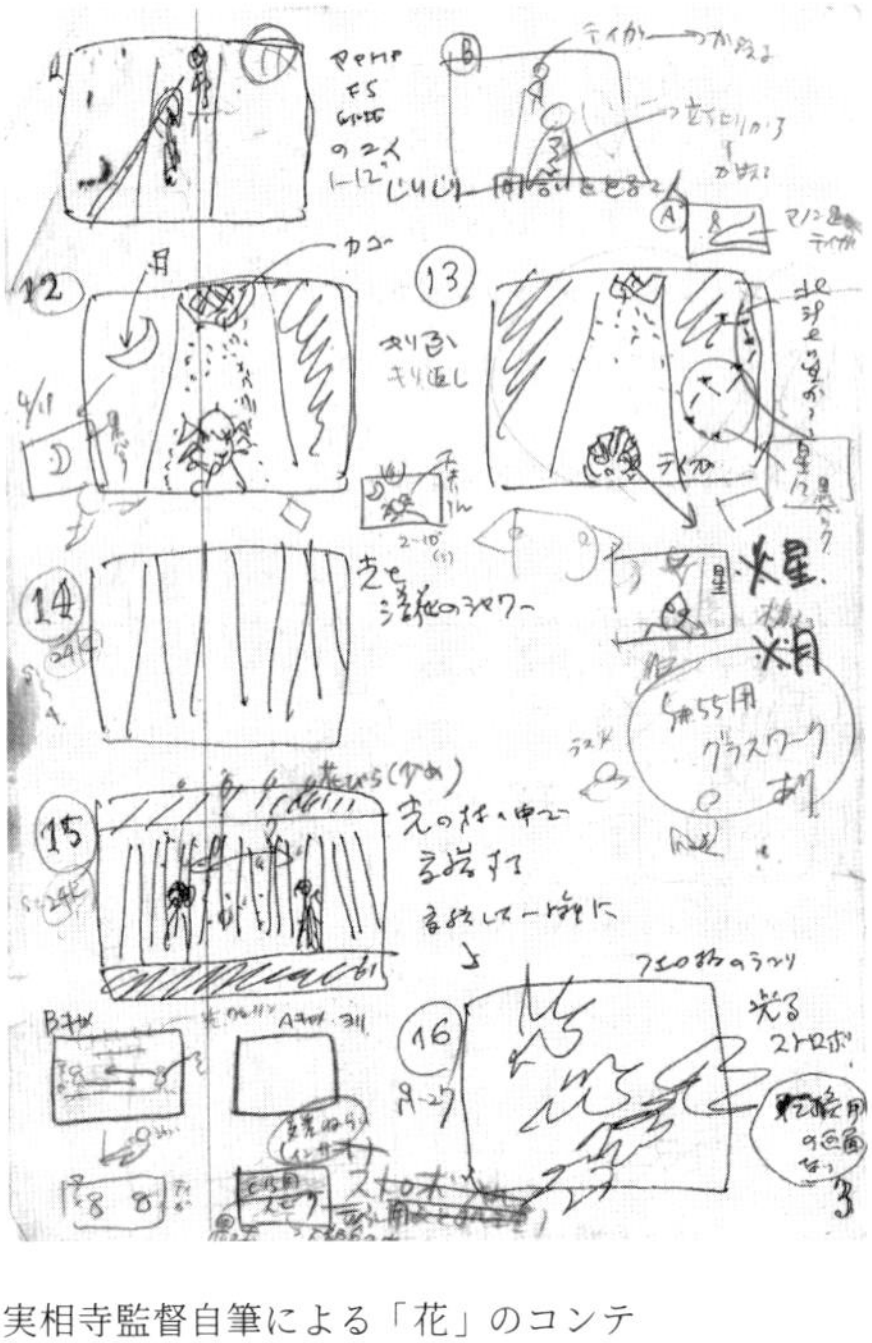

実相寺監督自筆による「花」のコンテ

八木　宍倉さんの推測では、あれは最初から実相寺監督と池谷さんが「握って」いたんじゃないかなって（笑）。
赤澤　それはそうかもしれない！　あのときは「すごいな！」と思いましたけど。
八木　「花」と「夢」は結構ワセリンとかも激しいですよね。だから普通の目で見るとちょっと浮遊感があるというか、酔っちゃうというか。でも司令室の撮り方なんかも斬新でとても勉強になりました。
赤澤　台本に「アップ」って書いてあってもすごいワイドで撮ったりするから、「これはアップなの？」って思ったりとかね。まあ、どの作品でもそういうことはあるんですけど。
八木　実相寺監督の場合は長いタマでのアップとは限らないですよね。
赤澤　監督が書いたコンテがあるんだけど。監督があんなに絵が上手いというのは後になって知るんですよね。
八木　花吹雪のところがコンテに書かれていますね。あれは監督のコンテの挿し込みなんですね。「等身大の戦い（巨大化でもなんでもよい）」「剣豪同士の決戦である」なんて書いてあります。
赤澤　このコンテは私が書いたメモも入っちゃっているけどね。
八木　それもとても重要です。「シーン55用のグラスワークあり」なんて書いてありますね。これはガラスに絵を描いて現場で合成する手法ですよね。コンテの段階でいろいろ書いてあったんですね。

時間がかかるのを嫌がる人だった

八木　では『D坂』の撮影について教えてください。
赤澤　『D坂』は撮影が1997年1月で3月が初号だから早かったんだよね。まあでも『D坂』もいつもと同じ。

2週間しかなかったんだけど、監督は「俺は2週間で撮れるんだよねぇ、へへ〜」なんて威張って言っていた気がする（笑）。でも、あれはみんなが頑張ったんですよ。

八木　それはそうですよね（笑）。でも定時で終わっていたんですか？

赤澤　遅くなるとイライラしちゃうから、定時というわけではないけどそんなに遅くまでやった記憶はないですね。でも撮影が終わっても次の日の準備をみんながやっていました。

八木　『ダイナ』のときも、中堀（正夫）さんを中心に翌日のシミュレーションをしましたね。ライティングもそこで決めて、演出部が役者の代わりに動いて、中堀さんがカメラを構えて、水まで撒いて反射を決めて「完璧だね」なんて言って帰ったんですけど、次の日に監督が来たら「カメラはあっち！」って。

赤澤　そういうのはよくあった。「あ、違ったね！」って（笑）。

八木　でも誰も嫌な顔をしないで「やり直そう！」となるし、それがまた早いんですよね。

赤澤　時間がかかるのを嫌がる人だったからね。

八木　実相寺組がプロだなと思ったのは、前の日にシミュレーションをしているからかもしれないけど変えるのも早いんです。でも『無常』のころなんて2時までやって次の日も朝からということで、初期とは違うんですよね。

赤澤　宍倉さんがおっしゃっていたんだけど、昔はハチマキをしてやっていたこともあるんだって。「ああ、そうなんだ、そういう時期もあったんだ」って思いました。

八木　『D坂』では真田広之さんがすごく合っていましたよね。色気もありましたし、お芝居も真田さんじゃないとダメだった感じで。

赤澤　とてもよかったですよね。俳優さんとして大変尊敬しています。現場では最初には「ここをこうして」っていう監督からの指示があって進んでいくんだけど、細かいところはご自分で考えて。例えば絵の具の色を選ぶのでも順番をよく考えてやられていましたね。

八木　塗ったりするところですね。真田さんの演技は「気持ちで」とかではなく、完全に計算してやられていますよね。『D坂』のよさは真田さんによるところも大きいと思います。赤澤さんは作品としては『D坂』までですか？

赤澤　撮影の最後は『ダイナ』で、その後はスケジュールが全然合わなくてできなかったんです。だから『姑獲鳥の夏』も現場に遊びにいっただけだったし、『シルバー假面』もできなかった。お誘いをいただいてはいたんですけど、残念ながら参加はできませんでした。

「佐川さんはさすがですね」

八木　では『ダイナ』「怪獣戯曲」です。僕が唯一助監督として参加している作品ですが、現場はいかがでしたか？

赤澤　舞台に行ったよね。あれはどこだったっけ？

八木　六行会でしたっけ。鏡をたくさん持って走り回りました。構造が結構『悪徳の栄え』っぽいというか……。

赤澤　清水紘治さんを始めお気に入りの役者さんもいっぱいいらっしゃったし。

八木　初日が大森ベルポートで、撮影の前の日に中堀さんがたくさんガラス管を買ってきて「これをカメラにセッティングするんだ」っていう話をされていたんですよね。どういう意味なのかなと思っていましたけど。コンテには「床の映りからパンアップ」って書いてありますが、多分これですね。メディカルセンターの廊下で、フレームインは床の映りではなくガラス管からにしたんでしょう。あそこは床があまり映らないから変えようっていうことになったんですかね。だから着いたら中堀さんがガラス管を飾りだして、反対側には牛場さんがいて赤いサーチライトをぐるぐるやっていて。「ここはどこかしら？」と思ったのをよく覚えています。鮮烈な印象があって、面白くてしょうがなかったです。

赤澤　チームワークがステキだよね。中堀さんも牛場さんもコダイだし、美術の池谷さんもそうじゃない。

八木　ただ、このとき池谷さんは打ち合わせにはいらしていましたけど、美術は内田（哲也）さんでしたよね。

赤澤　監督は内田さんのことも気に入っていましたね。

八木　内田さんが鳴海邸をデザインされていて、監督はあれをすごく気に入ってくれました。多分みんな無理をしたと思うんですけど、メインの場所があって、段差があって、天井からは光が射すようになっていて、階段があって……映画かっていうくらいの大きなセットでした。

赤澤　あのときは佐川（和夫）さんが特撮を頑張ってらっしゃったのもすごく覚えている。

八木　確かに特撮の発明もたくさんありました。鏡を歪ませてグリーンバックで撮って、怪獣をグニャ〜ってやってみたりとか。それから平台爆弾という、着地した瞬間にバーンって粉塵が吹き上がるエフェクトもそうですね。本当はちょっと前にも試していたらしいんですけど、メインでやったのは実相寺組です。

赤澤　なにかの折に実相寺さんが「佐川さんはさすがですね」っておっしゃっていたのは覚えています。

八木　久しぶりの実相寺組だから力が入ったんでしょうね。ちなみに初日のベルポートの後は確か天王洲に移動して、堀内（正美）さんが「怪獣が来る。ブンダーだ！」って言いながら走ってきてバタって倒れるカットを、やっぱり中堀さんがキノプティックの9・8ミリの超広角レンズで撮っているんです。それで「ああ、なんて素敵なんだ」って思いました。他の組ではちょっと成立しないような画ですけど。

赤澤　映画やテレビを見ていると、「あれ？　これは実相寺さんの画を真似てる？」と思うものが時々あるんですけど、やっぱり全然違うんですよね。

八木　それは編集のタイミングと音なんじゃないかなって僕は思うんです。あるいはカット割りなのかもしれませんが、実相寺監督には独特なテンポ感がある気がするんですよね。

赤澤　そうなのかもね。市川崑さんもそうだけど、ひと目で誰の作品かが分かるじゃない。でも、真似をしようとしてもできない。それはやっぱりカット割りなのかな。どうなんだろうね。

八木　中堀さんもおっしゃっていましたけど、「ここから撮れ」って言う場合と言わない場合があるんですよね。だから別に監督が画を全部指定しているわけではないんです。でも、出来上がったら実相寺作品になっている。

赤澤　そこは本当に不思議ですね。あと逆に、例えば中堀さんのワセリンワークを違う人が真似たとしてもやっぱり違う。あれは中堀さんなんですよねえ。

八木　それから実相寺監督は超広角ってよく言われますけど、広角だけでなくて長玉の寄りとかもいっぱいあるんですよね。「怪獣戯曲」では本物を見せていただいたのでよかったですし、これは絶対真似しちゃいけないなと思いましたけど（笑）。

こういう特殊な才能にはあれ以来お会いできていません

赤澤　こんな監督には実相寺さん以来お会いしたこともないし、本当に唯一無二な方ですよね。最初の『悪徳』のときはちょっと怖いかなって思ったけど実は全然怖くなくて可愛がってくれたし、いい思い出しかないですね。楽しかったです。

八木　実相寺監督と仕事をすると楽しいですよね。

赤澤　嫌な思いはないですね。あと中堀さんや牛場さんも含めて、余裕がある人たちっていうイメージなんですよ。短い期間内の撮影だけど全然ギスギスしてなくて、現場の雰囲気もよかった。そういうのも印象的でしたね。みんな監督のことが好きだから、そこが原点なのかなっていう感じ。監督のためにやるっていうことが基本にあるんですよね。

八木　『ダイナ』のときに、スタッフルームでお酒を飲みながら中堀さんとちょっとお話をしたんです。そうしたら「僕たちは年の半分で仕事をしているんだ」「後の半分は実相寺組なんだ」とおっしゃるんです。要は実相寺組をやるために半年はお金を稼いで、残りの半年を監督とやるのが非常に重要だということで。なんて素晴らしい人たちなんだろうって思いましたね。

赤澤　ステキな方々ですよね。照明のマルさん、丸山文雄さんもやっぱりすごくよい方で、コダイの皆さんは本当にそういう感じでした。

八木　それでシミュレーションと違うことになってもニコニコして変更している。つまりは監督と一緒にいいものを作りたいっていうことですよね。やっぱりわれわれは作ったものが面白いとかいいものであるのが一番重要なことで、だから実相寺監督との仕事はやりがいがあったんでしょう。

赤澤　でも69歳で亡くなっているでしょう。早いよね。

八木　本当です。では最後に、赤澤さんにとって実相寺監督はどういう存在でしたか？

赤澤　スクリプターと監督って近しい存在じゃないですか。そういう意味ではとても可愛がってもらいました。それにいろいろな監督とご一緒していますけど、心に残っている一番の監督かな。それは亡くなっているっていうことはもちろんあるんだけど、こういう特殊な才能にはあれ以来お会いできていませんから。『悪徳』のときは本当にびっくりしましたが、「こういう世界があるんだ！」というのを教えていただきました。自分自身の価値観を想像しなかった形で広げていただいた感じ。お会いできてよかったと思います。

八木　繰り返しになりますが、最初が『悪徳』というのはやっぱりすごいですね。

赤澤　最初はお名前も知らなくて、まずは名前が読めなかったですから（笑）。当時はネットもなかったのでいろいろな人にリサーチをして、「ああ、こういう人なんだ」っていうのを知って参加した感じです。そういえば、当時のロッポニカの作品は日活の演出部がトレーラーを作っていたのね。『悪徳』のときは瀬川（正仁）さんが担当されたと思うんだけど、確か、通常の予算をオーバーして作られたとかで。すごく重厚な予告編だったのを覚えています。

八木　周りのみんなが頑張っちゃうんですよね。

赤澤　それだけ魅力があるし、特別な人なんだから……ってみんなが思っているんでしょうね。

赤澤環（あかざわ・たまき）

東京都出身。日活撮影所を経て、現在はフリー。警視庁防犯映画でスクリプターとしてデビュー。以降様々な作品に参加。『屋根裏の散歩者』（92）、『800　TWO　LAP　RUNNERS』（94）、『MONDAY』（00）、『大日本人』（07）、『おくりびと』（08）、『君に届け』（10）、『ふしぎな岬の物語』（14）、『ヒロイン失格』（15）、『羊と鋼の森』（17）、『忍びの家 House of Ninjas』（24）等。

PART 4

90年代〜

After 90's

Assistant Director
Iwao Takahashi

助監督
高橋巖
図像と空間を認識する能力はやっぱりすごかった ちょっとサヴァンっぽいんだよね

『帝都物語』以降の実相寺昭雄作品を助監督として支え、映画、AVから音楽の収録までのさまざまな現場を共にしてきた高橋巖氏。90年代半ばまでは株式会社コダイに所属し、以後も2000年までは監督とも密接な関係にあったということで、仕事面はもとより、普段の実相寺監督のふるまいもよくご存じだ。氏の目にはどのような実相寺像が写っていたのか、証言していただこう。

「お前、姉さんいるのか?」

八木　『帝都物語』は大作でエキストラもたくさん出ています。助監督も大変ですよね。

高橋　昭島のオープンセットなんかは、エキストラは多いときで300人くらいだったから。平均で100人かな。で、演出部はみんな衣裳を着て映ってもいいようにして交通整理とかをやっていた。だから僕もスクリーンで見たら分かりますよ(笑)。エキストラは4人か5人で回していたんだよ。それで昭島には2週間くらいいたかな。

八木　あの都電は普通に自走していたのでしょうか?

高橋　モーターが入っていて自走です。それをそのまま再利用して、代官山の方に帝都軒っていうレストランを作ったりしていたね。映画の中で1台は燃やしちゃったんだけどね。

八木　「やっちゃったのかな？」と思っていましたが、やっぱり燃やしちゃったんですね。『帝都物語』で初めて実相寺組につかれてどうでしたか。

高橋　どうもなにも、それしか知らなかったから「こういうもんだ」と思っていたの。僕はそこから始まっちゃっているから、実相寺組が特殊だとは思わなかった。実相寺組は監督を中心としたチームがあって、監督が1から10まで説明しなくても中堀（正夫）さん、牛場（賢二）さんがババババッてやっていくから、そういうものだと思っていたんですよ。でも、『帝都物語』が終わってからいろいろなところに行くと全然違うじゃない。寄せ集めって言ったら変かもしれないけど、チームになっていないから。もちろんある程度は固定の人がいるけど、それほど仲がいいわけでもないしね。だから表現をするときに同じ方向を向いてない場合の方が多いですよね。

八木　そういう中でやり合いも起きますし……。

高橋　変な揉めごとが起こる、そういうことは実相寺組では基本的にはないんですよ。でも、それは後で知ったの（笑）。まあ、組によって全然違うからね。ただ、その後に是枝裕和組について、「ああ、こういう演出方法もあるんだ」と思ったということはあって。それ以降は実相寺組で学んできた演出のスタイルと、是枝さんがやっていたようなドキュメンタリー的なスタイルがミックスして自分の形ができていった。

八木　『帝都物語』を最初に見たのは試写ですか？

高橋　あのときは仕上げまでつかせてもらったの。だからアオイスタジオの上の編集室でちょっとお手伝いなんかもしていて、浦岡（敬一）さんには編集しているところを見せてもらったんだよね。ちょうど僕が内トラで出ているシーンで、「人力車でフレームの中に入っていくところでカットするんだよ」みたいなことを教えてくださって。後で聞いたらあんまり見せてくれない方らしいんだけど、1回だけそういうことがありました。で、結局はダビングまで見せてもらったのでいい勉強にはなったし、その間も監督ラッシュとかも第2回、第3回と全部付き合って見せてもらったから、どういう風に映画の尺が決まっていくのかっていうのも分かった。まあ、そんな感じだから『帝都物語』に関しては監督のことはあんまり分からなくて、覚えているのは撮影所に押しかけたときに「月曜日に来てくれ」って（製作担当の）丹羽（邦夫）さんに言われて、指定された日にスタッフルームに行ったら監督がいたのよ。奥の窓際に座ってスポーツ新聞を読んでいたんですね。それで「見習いです」みたいな感じで紹介されたら、新聞を見ながら「お前、姉さんいるのか？」って聞くわけ。だから「いや、いないです」と答えたら「じゃあダメだ」って。それで「妹はいるのか？」「弟しかいません」「じゃあダメだ」ですから（笑）。しかも読んでいたスポーツ新聞って真ん中の方のエロ記事なんだよね。10時くらいだったと思うんだけど、それを朝から見ていて。まあ、そうは言われたものの入れてもらえたんだけど。

八木　僕が初めてお会いしたときは、コダイの事務所で監督が難しい顔をしてＡＶのカタログを読まれていましたから（笑）。同じような状況ですよね。

高橋　あとは、当時はすごく痩せていたからおっかない印象がありましたね。顔もすごく老けて見えたし。まあ、いま思えばまだ50歳になるかならないかくらいなんだけど、見た目ですごい年寄だと思っていた。印象としてはあんまりよくなかったね。

『ウルトラQ ザ・ムービー』辺りから実相寺組の演出部にはなったのかな

八木　それでもガン（巌）さんはコダイに参加されるわけですよね。

高橋　コダイはね、大木さんが入れてくれたの。高橋がフラフラしていて危ないから、ウチの社員になれば少しはいいだろうみたいな感じで。ただ、社員って僕だけだったんだよね。だからいろいろ雑用をやっていたわけ。監督が来るとお茶かコーヒー、ときには昆布茶とかを出すんだけど、それは日によって、時期によって変わっていましたね。あとは監督が持ってきた原稿をファックスで出版社に送るとか、そんなことをやっていたんです。そこでだいぶ監督とは話しているんだけど、でもまだそんなに親しくはなっていない。ただ、妙にニコニコするから怖いばっかりじゃないなっていうのは分かったけどね。徐々に間合いを詰めていく感じで、でも監督はあんまり懐に入ってくるのは嫌いだから……っていうのも分かってきたりして。だから監督もツンデレなんだけど、こっちもツンデレで返すわけですよ（笑）。そうやって徐々に詰めていく感じだったかな、僕の場合は。で、『ウルトラQ ザ・ムービー星の伝説』の前にKUKIの『アリエッタ』（89）をやっているんです。そこで加賀恵子っていう女優さんを監督がすごく気に入ることになるんだけどね。監督が中川（徳章）社長から「1本撮ってほしい」と頼まれて、面接で加賀さんに会って一目ぼれしたんです。それで『アリエッタ』だけではなく、その後も監督のお気に入りだった時期があります。『ウルトラQ ザ・ムービー』にも民宿の女将の役で抜擢しているよね。

八木　『ウルトラQ ザ・ムービー』ではガン（巖）さんはサードですよね。

高橋　この辺りから実相寺組の演出部にはなったのかな。監督が住んでいた川崎の近くに竹やぶがあって、ライトを下に埋めてバーッて撮っているところがあるんだけど、あれの前後のところで、柴俊夫さんが演じている記者が取材に行くんですよね。聞き込みというか。でも農家の人が邪険にする、取り合わないみたいなところがあって、そのときに小道具で用意していた携帯ラジオを使ったわけ。ラジオを聞きながら相手にしないみたいなことを、監督に内緒で勝手にやっちゃった（笑）。そうしたら監督が来て、「それでいいんだ」って言われたんですよ。だから「ああ、そうか、なるほど。演出ってこういうことなのね」って。もちろん本当は監督に「こういう演出プランがある」って言わなきゃいけないんだけどね。だから怒られるかなと思ったら、それでいいよって言われたから、なんとなく方向が分かったっていう感じかな。

八木 実相寺組の演出部として認められた。

高橋 その辺りからですね。それが1990年で、その後はAVの『ラ・ヴァルス』(90)、イベントや音楽、オペラなんかをやっているの。それでいろいろなことを見させてもらったのかな。実相寺昭雄の多面性っていうかね。

八木 音楽とかオペラのときはどうなのでしょうか?

高橋 音楽とドラマとでは全然違う顔をしている。音楽の方は指揮者とか作曲家に敬意を表しているっていうのかな。その中で自分にできることをやっていく。でもそれがまた上手いんだよね。例えば『イドメネオ』っていうモーツァルトのオペラに参加したときに脇で見ていると、小澤征爾さんとは軽妙なやり取りがあるというか。そこが面白いんだよね。2人とも割と軽いし、映画なんかでは絶対に見せない表情を見せるんですよ。すごく楽しそうなの(笑)。別に冗談を言うわけではなくて、お互いに非常に気心の知れた会話の仕方をする。コンサートの収録で中継車なんかに乗っているときも、もうすごく楽しそうにやっているわけ。そこはテレビ人なんですよ。

コダイ・グループと株式会社コダイ

高橋 そんなこんなで『実相寺昭雄の不思議館』(92)をコダイで製作するころには、監督に赤坂近辺でご飯に連れていってもらうようになっていて。だからそのころには僕も、ある程度実相寺チームになってはいたんですね。みんなで監督の家に遊びに行って、帰りにわざわざクルマで送ってもらったこともあったな。それで2人で話をするわけだけど、こっちも緊張するじゃない。それで、外の仕事である助監督から「実相寺監督ってスタッフを育てないんだよね」なんて言われたことをバカみたいにそのまま伝えちゃったの。そうしたら一瞬言葉に詰まっていたからムッとしたんだろうね。「そんなことねえよ」と言ってはいたけど。なんか、あのときはそれくらいしか言うことがなくなっちゃったんだよね。もうちょっと監督の作品をしっかり見ていれば、いろいろ聞くこともできたんだろうけど。

八木　ガン（巖）さんはウルトラはあまり通っていないんですね。

髙橋　『ウルトラセブン』は好きだったんだけどね。で、株式会社コダイの社員になってから、大木（淳吉）さんに「なんで監督とずっと一緒にやっているんですか」って聞いたことあるんです。そうしたら、「ただ単に面白いんだ」って。同じことをやらないし、常に新しいこととか別のことを求められるっていうのがとてもよかった。それでずっと付き合っているんだっていう風に言っていましたね。大木さんは僕の直属の上司だったわけですよ。株主でもあるし常勤の取締役なのかな。それで池谷（仙克）さんが社長で、監督と大木さんが役員っていう形。でも監督は常勤じゃないからね。大木さんが常勤でハンドリングしていて、その下に僕がついていたわけです。

八木　中堀（正夫）さんはコダイの所属ではなかったのでしょうか？

髙橋　中堀さんたちはコダイ・グループなんですよ。円谷プロが特撮を止めちゃった後に、この人たちを散らばせるのはもったいないからということで作られたのがコダイ・グループで、これはグループっていうか寄合所ですよね。監督は自分の映画を作りたいがためにスタッフを囲う意味もあって、みんなでお金を出して部屋を借りて、事務の人がコマーシャルとかの連絡を受けてスケジュール管理をしている。ただコダイ・グループは会社じゃないから、大きな仕事を受けたりすることができないということで、池谷さんが会社組織を作ったんだよね。それが株式会社コダイ。監督は当時は年間随分とコマーシャルをやっていたので、それを請ければ会社として成立するんじゃないかっていうことだよね。そういうわけで、コダイ・グループの人とか関係者に株を持ってもらって株式会社コダイというものを作った。僕はそっち側の社員だったんですよ。外から見たら全然分からないですけど、中堀さんたちはコダイ・グループなんです。

八木　株式会社コダイは池谷さん、大木さん、実相寺さんと巖さんの4人ということなんですね。

高橋　あとはデスクの方がいて。『不思議館』に関していうと、僕は社員だったから給料以外は出さなくていいわけじゃない。それでほとんどの作品のプロデュースとか制作とかをやっていたんですよね。監督も1本だけやっていますけど。あれは1本300万円で作らなきゃいけなかったんだよね。当時は今みたいな一眼レフとかがないから肩載せの池上の79Eとかを使う必要があって、どうしても機材会社と組まなければいけない。それにクルマとか編集スタジオのハコ代とかを考えると、30分とはいえなかなかきつい予算じゃない。そうすると1人でも人件費減らさなきゃいけないというので、じゃあ僕がやりますっていう感じでやっていたんです。そもそもの発端は、銀行がお金を出してくれるからなにかやりましょうというときに、監督が「1本撮るんじゃなくて、3000万円を10個に分けて1人300万円で10本作った方がいいじゃない」って言ったことからなんですよね。だから大木さん、池谷さん、監督は責任上1本監督してねという話になって。それで予算を組むわけですけど、なにしろ300万でしょう。とはいえ、監督料をなんとか捻出しなきゃと思って頑張って20万円くらいは作ったのかな。それで「監督、20万は出せますよ！」って言ったら「俺はそんな安い金で監督しねえんだ」だって(笑)。自分のところの企画なのに、なにを言っているんだって思いましたけどね。結局監督の「受胎告知」は2日半で撮ったのかな。

距離感を間違えちゃいけない人だと思ったね

高橋 その後、僕は株式会社コダイの社員を1994年に辞めて、そこからはフリーで仕事をしているんです。社員だったのは『屋根裏の散歩者』までかな。で、2000年以降はコダイとあまり接点を持っていないんだよね。もう、自分で撮り始めちゃっていたからさ。

八木 ガン(巖)さんが株式会社コダイの社員だったというのは、実は初耳でした。

高橋 全然利益を生まない会社だったから、社員としては「これ、会社なんですか?」っていう感じはあったけどね(笑)。会社にすれば監督がもっと仕事をしてくれるだろうと思って作ったのに、フタを開けてみたら全然やってくれないっていうことだから。監督は社長ではないけれども、実質的なシンボルですよね。だから、監督がやりたい仕事をみんながサポートするっていう形になっていくわけですよ。それで音楽はやりたいからコンサートとかの仕事はボンボン入れるんだけど、音楽はお金がないんだよね。ビデオ収録するにしても、中継車を呼んだりしなきゃいけないし。「修証義」とか「多摩ライフ21」みたいなイベントの制作が入ると少し余裕が生まれるんだけどね。

八木 では、ガン(巖)さんから見た実相寺監督とはどんな方でしたか?

高橋 距離感を間違えちゃいけない人だと思ったね。もちろん友達ではない。親しいといえば、まあ一応は実相寺グループのメンバーには入れてもらっているけど、うっかり個の領域に入り込むとパタッと扉を閉められちゃうタイプの人。だからそれは気をつけていたけどね。あまり近寄らないようにしていた。でもそうすると、監督の方からちょっとベタベタしてくるんだよね(笑)。その機微みたいなものはうっすらとしか分からないの。

八木 ツンデレなんですね。でもベタベタっていうのはどんな感じなのでしょうか。

髙橋　「いや〜ガン（巖）ちゃんさあ」みたいな感じで寄ってくるんですよ。そういう風に向こうから声をかけてくるわけ。そこがよく分からないんだよな。あと「ちな坊」がいるでしょう。初めて見たときはなんか冗談でもやっているのかなって思ったんだけど、どう触れていいかが分からない。「ただのぬいぐるみじゃない？」なんて言ったら怒られちゃうわけだけど（笑）。あとはお酒を飲むと割とデレデレってなるけどね。ちょっと物腰も柔らかく。いわゆる身内で飲んでいるからすごく気楽なんでしょう。でも、いい酒飲みでしたよ。絶対に酔わないというか。

八木　楽しい話しかしない。面白い酒飲みですよね。

髙橋　人とお酒を飲むのが好きな人だったというのは、後々に分かってきたことなんだけど。あちこちで飲み会のグループを作っているんですよね。で、この人とこの人を紹介してつなげようとかっていうのも、直感的にやっていたみたい。音楽家と映像の人とか、そういう全く違うステージの人を会わせたがっていたようですね。

八木　『ウルトラマンマックス』でお願いしたときは、僕はプロデューサーだったじゃないですか。だから見せる顔はプロデューサーに対するもので丁寧なんですよね。で、「今度、乱歩の孫と飲むんだけど、八木さんも来ませんか」って誘われたんですよ。そのときは忙し過ぎちゃって行けなかったんですけど、あれも紹介だったのかもしれないですね。

髙橋　そうだったのかもしれない。あともともとがテレビ局の人だから、制作の人にはちゃんと対応するんだよね。そうやって仕事をうまくつなげてきた人なんですよ。それから図像と空間を認識する能力はやっぱりすごかった。ちょっとサヴァンっぽいんだよね。

「もっと好き勝手につないでくれ」

八木　社員としてかかわられたのは最後だという『屋根裏の散歩者』の現場はいかがでしたか？

髙橋　このときはチーフでしたが、屋根裏のセットをどうするかっていうのがあったわけ。下はちゃんとセットを組んだんだけど、家屋を建てているのでスタジオのスペースがもうなくなっちゃったんだよね。それで屋根裏をどうしようかってみんなで相談をしていたんだけど、とりあえず監督に話にいこうということになって。そうしたら即座に「半分に分割して別れるようにしてくれればいいや」って。つまり組んじゃうとカメラが入れない。で、もう場所がないからいろいろなものを作れないっていうときに、半分で分割して動かせるようにしてほしいって。相談にいったら、たぶんそれが1つ目の発言だったような気がするね。で、池谷さんも中堀さんも「あぁー」って（笑）。分割するっていうのは古い技術なんだけど、多分若いときに歌番組なんかの現場でそういうのを見ていたんじゃないのかなと勝手に思ったんだけど。でもそのときは見事にスパッと正解を言って終わりっていうね。あれほど悩んだのはなんだったんだっていう（笑）。そんな気持ちで帰ってきた記憶があるな。3年後の『D坂の殺人事件』では、立版古っていう紙で作ったペーパークラフトでパノラマを作ったりするんですけど、ちょうどそのころ『散歩の達人』でペーパークラフト作家の作品が表紙になったり付録に付いていたんですよ。監督は好きでずっと買っていたの。でもそれがそのままあそこにいくとは思わないわけじゃないですか。それがいきなり「D坂はペーパークラフトでいこう」という話になって、狭い倉庫みたいなところで撮っているんだよね。あれはブツ撮りだから、倉庫の端っこにセットを組んでいて。それでD坂に針で人を挿していくんだけど、挿しているのは美術助手の男の子で、僕なんかも何本か入れているんだけど。本当にそういう手工業的な方法で撮っているんだよね。

八木　手前には都電が走っています。

髙橋　あれは、棒を引っ張って動かしているだけなんですよ。でもああいう発想ってなかなかスッと出てこないじゃない。事務所で監督が『散歩の達人』を読んでいるのは知っていたけど、あそこに帰結するかっていうのはちょっと驚いた。それに結果的にはすごくいい効果なんだよね。あと『D坂』で印象に残っているのは監督ラッシュか試写を見終わったときに、「映画が閉じてない」って感じたの。『屋根裏』のときは1つの世界にまとまってエンドだったけど、これは三輪（ひとみ）さんが演じる小林少年が口紅を塗るところで終わるんですよね。赤い襦袢をちょっと羽織ったりとかして。あのときに「これは閉じてないな」って。だから監督に「この映画は閉じてなかったですね」って言ったら、「うん」って（笑）。ああ、僕が知らなかっただけか……みたいな感じなんだけど、そういうこともちょっと思い出した。だからその辺のマジックなのかな。小林少年の性が非常に分かりにくくなるじゃない、あの瞬間。あれがよかったと思うんだよね。もともと真田（広之）さん扮する蕗屋は、女装してモデルになった自分を写すっていうことだから、構造的には入れ子状態で蕗屋にばっかり目がいっていたんだけど、最後はそこに小林少年がダブってくる。蕗屋で閉じるのではなくて、小林少年で開放しちゃうっていうやり方なんだよね。

八木　小林少年に女性をキャスティングしているわけですから、これはもともと考えていたことでしょうか。

髙橋　監督がどこまで初めから狙っていたのかは分からないけど、多分パッと思いついたんじゃないかな。というのは、もともとは男の子でやろうとしていたけどいい子がいなかったの。そうしたら監督が「女の子でもいい」みたいなことを言ったと思うんだよね。それで慌てて14歳から18歳くらいまでの女の子でちょっとボーイッシュな人にオーディションで来てもらっていたんだけど、あるとき呼んでいない三輪（ひとみ）さんが現れたんですよ（笑）。でも監督が「いいんじゃない」って言って、OKが出たんだよね。あと『D坂』のときは、東映の西東（清明）さんっていうベテランの編集マンが初めて監督と組んだんです。それで1回目のラッシュを見て「もっと好き勝手につないでくれ」という注文をしていましたね。丁寧にカット割り通りにつなぐのではなく、1回編集マンの目で再構築してくれっていうことで。これは実は、中堀さんたちが初期のころに監督から常に言われていたことと同じらしいんですよ。「なにかないのか?」って新しいことを要求してくるそうで、大木さんが監督といると面白いんだっていうのはそこだったんだなって、いろいろな話を聞いているとつながってきた。監督は同じことをやりたくないんですよ。

コダイの創立15周年イベント『ファンタスマ』のこと

高橋 『ウルトラマンダイナ』のことは八木さんにも研究会の冊子に書いてもらったけど、外から見る実相寺組というのは僕らには分からないんだよね。

八木 憧れの実相寺組ですし、なんて素晴らしいチームワークなんだっていうことでしたけど。中堀さんと牛場さんとがチームになっているから、現場で最後まで言わなくてもみんな動くっていう感じでしたよね。しかも『ダイナ』ではガン(巖)さんがスーパーチーフみたいな形でいらしてたじゃないですか。あのとき初めてお会いしましたけど、ガン(巖)さんが劇用のノートを書いてくれて、こんなすごいのを書く人が助監督をやっているのか、実相寺組は……って思いました。

高橋 コダイで監督とずっと一緒にやってきたから、どういうものに興味があるのかっていうのは横で見ているわけですよ。中世の本とかを監督が「これいいよね」なんて言っているのをね。

八木 装飾文字みたいになっている部分があったりして独特の雰囲気でした。

高橋 その後は2000年の『ファンタスマ』というのがあって、これ以降僕はコダイを離れちゃうんだけど、コダイの創立15周年ということで天王洲で2週間のイベントをやったんですよ。もともとは2日間のイベントの予定だったんだけど、監督がいきなり天王洲の会場を使って2週間やれって言い出して。その会場の支配人が監督のオペラの舞台美術を手がける唐見博さんで、「キャンセルが入って2週間空いちゃった。キャンセル料はもらっているから、安く貸してあげる」って言われて勝手に約束してきちゃったの。言われたのが10月の後半でイベントの開催が3月だったからもう大変で、ひいひい言いながらプログラムを組んだり準備をしたんですけど、僕らは全部無給ですからね。このときはもうフリーランスだったのに（笑）。

八木　僕は冬木（透）さんのコンサートには行っていて、会場でパンフレットも購入しました。

高橋　それは珍しいよ。パンフは会場で100部くらいしか売れてなかったんじゃないかな。5000部も刷ったのに4000部は捨てていますから。あれを作るのも大変で、当時は監督の作品リストもなかったから、若い人たちにビデオのエンドクレジットを書き起こしてもらってデータを作ったりしました。でも冬木さんのコンサートはとても素晴らしいものだったよね。

実相寺昭雄研究会の活動

八木　ガン（巖）さんにとって実相寺監督はどういう方でしたか？

高橋　あらためて問われるとなかなか答えにくいな。まあ、変なおっさんだったからね（笑）。だってぬいぐるみを真顔で「ちな坊」なんて呼ぶわけで、通常の大人ではなかったよね。監督が亡くなった後に、NHKで『肉眼夢記～実相寺昭雄・異界への招待』（08）をやったときにスタッフでついたんだけど、まだ自分では実相寺昭雄を分析できなかったんですよ。当時の僕には追悼的なものというのは難しくて、結果的には2022年に作ったドキュメンタリー（『実相寺昭雄の世界―ウルトラマン創作秘話―』）までかかっちゃったね。でもこういう機会があってあらためて考えてみても、やっぱりけったいな人だったんだろうなという感想かな。

八木　実相寺昭雄研究会ではドキュメンタリーも作っていますし、『実相寺昭雄研究』『実相寺昭雄見聞録』という冊子などを刊行されています。実相寺監督にはまだまだ研究するところが残っているとお考えですか？

高橋　実相寺昭雄って妙に神格化されちゃうところがあるんだけど、さっき言ったようにいろいろなキャラクターを持っているじゃない。だから、「こうです！」って言い切るのはちょっと違うような気がしているんです。研究会ではそういうのを提示できればいいなと思って、今はやっているんだけどね。

八木　僕もメンバーではありますが、そもそもの実相寺昭雄研究会の成り立ちをあらためてお願いいたします。

高橋　もともとは、川崎市市民ミュージアムに寄贈したり預けていた資料をデジタル化しようっていうところからスタートしているんですね。ミュージアムでは予算が取れないので、文化庁に研究会という形で助成申請して、研究会から委託を受けてミュージアムが資料をデジタル化していく。これが当初の目的だったんですけど、紆余曲折があって預けていた資料をこちらに戻してもらって、活動の記録を冊子の形にして残したんですよね。その辺から自主的な動きが出てきて、「映像のまち・かわさき」推進フォーラムと共同で監督のドキュメンタリーを作ることになったんです。もともとインタビューはいろいろ撮っていたので、監督の残した資料とうまく合わせてという形でね。

八木　貴重なインタビューが残っていますよね。

高橋　監督と昔からつながりがある人たちというのが1つの基準ですけど、飯島（敏宏）さん、合成の中野（稔）さん、

実相寺昭雄研究会では冊子『実相寺昭雄研究』の制作も行なっている
（画像は 2020年刊の vol.4）

他にも音楽関係の方々にお話を聞いていますし、新撮で毒蝮（三太夫）さんにもインタビューをさせていただいたり。並木（章）さんは2回お願いしているのかな。

八木　監督の一番の悪友ですよね。

髙橋　早稲田のシナリオ研究会と映研でね。シナリオ研究会が監督のいた方で、映研は並木さんがいた方らしいですね。『見聞録』の第一集で並木さんと原（知佐子）さんが会話している中にそういう話が出ています。でも監督は「早稲田の映研」って言っているんだけどね（笑）。薩川（昭夫）さんも早稲田の映研だったのかな。そうすると「1年違えば奴隷だ」っていう話になっちゃうから、監督からはこき使われるわけ。

八木　監督が都合よく使い分けているのでしょうか（笑）。

髙橋　不思議だよね。でもそんな感じで、「こうだ！」って断定しづらい人ではあるんですよ。それに、近くにいると余計に分からない。しかも近くにいる人たちから見ると、一般的に言われている実相寺昭雄像ってずいぶん違うんですよね。だから監督のことを聞かれると、ちょっと話しづらいところもあるんです。でも、あんなに早く亡くなるとはみんな思っていなかったんですよ。コダイ・グループの関係者は牛場さんも中堀さんもそうですけど、僕ですら監督が看取ってくれるんだろうなって考えていたくらい長生きすると思っていたわけですから（笑）。

八木　不死身な感じだったんですか。

髙橋　「絶対早く死なないよ」ってみんなに言われていた。60歳くらいのときに「眼筋も全然若いですよ」って目医者さんに言われたとか言っていたくらいだから。まあ、その後に老眼になるんですけどね（笑）。

八木　最後に、なにか記憶に残っている監督の言葉はありますか？

髙橋　コダイを辞めてフリーになって、なんの仕事のときかは忘れたけど監督がふと「労を惜しむな」って言ったんだよね。多分それは監督の中の1つの考え方だったと思うんだけど、そういうことを言われたことがあったね（笑）。どういう状況だったかは忘れちゃったけど、それはいまだに守っているよ。

八木　天才だけど、それなりに時間を使わないと絵も描けるようにならないし、それは書でもフランス語でも同じですよね。

髙橋　全部独学でやっていくというのも、そういう部分があったのかな。とにかく近道はないってことでしょう。労を惜しまずに馬鹿丁寧にやっていくしかないっていうね。

高橋巖（たかはし・いわお）

1963年生まれ。映画『帝都物語』（実相寺昭雄監督）で助監督を始め、『屋根裏の無散歩者』『D坂の殺人事件』でチーフ助監督を務める。テレビドラマのディレクターの後、いとうせいこう原作『infinity ∞波の上の甲虫』（東儀秀樹主演、2001年12月公開）で劇場映画デビュー。2008年4月より2016年3月まで、和光大学表現学部准教授（特別専任）として、映像に関する講義やゼミを担当。

宴席での実相寺監督とのツーショット

Assistant Director
Shigenori Shogase

助監督
勝賀瀬重憲
とにかく俳優さんの動きには全く口を出さない

実相寺昭雄監督に師事し、さまざまな現場で助監督を務めてきた勝賀瀬重憲氏。ときには週7日、お酒を共にしていたというほどその関係性は濃いものがある。現在は実相寺昭雄研究会の中心メンバーとしても活動し、ドキュメンタリー作品『KANTOKU 実相寺昭雄』も監督するなど、師への思いを継続的に発信し続けている勝賀瀬氏に、ありし日の姿を伺うことができた。

「これを撮った人はあんまり京都のことを知らない」と思った

八木　もともと実相寺昭雄監督は意識されていましたか？

勝賀瀬　もちろんしていました。私は京都生まれですが、中学生のときに「京都買います」を見たことが東京に上京しようと思うきっかけになりました。東京に行って実相寺組に入りたいという思いは、京都で学生だったころからあったのです。でも最初に「京都買います」を見たときは、舞台の描写が結構ポンポン飛ぶから「これを撮った人はあんまり京都のことを知らない」と思った（笑）。主人公の2人が平等院にいたと思ったら急に東福寺にいたり……京都に住んでいる人なら分かると思うけど、京阪電車に乗ったら30分以上かかるところを5秒で移動する。当時は子どもだったから「勝手だなあ」とか思っていました（笑）。ただ、ラストは強烈に頭を殴られたような衝撃があって、「こんなにシュルレアリスムな作品は日本のドラマにはない」と思い、いまだに影響されている作品です。で、後々になって監督から聞いたら、わざと「フォトジェニー」にいろいろな場所をシャッフルして、絵はがきのようにつないでいるんだということでした。当時私は、短編映画にはそういう技法があるということと、実相寺監督があれだけ京都という場所にこだわった映画監督だということを全く知らなかったわけです。

八木 「フォトジェニー」ということで、あえて飛ばして撮られていたんですね。

勝賀瀬 稲垣（涌三）さんたちと1ヶ月くらい京都に逗留して撮っていたらしいですね。あと、平等院ではカメラがクレーンで斎藤チヤ子さんの間近まで迫るでしょう。あれは、『トラ・トラ・トラ！』を京都で撮るはずだった黒澤明さんが降りたので余っちゃったクレーンを使ったって言っていましたね。あのときの現場のスナップ写真って見たことがあるけど、監督はオシャレだよね。ジーンズなんか履いてさ。平成令和の若者と変わらないセンス。あんな監督はあんまり見たことないから。

八木 僕がお会いしたころは結構よれよれの服でしたけど、無頓着なようでいてちゃんとサイズも合って選んだ服を着ていたような気もします。

勝賀瀬 あれはオシャレだけどわざと意図的にオシャレにしてないっていうのが正解だね。本人にそう言うと絶対に否定するだろうけど（笑）。

「ウルトラマンはウルトラマンであり、ウルトラセブンではありません」

八木 最初に実相寺監督に会ったときの印象ですとか、言われたことは覚えていらっしゃいますか？

勝賀瀬　最初に会ったのは『実相寺昭雄の不思議館』の「受胎告知」という作品で、そんなに口は利いてくれないですよ。助監督のペエペエで入ったばかりだから。でも「お前はどこ出身だ?」って聞かれて「京都です」って恐る恐る答えたら、「ああああー、京都かあー」と言われて。しばらくは「勝賀瀬」っていう名前を呼んでもらえなかったね。わざとニヤニヤ笑って「スガワラくん、スガワラくん」って（笑）。要するに相手にしないわけ。

八木　不思議な人ですよね。

勝賀瀬　『不思議館』の現場で演出部の高橋巖さんの下についたんですよ。実相寺組の印象は、まるで『曼陀羅』で岸田森さんの演じるカルト集団みたいだなというか（笑）。実相寺さんを中心に空間が構成されていて、カリスマのオーラが半端ないんですよ。だからちょっと異様なというか、毒気と魅力が織り混ざった不思議な現場でした。

八木　『ウルトラマンダイナ』とか『ウルトラマンマックス』のときは、円谷系の人が混じっているからそこは薄くなっていたのでしょうか。

勝賀瀬　どうか分かりませんが、やはりコダイには長年のスタッフが集まっているわけだし、その作品限りの混成チームになってしまうVシネマの現場とはずいぶん違うなっていう印象はありました。「受胎告知」という作品のコンセプトが外部から密室に入ってくる闖入者なんだけど、撮影中にもいろいろ現場に音が入ってくると「何時何分にサイレンの音が鳴った」とか「いついつに廃品回収のアナウンスの声が聞こえた」「ヘリコプターのエンジン音が何回響いた」というのを全部台本に書き込んでいる。実相寺監督という人はとにかく現実を観察するんだなと思いました。

八木　なんでも整理して残されていますよね、記録して。

勝賀瀬　監督がよく言っていた「フィクションをやる場合はドキュメンタリーを、ドキュメンタリーをやるためにはフィクションを勉強しないとダメ」という言葉がありますけど、現実から乖離したフィクションにはリアリティがないのだと思います。嘘の中に本当が隠れているとか、真実の中に嘘が潜むとか、そういう境目がないような空間を作るという意味でも、まず現実を正確にトレースする、観察するというのが土台にあるんじゃないですかね。

八木 緻密にいろいろなことを記録されていますけど、それはまず現実を分析して認識してということなんですね。

勝賀瀬 その上に立ち位置がないと、宇宙人だの怪獣だのというのが絵空事になってしまうっていう話は何度か聞いたことがある。まあ、はっきりは言わないんだけどね。でも、いろいろ総合的に考えるとそういうことを言っていたと思う。これを聞いたら監督は「俺はそんなこと言ってないよ」って怒るかもしれないけど。（笑）

八木 きっと「そんなことは言っていない」と照れておっしゃるかもしれません。だって、普段はあんまり真面目に話さない方ですよね。楽しい話ばっかりされますから。

勝賀瀬 そうそう、すぐにはぐらかすからね。本音とかいうのは、あんまり上品じゃないと思っているんだよ。「この映画のテーマはなんですか？」とか「この映画の見どころは？」という質問を最も嫌っていた（笑）。「あなたにとってウルトラマンとはなんですか」という問いには、「ウルトラマンはウルトラマンであり、ウルトラセブンではありません」という返しを得意にしていた（笑）。核心の部分はベールに包んで決して明かさないという美学。

フィクションの中に現実のデータみたいなものを入れていく

八木 「受胎告知」の現場ではどうでしたか？

勝賀瀬 当時見習いの助監督なので監督ご本人と打ち解けるまでは到底いかないけど、仕上げの編集室でいくつかお話を伺う機会がありました。最後に出てくる宇宙人の口が光るのを「これはね、仏教から来ているんだよ」と聞いて「おおー！」と思ったのを思い出した。仏教の経典に、光明が口の中から溢れ出るという描写があるそうです。頭巾をかぶった黒子みたいな宇宙人なんだけど、そのモチーフが仏教かっていうのは印象的でした。あとオープニングで「地球外生命が宇宙に存在する確率のドレイクの方程式」というのがワーッと画面一杯に流れるのも、ああ、実相寺監督らしいなって。フィクションの中に現実のデータみたいなものを入れていく、そういうやり方には興味を持ちました。『不思議館』はそれで終わりでしたけど、ここからコダイに出入りするようになったんです。現場が入ってないときはトランプでポーカーとかをずっとやったりして（笑）。お金は賭けないけどね。

八木　そういうときはどんな話をされるのでしょうか？

勝賀瀬　コダイにいてもやっぱり監督中心で、１つ強烈に覚えているのは……最初は部屋に監督がいなくて、池谷（仙克）さんと大木（淳吉）さんと高橋（巖）さんたちとテレビで野球の日本シリーズを見ていたの。そのときはみんなですごく盛り上がっていたんだけど、９回の裏になったタイミングで偶然に監督がガチャッとドアを開けてツカツカとやってきて、テレビのスイッチをバシッと切ってしまった（笑）。

八木　なんでテレビのスイッチを切ったんでしょうね。

勝賀瀬　全く謎です。みんな呆気に取られて（笑）。自分のいないところで場が出来上がったりすると、やっぱり機嫌がよくないんじゃないでしょうか。あるときは突然、テーブルの上にあったハサミで自分の髪の毛をジョキジョキ切りだすということもあって。そういう奇行は多いよね。

八木　今のお話は赤坂にあったときの事務所ですか？

勝賀瀬　コダイは何回か転々と場所を移していたけれど……。

八木　僕が『ウルトラマンダイナ』のときに伺ったところでしょうか？

勝賀瀬　基本的には赤坂周辺でしたね。でも『ダイナ』のときとは違う場所だね。

八木　『ダイナ』のときは監督が「6時を過ぎたらこれなんです」と言って焼酎を飲んでいましたけど、それは前の事務所でも同じですか？

勝賀瀬　飲んでいましたね。で、お楽しみ時間まではインスタントコーヒーをワンカップ大関のビンに入れて飲んでいて、「砂糖はこれだけのグラム数」と決まっていた。たしか5グラム。なぜだかコーヒーはインスタントしか飲まなかったね。インスタントコーヒーは日本の発明で茶道からきているとかで。

八木　焼酎のお湯割りのお酒の量も決まっていますよね。

勝賀瀬　すごく厳密に決まっている。だからコーヒーの砂糖がちょっとでも多いと「第四惑星の悪夢」のロボット長官になる（笑）。まあ、そこは周りが喜ぶからサービスでやっているのかよく分からないんだけどね。でもやっぱり性分として、入れ過ぎたりすると「あ〜〜〜！」とか言って呆れられるんだよね。「こんなに砂糖入れちゃって！だらしない」みたいな。

「移動もなし、パンもティルトもなし」

八木　では『屋根裏の散歩者』のお話をお願いします。

勝賀瀬　このとき、監督は最初にスタッフルームで「今回はドイツ表現主義でいくぞ」と言っていたんです。だから全編フィックスカットで「移動もなし、パンもティルトもなし」って。でも結局は2ヶ所だけ、パンダウンとトラックアップがあって……毒を糸で垂らして六平直政さんの演じる下宿人を殺すところは天井からカメラが降りてきて、六平さんの顔に毒薬の主観になってカメラがトラックアップしていく、ここは実相寺節全開でドキドキした覚えがあります。あとは基本的には全部フィックスで、画面の水平が斜めに傾いているという撮影の中堀さん独特の美しい映像でしたね。セットの予算にも限界があるので、池谷さんから「鏡を使いましょう」という提案がありました。中堀さんもそれに乗ってイメージが大きく膨らんでいく。鏡を使って限られたセットを倍に写すっていうことですね。実際のセットはあの半分のサイズなんだけど。あとは見切れの部分にワセリンを使ったりとか、いろいろと画的な部分に関しては実相寺ワールドらしさが出ていたと思います。

八木　嶋田久作さんの明智小五郎はすごい存在感でしたけど、役づくりの話とかはされているのでしょうか。

勝賀瀬　例えば実相寺監督は衣裳合わせには絶対来ないでしょう。だから俳優さんとは作品のコンセプトやテーマなどの打ち合わせをしない。役づくり、演技プランのディスカッションは全くないです。どういう風に撮るかっていうのは監督サイドの独断だけど、俳優さんはその中で自分の好きな衣裳を着て気持ちよく演じてくれるのが一番いい作品につながる、とにかく『屋根裏の散歩者』のときはそういう感じだったと思います。

八木　時期や相手によっても違うようですが、若いころはすごく演出をされていたという話もあるんですよね。

勝賀瀬　それを聞いて思い出したのですが、２００６年に『シルバー假面』を撮ったでしょう。そのときの主演女優さんは元モデルで演技経験が全くなかったんです。そうしたらね、もう手とり足取り教えていた。「発声はこういう風にするんだよ」とか「このセリフのここはリエゾンしていいんだよ」って。だからやるときは徹底的にやるんだなと。ああいうのは初めて見ました。

八木　『屋根裏』の嶋田さんの役づくり、三上博史さんの役づくりは全部ご本人なのですね。

勝賀瀬　基本的に、役者さんが演じる演技になにかダメ出しをするということはほとんどなかったと思います。

八木　他になにか印象に残っていることはありますか？

勝賀瀬　日活スタジオでちゃんと下宿館の2階建てのセットを建てて、それなりの予算はあった。基本的には建物の中の話で外の世界が描かれないんだけど、下宿館のドアのカットには路面電車のパンタグラフがスパークする「バチバチ！」っていう効果音を入れるんだよね。だから「ああ、こうやってあえて映像で見せないことにより音で世界を作っていくんだな」ってすごく勉強になりました。あとこのとき実相寺組のカチンコは初めてだったんだけど、セットが狭いからカメラ前に届かない場合なんかは中堀さんがカメラをカチンコに向けて振ってくれたの。そんなことは初めてだったから、むちゃくちゃ紳士的だなと思って恐縮しました（笑）。あと監督は、例えば日本酒の銘柄は絶対に佐賀の窓乃梅酒造の「窓乃梅」じゃないとダメだとか（笑）、ピンポイントで厳密な指定があるんですよ。で、窓乃梅酒造の本社に電話したら「実相寺監督、今度は江戸川乱歩の映画を撮るんですか！　楽しみにしています！」って快く当時の実物のラベルを貸してくれたりしてすごく楽しかったです。タバコの銘柄もちゃんと決めないとダメだって、渋谷にあった「たばこと塩の博物館」に行っていろいろ調べた。そうしたらマルコビッチっていうタバコがあって、パッケージがちょっと二十面相っぽくてかっこよかったら「これどうですか？」と提案したら、「いいね」って採用してセリフにも入れていただいた。なんというか、助監督がそれなりに精一杯考えたことを無下にしないというか、ちゃんと拾ってくれるのはハードワークのサード助監督にとってはうれしいですよね。

八木　勝賀瀬さんの意見でマルコビッチに決まったんですね。

勝賀瀬　あと時代が変わったのかなあと思ったエピソードがあって、ある朝スタッフルームに監督がマクドナルドのフィレオフィッシュを買ってきて、「おいちい～」とか言って食べているの。それを見た池谷さんがびっくり仰天して、「昔はコーラとかアメリカのものは絶対に口にしなかったんだよ、監督変わったねえー」って。そのスタッフ間の空気がすごく興味深かったし、平成になって割とラジカルに監督自身の立ち位置も切り替えていったんじゃないかと思いました。

監督の顔が柔和になっていった

勝賀瀬　1995年くらいに実相寺監督は東京芸術大学の教授になったんですよ。そこでまたさらに変わっていったような印象です。若い人と触れ合うようになったからなのかな、「イヒヒヒ」っていう笑い方が断然増えていったっていう感じですね。顔つきもちょっと柔和というか、晩年の顔に変わったのは明らかにこのころです。『屋根裏』のときはタバコを吸うと額にキューッと血管が浮かび上がってものすごい迫力だったけれど、95年くらいからはいつも「ヒッヒッヒッ」って感じで。『ダイナ』のころもそうだったじゃない。

八木　だから僕は厳しい実相寺さんは見ていないんです。

勝賀瀬　『ダイナ』で初めて実相寺監督とチーフ助監督の関係になったんだけど、監督から私のところに、「つるの（剛士）くんの入りが30分早い」っていう電話が直接かかってきてドキッとしたことがあって、情けないやらなんやらで（笑）。なんて紳士的な監督だと思ってね。すごく恐縮した思い出があります。

八木　役者の入り時間まで気にされていたとは、本当に神経を張り巡らせているんですね。

勝賀瀬　役者は待たせておいて助監督が謝ればいいっていう、そういう感じではないんだよ。あとはとにかく美術の内田（哲也）さんのセットがすごかったよね。生きた本物のタランチュラとか博物館級の球体関節人形とかも含めて。それで「ちな坊」が出演するからっていうので、一晩ウチで預かったという思い出がありますね。夜中にちな坊と目が合った気がしました（笑）。

八木　衣裳も着けていましたから。あのときは勝賀瀬さんが預かって、「これはちな坊さんと言って、コダイでは1人の人格者として扱われている人だから」なんて言って、僕が「なぜそんなアライグマのぬいぐるみがいるんですか？」って聞いたら、「とんでもないことを言っている」ということになりましたよね（笑）。しかしあのGUTSの制服の特注衣裳だけでも、いくらかかっているんだっていう感じです。

勝賀瀬　ちな坊専用の隊員の制服、あのワンカットのためだけにね（笑）。

八木　『ダイナ』で他に覚えていることはありますか？

勝賀瀬　仕上げでついた効果音が印象的です。チェンバロの調律音が延々と鳴っていたでしょう、ああいうのは独特の感性だよね。「ブンダバー」っていうのはドイツ人が繰り返し言っているんでしょう。鳴海の洋館では地鳴りのような音が鳴っているとか、意味不明だけど全部ものすごくかっこいいよね。全く説明や理屈はない。まさに「第四惑星の悪夢」でコリコリ言ってる兵隊の上官みたいな。

八木　ずっとガムをかんでいるのか、コリコリやっていましたよね。

勝賀瀬　子どものときはあれがすごく嫌で不愉快だったね。とにかく説明がないんですよ。完全にトラウマです（笑）。

八木　実相寺監督は効果音や音楽に対する感覚がすごいですよね。怪獣の声って頭に残るのと残らないのに分かれますけど、「ブンダバー」っていうのは1回聞いたら頭に残っちゃう。すごい個性です。

勝賀瀬　変な言い方をすると、癇に障るのが結構多いよね（笑）。生理的に不愉快なものをわざとぶつけてくる。『姑

実相寺監督宅でのツーショット

獲鳥の夏』のときなんかは、作曲の池辺（晋一郎）さんとのキーワードは「開かない踏切」だったそうです。そういうキーワードから連想した組曲をオーダーしていました。

「俺はカルメンみたいな暑苦しい女が大嫌いなんだ」

勝賀瀬　僕は平成ウルトラの中の実相寺作品では「怪獣戯曲」が一番好きかな。作品としての完成度も高いと思うし、理屈では語ることができないロマンを感じます。また、劇作家の舞台がテーマになっているじゃないですか。監督は舞台美術家の金森馨さんと幼馴染で、家族ぐるみでお付き合いがあったほど親しかった。監督が学生時代に金森さんに桜吹雪を二重の足場から降らさせてもらったのが最初の裏方体験なんだよね。そのときの印象が強烈でこういう世界に入ったっていうことらしい。

八木　確かに二重から見ると独特ですよね。

勝賀瀬　照明機材の焦げた匂いなんかも含めて、観客席から見ているのとは全然違う世界だよね。それで『ティガ』でも照明の足場が見えていたりするじゃない。

八木　『ティガ』では実際に二重から桜吹雪も落としていますし。

勝賀瀬　あと『姑獲鳥の夏』では、あんな眩暈坂みたいなスーパーリアルなセットを作っておいて、最後にわざと照明丸出しのスポットライトを当てるっていうね。実は舞台です、みたいな感じで（笑）。だから虚構の中のズレや差異みたいなものを感じるときが一番実相寺的な瞬間かなと思います。それが「怪獣戯曲」にはある。

八木　『ウルトラマンマックス』「胡蝶の夢」もそうです、実相寺監督はメタフィクション的な手法を好んでいましたね。

勝賀瀬　次にかかわったのが映像ではなくオペラで2003年の『カルメン』でした。このときびっくりしたのは、最初の顔合わせで監督が「俺はカルメンみたいな暑苦しい女が大嫌いなんだ」って（笑）。ソリストとかみんなが集まった場でいきなりだから、みんなもうシーンとしちゃった。あと「元旦におみくじを引いたら大凶だったので、今回なにかあるかもしれないから皆さん覚悟しておいてください」って、そんな縁起でもないことを言ったんだよ（笑）。でも、なんか監督らしいよね。綺麗な言葉でまとめようとは絶対にしない人なので。

八木　でも、その発言は思いっきり「演出」していますよね。「カルメンみたいな女は嫌いだ」と言うことによって、みんなが動くわけですから。映像の場合は役者に対してなにもしないのと対照的ですね。本当に嫌いだっただけかもしれませんが（笑）。

勝賀瀬　で、歌を歌わない助演の役者さんたちにはやたらと細かく動きをつけていた（笑）。映像でいうエキストラの演出。ソリストが歌っている後ろの通行人の動きを、「もう半拍、出を遅らせろ！」とかね。そこはそんなに関係ないだろうって思うんだけど（笑）。緻密にバランスをとっていたのかもしれませんし、楽しんでいただけかもしれません。謎です（笑）。それで、「本番で演出家はやることはなにもないんだ」とか言って、公演のなか日には劇場にすら来ないしね。

八木　その次が『魔笛』ですね。これは僕も見ることができました。

勝賀瀬　『魔笛』はオペラの中で実相寺監督が一番好きな演目らしいですね。だから何回も演出をやっているんだけど、僕が助演でついたのは東京二期会の2回（2005年、2007年）だけです。衣裳のデザインは漫画家の加藤礼次朗さんにお願いして、異業種、違う血筋の流れを取り込もうとしていたと思う。オープニングで竜を退治するというシーンがあるけど、その竜がなぜか満州鉄道の亜細亜号の形をしているとかね。そういうポップカルチャーみたいなものを取り込んでいました。森の怪獣はご存じ円谷怪獣ですしね。

八木　僕が見たときは円谷怪獣は出ていなかったんですよね。

勝賀瀬　そうするとすみだトリフォニーホールか、東京文化会館か芸大の奏楽堂かな。東京二期会の舞台は監督の没後（2007年）にもやっているので、東京二期会のラインナップの中でもすごく評判がよかったんだと思います。監督は、オペラには絶対的な君主がいてそれは音楽であると。正解のテキストがあるから、その周りを戯れて楽しむんだっていう言い方をしていましたね。映画の場合は必ずしも台本が正解のテキストではないですから。作品へのアプローチの仕方が全く違います。

「噛まなければOK」「ダメだけどOK」

八木　続いて、岸惠子さんの番組『エーゲ海の風に吹かれて～岸惠子輝きのギリシャ紀行～』ですね。

勝賀瀬　これはもともと岸惠子さんから監督に直接連絡があって、ギリシャでの紀行モノを撮る企画があるので演出をしてくださいという依頼だったんです。それで何度か話を重ねていくうちに、「ちょっと俺は今回は違うなあ?」とか言いだして（笑）、「ショウ坊、お前行ってこい」って。それまでは助監督だったけど、監督をやってこいということでした。で、テオ・アンゲロプロス監督と岸さんと実相寺監督の3人で鼎談をするっていうことになったんだけど、監督は完全に「嫌だ」「俺は行かない」「飛行機が怖い」って（笑）。それなのに出発のときに「いいなあ、ショウちゃんは飛行機に乗れて」「俺も行きたかったなあ」なんて心にもないことを言う。撮影は12日とかそんな感

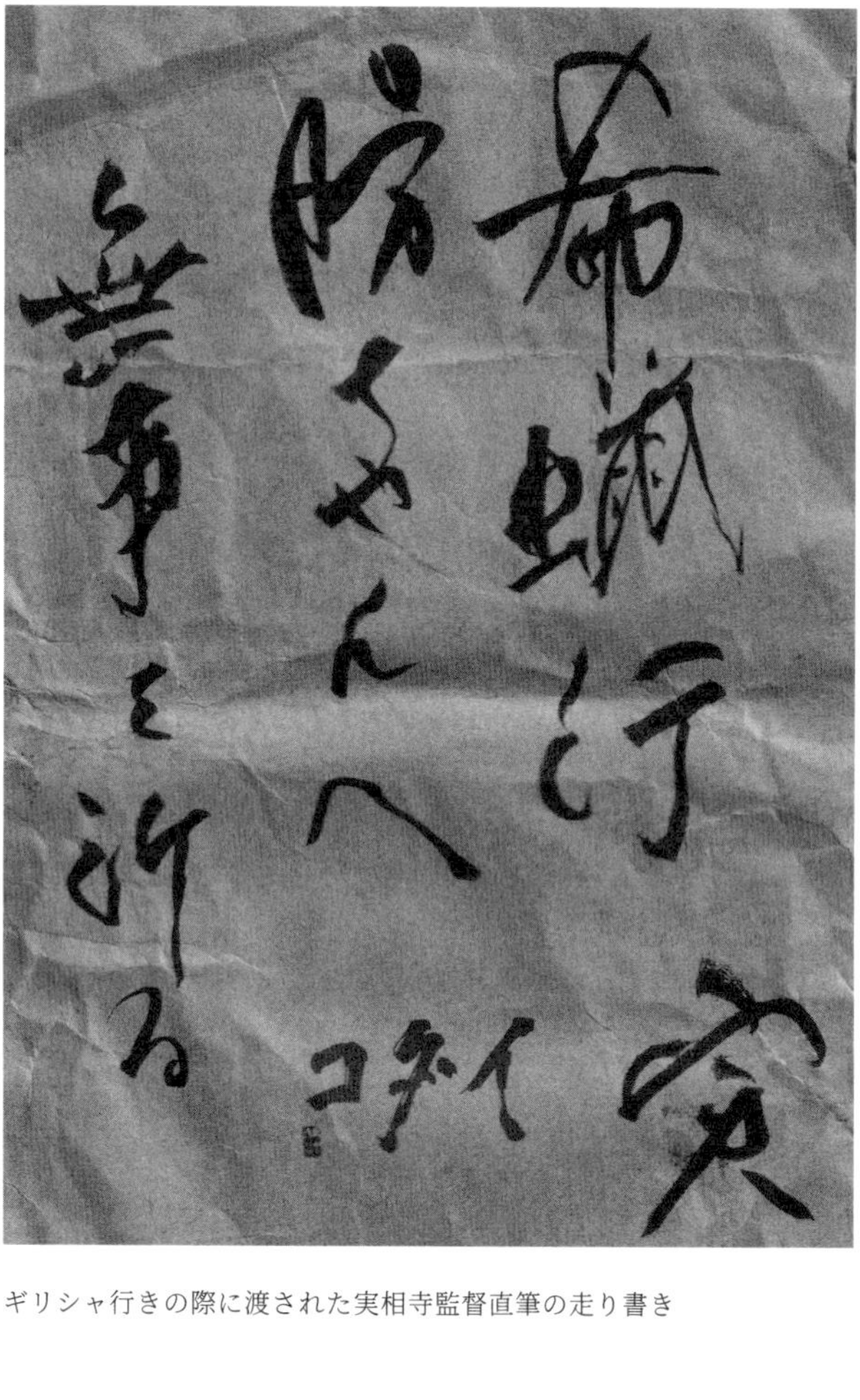

ギリシャ行きの際に渡された実相寺監督直筆の走り書き

じのタイトなスケジュールだったかな。とにかく移動が多くて、こんな短期間に30回以上も飛行機に乗ったのは初めてでした。テオ・アンゲロプロス監督って、すごく短気なんですよ。撮る映画のワンカットはめちゃくちゃに長いのに（笑）。また、当時のわれわれの撮影カメラはテープ収録で最長20分以上は長回しできなかったのです。いったんテープチェンジしますと伝えたら、「今の中断でこの次話そうとしていた内容は永遠に葬り去られた」と言われました。実際、アンゲロプロス監督は35ミリフィルムカメラ機材を改造して長回しができるようにしていますから、反論の余地はありません（笑）。

八木　自分の映画では晴れているときは撮らなくて、あの（夏は毎日快晴の）ギリシャで曇りを狙ってずっと待っているような人でしょう。

勝賀瀬　そうそう曇り待ち。日本人からすればいろいろな意味で奇想天外です（笑）。奥さんが制作部さんでしょう、収録現場でも仲良くつきっきりでしたからね。で、このときは結局、実相寺監督は監修の形でついてくださることになりました。監督が指定したモーリス・ラヴェルの『ギリシャのための5つの音楽』を芸大の院生を使って録音して、それがテーマ曲になっています。ギリシャに行くときにメモの走り書きを監督がくれたんだよね。「希臘行き勝ちゃんへ　無事を祈る　実」なんて書いてあるんだけどなんだか読めなくてね（笑）。それが旅のお守りになりました。

八木　それは宝物ですね。

勝賀瀬　その直後、『姑獲鳥の夏』は5月、6月と準備をしてその夏には撮影でしたね。『姑獲鳥の夏』は久しぶりにバジェットの大きな作品でした。

八木　あれはどう見てもお金がかかっていますよね。

勝賀瀬　こうなると監督はちょっと引いちゃうところがあるんだよね（笑）。こんなことを言うと関係者の方々に怒られるかもしれないけど、規模が大きくなるといろいろな意見も入ってくるから。で、必ずその後に1本小さな作品を撮ってそこで思う存分やりたいことをやるみたいな。『悪徳の栄え』とかがそうだよね。今回は『乱歩地獄』（05）の「鏡地獄」っていう作品で、そっちではやりたいことを思う存分やっているという印象でした。そういえば『姑獲鳥の夏』のクランクインの初日に、セットの脇で堤（真一）さんと宮迫（博之）さんがお茶を飲みながら話していたんだけど、「この組、ヤベえぞ」「テイク2がねえぞ」って（笑）。監督がよく言っていたのは、「噛まなければOK」とか「ダメだけどOK」とかいうことでしたね。

「こんなのダメだ！　レールを敷き直せ！」

八木　『乱歩地獄』「鏡地獄」はいかがでしたか？

勝賀瀬　これは2004年の冬に撮っている。とにかく鏡の映りが大変で、もう映り込みが大変だった記憶しかない（笑）。

八木　『ダイナ』「怪獣戯曲」でも結構鏡を置いてやったじゃないですか。あれのバージョンアップ版というか。

勝賀瀬　監督はとことん楽しんでやりたいことをやっていた感じがしましたよ。

八木　そして『シルバー假面』ですが、これはメイキングでつかれているんですよね。

勝賀瀬　このときは監督の体調が悪くて常に怒っていた。クランクインが9月で、5月に手術をした後でしたから。メイキングのカメラを向けると「撮るな！　出ていけ！」って激怒されて、それで実相寺組のスタッフ全員が敵になったっていう初めての体験をしました（笑）。ただ、監督の顔をしつこく撮ったのはよかったんじゃないかと今では思っています。結局この撮影が実相寺監督の最後の現場になってしまいましたから。一番記憶に残っているのが最終日、ビルトのオープンセットで撮った大正時代の大道芸人が出てくるシーンで、われわれスタッフがレールを敷いて準備していたら、とにかく機嫌が悪くて「こんなのダメだ！　レールを敷き直せ！」って。それで敷き直したんだけど、スタッフの車両とかバレモノが全部映っちゃうんですよ。舞台が大正時代の設定なのに。でも「それでいいんだ」って（笑）。なにか現場の直感で狙いが変わるときは潔くルールを壊す、われわれスタッフとは見えているものが全く違うのです。特に遺作となった作品の撮影最終日でしたから。その、監督だけが見えていたものは『シルバー假面』という作品として昇華されていると思いますので、皆さんも作品をご覧になって体感していただければと思います。

八木　晩年は一番近くにいらした、勝賀瀬さんならではのお話をたくさんありがとうございました。

勝賀瀬　いろいろと取り留めもなくお話しさせていただきましたが最後に、監督の言葉で一番心に残っていることをお伝えしたいと思います。「映画を作るためにはなにが必要ですか？」という内容のことを話の流れで伺ったことがありました。普段、あまりこういう話は聞かないんだけど、「それは編集ですか、脚本ですか、それともキャスティングですか」という質問をぶつけたことがあったのです。そうしたら「映画の技術なんか普通の頭があれば誰でも習得できる。ただ、簡単に得ることができないのは人間関係だけだよ」と言われて、不意打ちを食らったような気がしました。「大事なのは人間関係」って。だから「はあ……」って（笑）。だけど後々になって、やっぱりそれがすべてかなと思うようになっています。技術とかそういうものは……もちろん普通に努力しなきゃいけないのは当たり前なんだけど、ただ「人とのご縁とか人間関係っていうことを大事にしていかないとよい作品は作れない」。今になってその言葉の重みが響いていますね。

八木　監督はそういうことを大切にされていたんですね。

勝賀瀬　やっぱり20代だと、その言葉の重みはなかなか分からないでしょう。まあ思い出すと、監督とはひどいときは週7回飲んでいたんですよ（笑）。でも日曜日だけは原（知佐子）さんと3人なんです。そのときは監督のお顔が全然違いました。原さんも「カントク」ではなくて「お父さん、お父さん！」なんて呼んでいたし、監督は原さんのことを「リジリン！」って呼んでいましたね、住んでいたマンションの組合の理事長だから（笑）。長い感じがするけど本当は15年くらいの間なんですよ、僕が監督と共にしたのは。だから非常に濃い時間だったなと、いま思っています。

勝賀瀬重憲（しょうがせ・しげのり）

1968年、京都市生まれ。実相寺昭雄監督に師事し映画、ドキュメンタリー、特撮、オペラなど多岐にわたって演出を学ぶ。『ウルトラマンティガ（TVシリーズ）』（1996）、『ウルトラマンダイナ（TVシリーズ）』（1997）、『姑獲鳥の夏』（2004）などのチーフ助監督を経て、『岸惠子・輝きのギリシャ紀行』（2004）で監督を務める。主な監督作品は『構え森』（2015）、『KAN TOKU 実相寺昭雄』（2016）など。株式会社きつねのしっぽプロダクション代表。

『ウルトラマンダイナ』「怪獣戯曲」出演時の「ちな坊」さん。右は八木毅氏

『ウルトラマンダイナ』「怪獣戯曲」
～円谷プロ側スタッフの視点から　八木毅

実相寺監督の制作メモ

ここに1つのメモがあります。


基本的にワイドレンズの歪みを利用する。非常識こそ良い。フレーミングも、出鱈目が望ましい。

回想は色をズラすか？　現実を色褪せたものにするか？

照明は全てに亘って、工夫に満ち溢れていること。

撮しても無駄と判断したものはシルエットに。↑役者を含めてのこと。

責任は監督にあり。

現在の大問題は、音楽をどうするかである。


これは『ウルトラマンダイナ』「怪獣戯曲」（第38話）のオールスタッフ打ち合わせにおいて実相寺昭雄監督からスタッフ全員へ配られた制作メモの最後に書かれた一文です。明瞭に監督がスタッフに対して要求する撮影への心構えが記されています。しかも「撮しても無駄と判断したものはシルエットに。↑役者を含めてのこと」などとさえあります。

この打ち合わせに出ていたわれわれスタッフはこの文章を読んで俄然やる気になったものでした。なぜなら、この作品づくりにおいては危険を顧みず冒険するべきであるということが、ここにハッキリと書いてあるわけで、しかもその結果に対する責任は監督である自分が負うと明確に書いてあったからです。

当時、われわれ円谷プロのスタッフは大いに驚いたものです。このようにハッキリ言う監督はそれまでにいませんでした。「すごいねえ、役者でもライト当てないでいいって書いてあるよ」とわれわれは盛り上がりました。やってよいと言われればスタッフは燃えるものです。結局、われわれスタッフはこの作品を思いっきりやってしまったのです。いま考えればこれも監督の魔法の1つ、演出の1つだったのに違いありません。


実相寺昭雄監督は『ウルトラマン』『ウルトラセブン』『怪奇大作戦』といった数々の名作を残されています。これらは昭和の傑作でありますが、監督は平成になってからも素晴らしい作品を残されました。それが『ウルトラマンティガ』（「花」「夢」）、『ウルトラマンダイナ』（「怪獣戯曲」）、『ウルトラQ dark fantasy』（「ヒトガタ」「闇」）、『ウルトラマンマックス』（「胡蝶の夢」「狙われない街」）という傑作群。

ここでは、その中でも1996年の『ダイナ』制作時のことを円谷プロ側スタッフの視点で、簡単に駆け足ではありますが当時の雰囲気をスケッチしてみたいと思います。

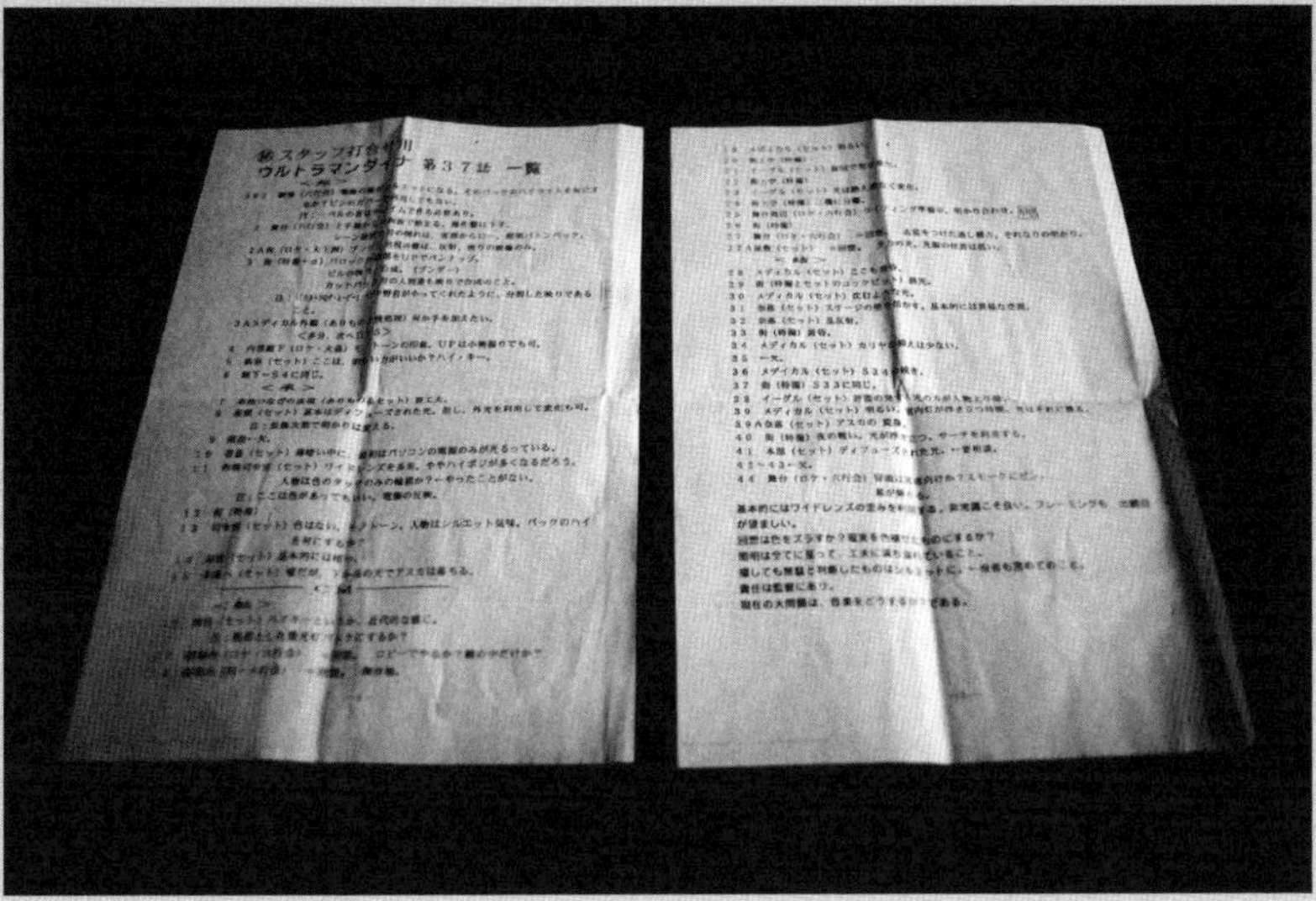
㊙スタッフ打合せ用
ウルトラマンダイナ　第３７話　一覧

スタッフ打ち合わせ用資料

さて、この「怪獣戯曲」制作が決まってからというもの、円谷プロの本編スタッフは大いに盛り上がり、そして大いに緊張していました。言ってみればそれは、ちょっとしたお祭りのような状況でした。といいますのも前作『ウルトラマンティガ』の実相寺作品が円谷プロからコダイへの外注作品だったので、われわれ円谷プロ側スタッフは制作現場にかかわることができず残念な思いをしていたという状況だったところに、この『ダイナ』では実相寺組がコダイと円谷プロの共同制作となりましたので、念願の実相寺組に参加できるとみんな張り切っていたのです。しかし、ご本人とわれわれスタッフは誰も、もちろん私も、お会いしたことがない。だから、怖い方らしい。気難しい方らしい。変わった方らしい。なにしろ芸術家だからね。などなどと噂話だけが一人歩きしてゆきますし、それに、今さら昭和のウルトラマンはいらないとか、シリーズの統制が取れなくなるから反対だなどと言っている方々も中にはいましたので、最初、円谷側スタッフはちょっとした興奮、混乱状況だったのでした。ちなみにですが、私はこの混乱する本編班のセカンド助監督でした。

そんな中、実相寺組の大番頭である服部光則監督が作品全体をプロデューサー的に俯瞰しながら、実相寺組のチーフである高橋巖監督が助監督チームを統率して実相寺監督との橋渡しをするというシステムで手探りの準備が開始されることになったのです。

実相寺監督とのファーストコンタクト

それはノンビリした撮影準備日のこと。われわれは飄々とした服部監督に引率されて緑豊かな砧の東宝ビルトから、都心・赤坂にあるコダイの事務所へ、まるで社会科見学にでも行くような緊張しつつもフワフワした楽しい気分で向かいました。初めて実相寺監督にお目にかかる日がついにやってきたのでした。参加者は美術デザイナーの内田哲也さんと本編班の演出部。全員がガチガチに緊張していました。

千代田線を赤坂駅で降りて地上へ上がるとそこは大都会。小説『星の林に月の舟』で赤坂から円谷一監督が緑豊かな砧の円谷プロへ実相寺監督をいざなうシーンがありますが、全くその逆です。ノンビリした砧村から来たわれわれにはそこは見慣れぬ大都会。邪悪なビル群が不安を感じさせました。そして迷路のような道を進み、しかし、あっけなくも簡単にわれわれは事務所に到着してしまいました。そして、われわれはすぐに中に通されました。

入ると、そこは少し広めの部屋。そして、真ん中のテーブルに実相寺昭雄監督が静かに座って何かの目録を読まれていました。本物です。スタッフ間に緊張が走ります。服部監督が実相寺監督に「デザイナーの内田さんたちがいらっしゃいました」と伝えてくれました、が、監督は「ああ……」と呟くだけで目を上げずに目録に集中したまま。再び緊張が走ります。怖い。そのまま1、2分が過ぎたでしょうか、監督はなにもなかったかのように顔を上げてわれわれに「こんなところまで、よく来てくれましたね」とにこやかに語りかけてくださり、そのまま立ち上がって焼酎をコップに注ぎながら「僕は6時過ぎたらこれなんですよ」と一口飲んでリラックスしています。この変わりようはなんだろうとわれわれは狐につままれたような気分でしたが、すぐに居酒屋へ移動し、お酒を飲むことになったのでした。その間、ほんの数分のことでした。

焼酎のお湯割りの梅干し入り（全員が監督の飲み方に倣いました）をいただきながらの和やかな宴。実相寺監督の話はとても面白くわれわれは笑いっぱなしです。お会いする前はみんなでいろいろと想像していたのですが、それとは全然違い、監督は優しく、とてもインテリでした。それになにより監督のお酒はとにかく楽しいお酒でしたから、先ほどまでの不安など全員が忘れてしまっていました、と言いますかなくなってしまったのです。焼酎のお湯割り梅干し入りという飲み方も、初めてでしたが美味しく感じました。途中でデザイナー池谷仙克さんが遅れていらっしゃり、劇中のアトリエに飾る絵画の打ち合わせが始まったときだけは、監督は真剣な表情でイメージをルネ・マグリットの「光の帝国」などを引き合いに出たりしながら説明されていました。そこに実相寺組の真摯さを垣間見て、またもや、みんな緊張したものでしたが……。

このときの経験はよくある〝神話の法則〟などの分析に置き換えるならば、深い闇の洞窟に降りていって賢者と出会う冒険への招聘の瞬間とでもいうのでしょうか。とても非現実的な素晴らしい時間でした。この魔法のような会合でわれわれスタッフは完全に最初から実相寺監督ファンとなってしまったのでした。

魔術的体験

連続テレビシリーズは撮影と準備が同時に進行していきますから、われわれはシリーズの撮影と並行しながら実相寺組の準備をしていました。そんなある日、実相寺組に先行する第35、36話村石組の撮影がお台場テレコムセンターでありました。ゲストの高樹澪さんと現場のエレベーターの中で一緒になったのです。高樹さんは実相寺組の常連俳優です。その高樹さんが私に実相寺監督のことで話しかけました。「八木ちゃん、今度、実相寺さん来るんですって?」と。さらに高樹さんは「監督とお酒に行くときは、焼酎お湯割りの梅干しを潰したりしたらダメよ」と続けました。私は実相寺監督との先日の楽しい宴で初めて飲むお湯割りの飲み方も分からずに梅干しをぐちゃぐちゃに潰して飲んでいたばかりです。監督はそれを目を細めてニヤニヤ微笑みながら飲まれていたのですが。あれはまさか……。

しかし、それにしても、この会話が変ですし謎なのです。なぜこのタイミングで高樹さんがその話を私にされたのか?でも、実相寺組のクランクインまでにはこんな不思議な魔術的な感じのことが頻繁に起こったのでした。

一方で人工的な魔術もありました。ご存じのように撮影現場は監督のコンテを元に進行します。撮影においては監督のコンテこそがすべての設計図です。だからわれわれスタッフは監督のコンテを書き写させていただき、撮影を想像しながら準備します。けれど中には絶対にコンテは見せない監督もいますし、当日まで発表しないという監督や、そもそもコンテを作らないという監督などさまざまなのです。そんな監督の場合はスタッフも困るのですが、撮影は同じように進めなくてはなりません。面倒なわけです。けれど、実相寺監督の場合はこの件については大丈夫で、先にコンテを書き写させていただけるということでした。

そして、クランクインも間近となり監督もスタッフルームに寄ってくださるようになったある日。われわれは勇気を出して監督に脚本をお借りしたいと申し上げました。監督は快く「いいですよ」と脚本を渡してくださりました。それは呆気ないほど簡単でした。

コンテ本を手にして震えました。ここには実相寺組の創作の設計図が書かれているのです。しかも、それはとても綺麗に書かれたコンテでした。おそらくそれまでに目にした中で最も美しいコンテ本と言ってもよいものです。われわれがワクワクしながら、緊張しながら写していると監督から「八木さんはボールペンでコンテを写しているんですね」と話しかけられました。そのときまで意識したことはなかったのですが、確かに普通は修正できるように鉛筆で写すのに、私はボールペン派だったのでした。そして、「はい」と言って一所懸命に写している私をニコニコご覧になっていました。しばらくして、監督がカバンからもう1冊の別のコンテ本を出して記録の赤澤さんに「タマちゃんはこっちを写した方がいいです」と言いつつ手渡しました。われわれが写していたコンテ本は監督が作られた偽物だったのです。

コンテは撮影の設計図です。撮影を進めるためのものです。それなのに現場スタッフを混乱させてなんの意味があるのでしょうか？　イタズラなのですが、不思議でした。でも、意味なんてないのでしょう。それが楽しいからなのです。われわれが驚く顔が。でも、だってそれが実相寺組なのですから。不思議議の国の実相寺組なのです。われわれは今やなにが起きても驚かないようになってきていました。なじみ始めていたのです。これもすべてが魔法なのでしょう。すべては監督のペースでした。ところで、余談ですが、いま考えると、あのときに写した偽のコンテを残しておくべきだったとも思います。あれは、あったかもしれないもう1つの「怪獣戯曲」なのかもしれません。当時の私は若すぎたので、偽物は要らないとばかりにすぐに捨ててしまったのですが。もったいないことをしました。

現場は早く、出来上がりは素晴らしく

そうこうするうちに、冒頭のオールスタッフ打ち合わせがあり、そして実相寺組はクランクインしてゆくのです。そして、1996年4月8日。夢にまで見た実相寺組の撮影初日がやってきました。早朝8時に渋谷パンテオン前出発で一番手のロケ場所は大森ベルポート。撮影するのはS＃4、6・TPC廊下で隊員のアスカ、カリヤ隊員にマユミが合流して、保護されてきた記憶をなくした男について報告をするというシーンでした。監督のコンテでは12カット予定です。

現場に到着するとすぐに撮影の中堀正夫さんを中心にしてS＃4C-2の引き画から準備を始めました。われわれスタッフは張り切っていましたが、なにをしたらよいのか分からない状態。でも、ガラス張りのベルポート内壁に照明の牛場賢二さんが赤いサーチライトを回し、今までの基地の描写とは大きく違う雰囲気を作っていきますし、作業はどんどん進みます。

さらに、低く構えたカメラのレンズ前に中堀さんがニコニコしながらガラス管をテープで貼り付けていきます。打ち合わせでガラス管を使うということになっていたのですが、私はなにに使うのか分からなかったのですが、こういうことだっ

たのです。レンズがガラス管を大きくナメているので出来上がった画では役者が動くことによってシルエットが反射します。それは素晴らしい美しさ。つるの剛士さん、加瀬尊朗(現・信行)さん、石橋けいさんら出演者たちも、その映像を見ながらどんどん実相寺組の魔力に魅せられて、楽しそうにお芝居をしていましたし。われわれも大いに盛り上がりました。さらに、いろいろ面白いアングルで撮影が進み、あっという間に第一現場は終了したのです。

第一現場を撮り終わってから気づいたことなのですが、実相寺組はすごい映像を撮るのだけれど、しかし、同時にその撮影スピードがものすごく早いということです。それは監督が一切悩まないしブレないし無駄なカットも撮らないからでしょう。その上、コダイのメインスタッフの方々が監督の意図を理解していますから、とにかく現場が早いのです。だから、われわれは当初のスケジュールよりも早く、心地良い達成感と共に第二現場へと向かいました。自然とスタッフの気持ちも1つになりながら。これはもはや魔法というよりも、なにか楽しい感じでした。われわれは魔法にかかって、ついにその中で楽しく動き始めたのです。

第二現場は天王洲アイルでした。撮影したのはS#2、3繁華街とA地区Pポイント。堀内正美さん演ずる謎の男が「来る……怪獣が来る。怪獣ブンダーが来る……」と言いながらヨロヨロと歩いてきて倒れた後に、空から謎の怪獣が降りてくるというシーン。これは、このエピソードの導入部、つまり摩訶不思議な世界へいざなう最初の不吉なキッカケなのですが、実際のその日は気持ちのよい撮影向きの小春日和で全然不吉でもなんでもありません。まだお花見の桜も残っている時期でとても暖かい。なにからなにまでうまくいっているので、現場はとても和やかです。エキストラも25人呼んでいましたので配置しながらすぐに準備が始まりました。走って来る男に向かって動く導線で移動車を引く指示をカメ

監督のコンテを写した台本(本物)

ラマンの中堀さんが出しました。さて、移動車での撮影の場合、一般的には移動車の上に三脚を載せてカメラを据えて撮影しますが、もちろんこの場合は違いました。カメラを三脚に乗せず地面スレスレに固定して、超広角レンズで斜め下に構えて撮影するのです。すると、超広角のレンズが地面スレスレを前進しますから映像はすごい迫力なのでした。そのときに使用したレンズは中堀さんが持ってきた特別なもの。とてもカッコよくてあんなレンズが欲しいものだと密かに思ったものです。そんなこんなで驚異的なスピードでこの場所の撮影も終了。まさに初日だけで、われわれの固定観念は大いに覆されたのです。

そして、撮影二日目。4月9日は東宝ビルトの3ｓｔで戦闘機のコックピットと戦闘車両・ゼレット車内の撮影でした。シリーズでは必ず登場するルーティンのセット撮影です。コックピットは小さいですし、やりようもないと言われていましたが、これも実相寺組にかかればもちろん違いました。内部を広角レンズで撮影して躍動感を表現してみたり、レギュラーチームではほとんど使っていなかったキャノピーを使用して、そこへフォグメーカーを打ち当ててみたり、撮り方は無限にあるということを見せつけられました。

けれど、戦闘車両・ゼレットの車内撮影はもっとすごかったのです。走行する自動車の車内の映像を撮影する場合は動きが必要ですから、クルマを牽引して撮影するか、割り切ってクルマを停めて知らん顔して撮影するかですが、この場合は全く初めての方法を用いました。スタジオ内の黒幕の前にクルマを置いて、スモークを焚いて、ガラス管とワセリンで走行感を表現したのです。もはやすべてが自由でした。なにをしてもよいのだなという感覚と、出来上がってくる映像の素晴らしさ。そして、それに立ち会えている感動。魔法なのです。われわれスタッフはどんどん惹き込まれて、こんな撮影がずーっと続けばいいのになと考えていました。

それからも撮影は続き、内田哲也デザイナー渾身の鳴海邸セットや、六行会での劇場シーン、ビルト3ｓｔに水を撒いての異質な病室、実験室や、ルーティーンなのに全く違って写っていた司令室などなど、面白い撮影を繰り返しました。それは本当に面白い撮影としか言いようのない魔法のように面白い撮影の時間だったのです。

いまだ魔法は解けず

そしてついには、終わりがやってきました。時間は有限ですから仕方ありません。4月16日東宝ビルト、3ｓｔでの小物撮りで実相寺組はクランクアップしたのです。終わってみれば、呆気ないほど短い時間でした。でも、面白くて楽しい充実した時間。最後はスタッフルームで軽く乾杯して打ち上げになりました。短い時間でしたが、本当に強烈な体験でした。これらはわれわれ円谷側スタッフにしてみれば〝不思議の国の実相寺組〟と言っても過言ではないほど普通ではない特別な時間だったと思います。なんとも表現しづらい、普段の常識を覆す強烈な体験でした。でも、なにかとても充実していて楽しい、素敵な時間だったのです。そして傑作の成立に立ち会えて充実した思いの中で、実相寺組が完了したのです。それが実相寺組の魔法が解けるときでもありました。

以上、「怪獣戯曲」制作時のことを円谷のスタッフ視点から簡単に駆け足で振り返ってみました。当時のことをあらためて思い出しながら気づくのは、このときの影響の大きさです。これはとても深いようです。その後に私は監督となりましたが、常に意識していたのは、あの場所で見た実相寺昭雄監督の在り方でした。それは常識に捉われない斬新さ。「非常識こそ良い」という精神でした。だから最近思うのです。撮影終了と共に監督からの魔法は解けたはずなのでしたが、私への魔法は案外まだ解けていないのではないかと。そうなのかもしれません。そもそも、魔法というのは、そんなに簡単には解けないもののようですし。だからでしょうか、2005年に新シリーズ『ウルトラマンマックス』を私がプロデューサーとしてスタートさせたとき、真っ先に浮かんだ監督の名前は、やはり実相寺昭雄監督でした。その幸福で摩訶不思議な時間につきましては、いずれまた。

初出：『実相寺昭雄研究』vol．3（2018年）

「怪獣戯曲」の現場写真。右端が八木毅氏で、カメラを覗いているのが中堀正夫氏

My Favorite Things

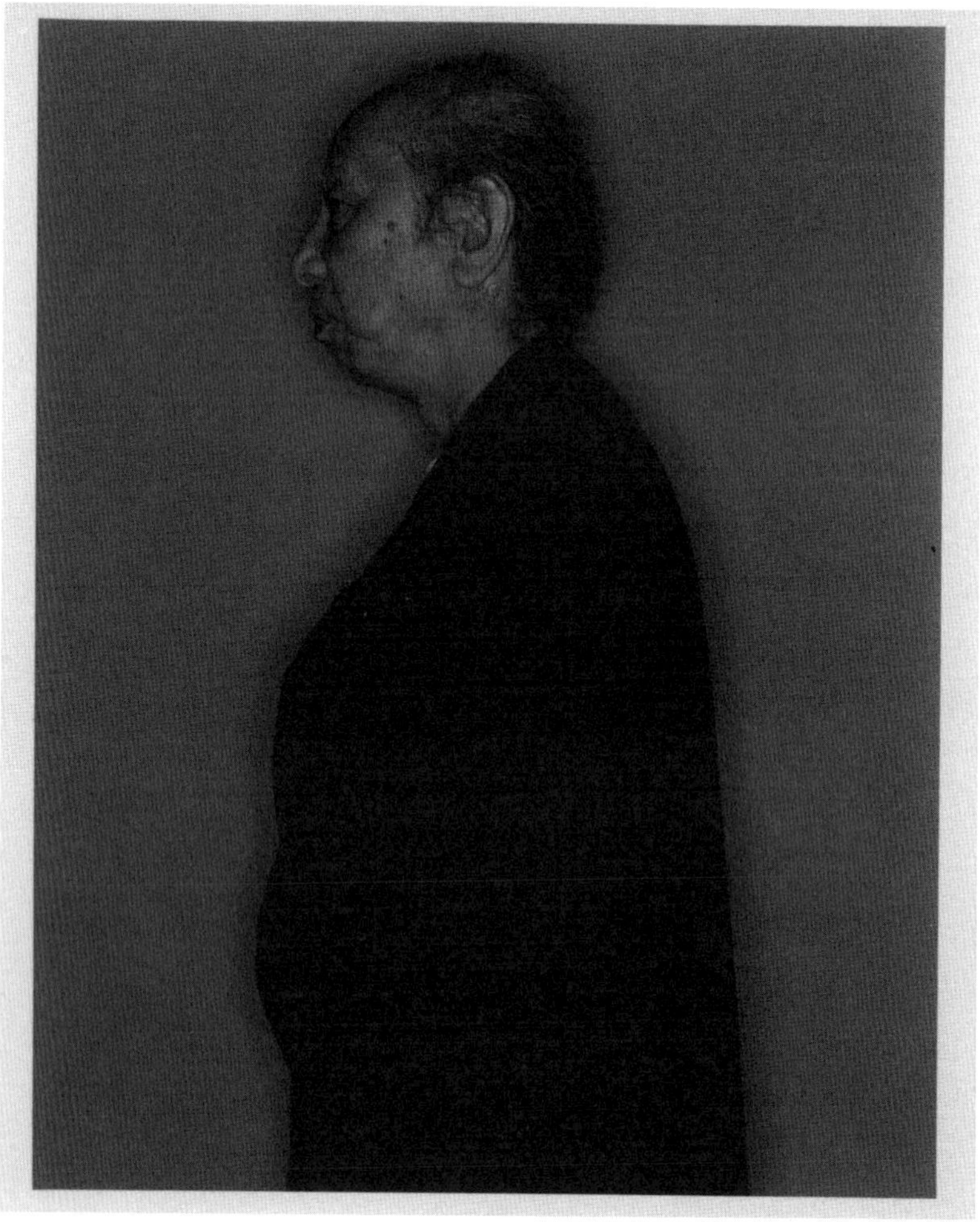

中野ブロードウェイと秋葉原は
僕の聖地です

・**愛車**

路面電車。好きなんですよ。

・**最近買った本**

素人投稿のエロ本（雑誌）。『ニャン2倶楽部』とか『投稿キング』とか、手当たり次第だね。

・**最近買ったCD**

オールディーズ・オリジナル・ベスト。アメリカのオールディーズだね。好きなのは、ニール・セダカとかポール・アンカとかその辺だよね。「恋のダウンタウン」のペトラ・クラークも好き。

・**よく聴く音楽**

ショスタコーヴィチの音楽。音楽の仕事もずっとやってたから家ではあんまり音楽は聴かないけど。

・**自腹で買ったDVD**

DVDはあんまり観ない。テレビも観ない。DVDで買ったのは『京阪特急』のみ。『京阪特急』を買ったのは電車が好きだから。展望ビデオっていうヤツなんだよね。運転席から前をず〜っと撮影してるヤツ。それを酒を飲みながら観てるとすごくいいんだよね。

・**最近買った洋服**

洋服には金をかけないようにしてます。

・**愛用腕時計**

HANKYU9300オリジナルウォッチ。これは友人にプレゼントされたもの。

・**飲み物の定番**

酒各種。最初に呑むのはビールかな。サントリーのモルツが好きだけど、特にこだわりはないね。

・**スナック／ツマミ系の定番**

鼻（笑）。これも、特にこの品っていうこだわりがないんですよ。

・**アルコールの定番**

芋焼酎（さつま白波）。

・**煙草**

只今、禁煙中。でも煙草は好きです（禁煙前に吸っていたのはハイライト）。

・**好きな漫画**

『のらくろ』『長靴三銃士』。

・**集めているもの**

Nゲージ、HOゲージの路面電車の模型。本当は家の中に組みたいんだけど、家にモノが溢れちゃって狭くてできないから、今は押し入れに突っ込んだまんまだね。

・**パソコン**

東芝ダイナブック。これは人からもらったもので、ほとんど使ってません。

・**もう一度読みたい／観たい本や映画**

機会がなくともいろいろな本を再読、三読しています。観たい映画はクロード・オータン＝ララの『乙女の星』。ファンタスティックな映画なんだよね。１９４６年くらいの映画だったかな。たまたま今回思いついただけなんで、特に探してるってわけじゃないんだけどね。ＤＶＤとか出てないよ、たぶん。

・携帯電話

携帯電話なぞ、愛用はしていませんが、持っている機種はドコモP601esです。これは自分で買ったもの。でも携帯はなくてもかまいません。

・身の回りの小物

黒いのは7、8年前から使ってるサンリオのバッドばつ丸の小銭入れ。使いやすいね。けろっぴの眼鏡ケースもサンリオ。全部サンリオだね。ペンケースもサンリオ。特殊なものは入ってないよ（笑）。でも今はサンリオはあんまり好きじゃない。ほとんどキティちゃんだけになっちゃったからね。僕はけろけろけろっぴのコレクターだったの。トイレットペーパーをかけるヤツもケロッピ。でもこういうのって消えてくんだよね。上のケロッピのほうから消えてったり。何かが食っちゃってるのかな？　ハンバーグなんかも暖めて置いておくとだんだん消えてくからね。何かが食ってるんだろうね。まぁ最近は全然サンリオの店に寄らないね。昔はサンリオショップで買ってた。その中でもケロッピが一番。ここまでケロッピが好きなのはタイ王室と僕だけですよ。ネコは好きなんだけど、キティちゃんはどうも好きじゃないね。地下鉄の職員の格好をしたキティちゃんとか、キティちゃんグッズはいっぱい出るんだよね。まぁひとつふたつは持ってるけどね。フィギュアは好きだから、サンリオ以外にもいっぱいありますよ。フィギュアは自分でも昭和情景博物館っていうのをフィギュア屋さんと一緒に作ってるし、フィギュア雑誌に60回くらい連載もしてるしね。フィギュアはたくさん持ってますよ。もらいものもあるしね。こないだ海洋堂のF－15をもらったな。すごくいい出来だよ。

・その他、最近買ったもの

食玩の『スチーム・ボーイ』（メガハウス）。たまたま最近買っただけだけどね。メカが面白いから買った。国道のセブンイレブン、学校の横のセブンイレブンていう、情景とくっついてるセブンイレブンのフィギュアも買った。なかなかいいアイディアだね。

・趣味的なこと

歩く。ただぶらぶらと、高田馬場から秋葉原まで歩いたり、東京中どこでも歩くよ。秋葉原はフィギュアが多いからね。別に無理して歩くわけじゃなくて、ふらふら行ってるうちに歩いちゃう。神田の模型屋寄ったり、中野とかも行くね。レンタルケースに行ってフィギュアで外れたヤツを買ったりとか。中野ブロードウェイと秋葉原は、僕の聖地です。

・休日の過ごし方

惰眠。野良猫の相手。

・最も換金性の高い持ちもの

移植用の自分の器官。高いものは、これしかないんじゃないかな、だから俺が死んだら電話して駆けつけてください。俺の目なんか丈夫だから、死んだら高く売れるよね。

・『ウルトラQ dark fantasy』

特に『ウルトラQ dark fantasy』だからこうしたってのはないね。ただ円谷で撮らせてくれるならなんでも撮るっていうスタンスだから。見所は……画面が暗いからよく見えないんじゃないかな(笑)。今回のは『ウルトラQ dark fantasy』の中の怖い系の話だと思う。でも僕はバカバカしい話は作れるんだけど、あんまり怖い系って作れないね。宇宙人と隊員がちゃぶ台で話してるみたいのはわりとうまく作る。でも「怖い怖い怖いぞ」っていう話はダメ。でも自分で思ってないところで、人から「怖かった」って言われることはあるけどね。やっぱり観てる人の想像力で怖がるわけだから。撮ってるこっちが、怖いものを見せてやろう見せてやろうってやると全然怖くなかったりする。怪獣だって元々は怖がらせようとして作ったけど、全然ダメだったわけでしょ(笑)。いやホント、形が出ちゃうと可愛いじゃない。崩れていくと怖いんだけどね。ただ今回の作品には、漠然と感じる不安みたいな部分は出てるかもしれない。あとはなるべく昔の『ウルトラQ』の絵面に近づけようとはしたね。まぁ照明と撮影が苦労したんであって、僕は苦労してないけど。口で言うだけ(笑)。このあとは京極夏彦さんの『姑獲鳥の夏』の映画を撮ります。映像化できない話だから大変だけどね。夜も眠れないよ。でも京極さんはクレバーな人だから、「小説と映画は違うものだから」って言ってくれてるけどね。

取材:杉坂功太/撮影:萩原靖

初出:『DOOP』vol.6(2004年)

PART 5

00年代〜

After 00's

Writer
Yuji Kobayashi
+
Producer
Takeshi Yagi

脚本家 小林雄次＋プロデューサー 八木毅

『ウルトラマンマックス』の「胡蝶の夢」「狙われない街」ができるまで

『ウルトラマンマックス』のプロデューサーを務めた八木毅氏と、メインライターとして実相寺回の「胡蝶の夢」「狙われない街」を含む8話（その内、2話は梶研吾氏との共同脚本）を執筆した小林雄次氏。テイストは違えどいずれも実相寺節が全開で、特に「狙われない街」は遺言的な作品とも言われている。その創作の過程を詳しく伺うことにしよう。

「この3分の違いはすごく重要なんだ」

八木　僕の実相寺監督との出会いは、『ウルトラマンダイナ』の「怪獣戯曲」の撮影準備のときでした。その前の年の『ウルトラマンティガ』「花」と「夢」は側で憧れて見ていたんだけど、コダイ・グループ仕切りの別班撮影だったから深くかかわることはできなくて、でも、撮影の状況を覗くだけでもとても勉強になった。逃げ惑う人々を東宝ビルトで撮ると言われて1日だけ行って一所懸命走ったんだけど、出来上がったら全部シルエット処理になっていた（笑）。だからやっぱり一味も二味も違うなと思ったんだよね。『ダイナ』ではやっと現場につくことができて、詳しいことはコラムに書いているんだけど、すごくクリエイティブな現場でとても感激しました。最初に配られたメモには「出鱈目であればあるほど良い」と書かれていて、つまりは監督が責任を持つから自由にやっていい、ということなんですね。しかも現場はすごく静かに進行していて、素晴らしい体験でした。

小林　それまで持っていた実相寺監督のイメージと、実際に会われた実相寺監督との間にギャップはありましたか？

八木　怖い人かなと思っていたんだけど、お会いしてみたらとても人当たりのいい優しいおじさんという感じでした。煙に巻かれているのかもしれないけど。『ダイナ』でやってみてなるほどと思ったのは、ああいう現場だからこういう風に作れるんだなっていうこと。あと、当時はセカンドだったから一所懸命に「いろいろと変化する撮影のさまざまな場に置かれたときに監督がどう動くのか、スタッフをどう動かすのか」を見ていましたね。円谷プロのモノ作りは教えてもらうんじゃなくて見て覚えるっていうスタイルだったから、とにかく見ていました。

小林　『ティガ』とか『ダイナ』で実相寺監督の作品を見られたのは僕自身もすごくうれしかったのですが、監督ご自身にまたウルトラをやりたいという思いもあったのでしょうか。

八木　『ティガ』の現場はちゃんと見ていないけど、『ダイナ』の制作過程はじっくり見ていて、そして『ウルトラマンマックス』は一緒に作ったじゃない。そういう意味で『ティガ』『ダイナ』のときのことを考えると、『マックス』との違いはやる気だったんじゃないかなと思う。『ティガ』『ダイナ』でももちろんやる気はあっただろうけど、あれは30年ぶりくらいに実相寺昭雄というブランドがウルトラに戻ってきたわけだよね。だから『ティガ』の「花」とか「夢」みたいに、ウルトラじゃなくても成立しているような前衛的なものだったじゃない。でも『マックス』のときは、僕がプロデューサーだったからかもしれないけど「ウルトラ」という文脈でいろいろ話をしてくれて。それはつまりはアドバイスだったんだけど。例えば尺の話で、「昔のウルトラは26分あったけど、今は23分しかないんだよね。でも八木さん、その3分がすごく大切なんですよ」なんていうことを言ってくれたわけ。それで表現できることとできないことがあるという話をされて。立ち上げのころに、『マックス』をやってくださいっていう話をしている段階で。だから脚本とかが具体的になる前でフォーマットもまだ決まっていないときだけど、「この3分の違いはすごく重要なんだ」って話すのは結構前のめりじゃない。僕はプロデューサーとして話していたけれど、監督だから、この3分の違いはすごく理解できる。だから、フォーマットをそれまでのシリーズとは変更して主題歌を70秒にして、エンディングタイトルもなしにして、アイキャッチも外して……とかいろいろやって3分くらい捻出したんだよね。これで『マックス』は完全に作品主義に舵を切ることになった。あと脚本づくりが始まる前から、「円谷プロが移転するっていう話だけど、移転しない方がいいんですよ」とおっしゃっていて。この場所には円谷英二さんを始めとする歴代スタッフやキャストの思いが残っていて、ここから離れるとその気脈が断たれてしまうからよくないんだって。ちょっと風水的だけどね。

実作者であり、語り部でもある実相寺昭雄

八木　服部（光則）さんという、いま思うと実相寺監督のプロデューサー的な役回りをしていた方だと思うんだけど、その方が、監督は新しいキャストとか脚本家と組んだ方がいいんじゃないかっていうことを進言していたんだよね。それで僕は小林くんの「星座泥棒」をまず推して、監督もすごく乗ってくれた。それで渋谷のコダイに最初に一緒に行ったときは感動したよね。

小林　実相寺組に脚本で2本が決まるまでには八木さんが動いてくれたり、進捗を教えてくれたりしていたので、すごくワクワクしていて。決まったときはうれしくて打ち合わせに行ったのを今でも覚えています。

八木　弾むような気持ちで行ったよね。小林くんとしてはあれが最初の打ち合わせ？

小林　実相寺さんとの打ち合わせはあれが最初ですね。でもお会いするのは、『マックス』を企画したころに砧の円谷プロの中でのご挨拶が最初です。「今、そこに実相寺監督が来ているから」って八木さんが言ってくださって、自己紹介というか、顔だけ合わせて立ったままご挨拶したというのはありました。「レンズ越しの恋」で服部さんと組んでいたので、「あれはよかったね」なんておっしゃっていただいたりして。僕自身は『ウルトラマン』や『ウルトラセブン』の実相寺作品は子どものころからずっと見てきましたし、『ウルトラマンのできるまで』と『ウルトラマンに夢見た男たち』というご著書も10代のころに読んでいたんです。あとは『ウルトラマンをつくった男たち』（89）という、実相寺監督の円谷時代を脚色して作られたドラマもあるじゃないですか。だから初代のころの舞台裏をちゃんと記録されてきた監督ということで、実際に作品を作っている人でもあり、裏側もちゃんと説明されている方っていう両面のイメージがあったんですね。

八木　僕の場合は大学時代に『星の林に月の舟』が出て、『ウルトラマンをつくった男たち』の原作じゃない。あれは円谷プロ青春記になっているでしょう。当時のクリエイターがいかに作っていたかの裏側が書いてある。もちろん小さいときには『ウルトラマン』とか『ウルトラセブン』を大好きだったけど、やっぱり大人になってからは卒業しちゃっていた。それが『星の林に月の舟』を読むことで、自分でも実相寺監督のようなＳＦを作ってみたいなと思ったんだよね。

小林　特撮ものってそこが素晴らしくて、作り手の方がどういう思いで作ったのか、ちゃんと記録に残されているんですよね。時間を経てからちゃんと振り返って回想して、さらに後世に残そうっていう書籍が結構出版されていますから。僕が子どものころはテレビで新作のウルトラシリーズの放送がほぼなかったんですけど、逆にそういう本がたくさん出ていた時代だったんです。『ティガ』が始まるまでの時期ですね。その中でも、実相寺さんは『マン』『セブン』のころの空気を本で伝えてくださっている方というイメージもすごく強かった。特に『ウルトラマンに夢見た男たち』は特撮にかかわるいろいろな職業や視点について触れられていて好きでしたね。自分が脚本家の仕事をするようになる前に読んでいたので、やっぱりもの作りをする人たちは熱いんだなって思いましたし、そういう空気感を伝えてくださった方だなっていう印象が強いんです。

八木　確かに、実相寺監督は本を書いたことによって特撮の文化を牽引したんだよね。特撮というものの価値を相対化して文章化して、世の中一般にちゃんと広めたっていう功績があったと思う。

小林　でも非常に頭がいい方というか……すごく考えてもの作りをされる方だというのはお会いする前からよく分かっていたので、一緒にやるのも緊張しましたよね。わくわくしつつ、緊張もしました。

八木　『マックス』の監督を頼みに行ったときは京王プラザホテルで会ったんだけど、そのときはウキウキした気分とかではなくて、「どうしてもやってもらいたいけど、なんて言うかな?」っていう感じで緊張していた。でもすぐに打ち解けてくれて、2回目の打ち合わせのときはもう完成尺の話とかクリエイティブな話をしていたと思うんだよね。

「胡蝶の夢って知っていますか?」

八木　それで脚本を作っていくことになるんだけど、最初は「星座泥棒」を監督に提案したんだよね。

小林　「星座泥棒」のプロットをお見せして、実相寺さんにやってもらうという話でした。あと、あのときは「夢幻のアトリエ」というプロットも持っていったんですよ。それで「星座泥棒」はシナリオの第2稿くらいまではいったのかな。でも、プロットのときはすごく乗り気だった監督が、ホンにしたら「これは俺がやらない方がいいんじゃないか」みたいな感じになって。

八木 あれを気に入らなかったというよりは、「狙われない街」をやりたくなったということじゃないかな。「星座泥棒」は、『ウルトラセブン』の「円盤が来た」みたいなロマンティックな実相寺監督になると思って提案していたんだけどね。そうしたら「昔、メトロン星人っていうのがいたのを知っていますか?」って「狙われない街」のプロットを説明されて。「真っ二つにされたメトロン星人が円谷プロの怪獣倉庫で、打出さんに縫い合わせてもらって生きながらえているんだ」ということで……。あの段階で怪獣倉庫のメンテの打出(親五)さんの名前が出たからびっくりしたんだけど、打出さんとは仲がよかったみたいだね。「もう1回侵略をしようとするんだけど、もうこんな星は侵略する価値ないよって言って帰っちゃう話なんだけど、どう思いますか」なんて聞かれても、どう答えたらいいかはとっさには分からなかった。だって「星座泥棒」のシナリオは第2稿まで進んでいるわけだし、監督一流の冗談で試されているのかもしれないという可能性もある。なにしろ、すごく精巧な偽物のカット割りを書いた脚本をスタッフに写させて楽しむなんてイタズラをする方だから。だからあのときは、「これはなんて答えたらいいんだろう?」とすごく考えた覚えがある。あのときは「ぜひやりましょう」って言ったんだけど、もし「監督、なにを言っているんですか? ご冗談を」なんて返していたらどうなっていたんだろう(笑)。まあ、降りるということはないだろうけど、少なくとも「狙われない街」はああいう形では作られなかったわけだからね。

小林 「夢幻のアトリエ」の方はすぐに「これは違う」となったんですけど、「胡蝶の夢」の原型ですね。初代『ウルトラマン』を作っている当時の脚本家が主人公で、そこにカイトがタイムスリップして、その脚本家とカイトが当時を舞台に一緒に戦う、そういう内容になっています。でもその脚本家が行き詰まっていて、打ち合わせで監督にダメ出しをされたりとか、バーで謎の女に会って話しているところとか、かなり「胡蝶の夢」に近い形ではあるんです。だから現実と虚構というモチーフと要素や雰囲気は生かされていて。カイトが夢の中に入っていって脚本家になっちゃうっていう構造に変わったんですね。

八木 だとしたらあまり変わっていないんだね。

小林 おそれ多いんですけど、円谷英二監督も出てくるんですよ。それを読まれたせいかもしれないですけど、当時のことを知らない君がこれを書いてもね、みたいなことを監督が言われたのを思い出しました。

八木 実相寺監督は『ウルトラQ dark fantasy』「闇」のときに……あれは撮影現場の話なんだけど、録音部の扱いがちょっと違うみたいなことをかなりおっしゃっていたんだよね。視聴者はそんなことは分からないから気にしないでいいようなものだけどリアリズムなんだなって思ったな。

小林 そういうわけで「夢幻のアトリエ」を元に話をしている間に、監督の方から「胡蝶の夢」のモチーフが出てきて、そこから夢の話になったのかなっていう気がします。

八木 それで「胡蝶の夢って知っていますか?」と言われたんだよね。荘子が寝ているときに見た蝶の夢、その延長線の話だというのは分かったけど。

小難しい、込み入った打ち合わせをした記憶は全然ないんです

八木 方向性がある程度決まったら、「もうここからは脚本家と2人でやりたい」って言われたんだよね。僕は変な

ことなんて言わないけど、確かにプロデューサーがいるとちょっと面倒くさいというのは分かる（笑）。だから準備稿とか決定稿のときは入ったけど、それ以外は小林くんだけで打ち合わせに行ったじゃない。

小林　でも、打ち合わせでなにか難しいことを言われることはほとんどなくて、初稿になった後はそんなに直した記憶がないんです。すごく飄々と意見を言われて、それも根本的な大直しになるようなことじゃなくて。なおかつ普通の打ち合わせは「何ページ目のここはどうでしょうか？」みたいに具体的にピンポイントでどう直すかみたいな話をしますけども、実相寺さんの場合は「絶対こうしなきゃいけない」みたいな具体的な指示はあまりなかったですね。意見は言うんですけど、じゃあお任せであとは書いてもらおうという感じで。

八木　ウルトラの脚本づくりが結構大変だったときもあるみたいだけど、われわれのときは楽しかったよね。

小林　なにをやるかっていう大筋が決まった後は、あっという間に終わった感じですね。決まるまでは結構、監督の中でいろいろあったんでしょうけど。「胡蝶の夢」と「狙われない街」で大筋が決まった段階で、打ち合わせで細かく、一言一句どうしようみたいな、顔突き合わせて議論する、いわゆる一般的な打ち合わせはなかったです。それで打ち合わせが終わった後に、服部監督とかコダイ・グループのプロデューサーの鈴木（政信）さんも含めて4人で飲みに行ったことが1回だけありました。実相寺さんと向い合わせで座れてうれしかったんですけど（笑）。そのときに「僕は監督の本を10代のころから読んでいます」って言ったらすごくうれしそうにはにかんでいました。あと勉強熱心というかすごいなと思ったのが、飲みが終わってみんなでお店の外に出ていったら、「じゃあ俺は本屋に寄っていくから」って1人で別方向に帰っていったんですよ。この遅い時間から本屋さんに行くんだなって思いましたね。まあそんな感じで、小難しい、込み入った打ち合わせをした記憶は全然ないんです。

八木　監督と飲みに行ったのはうらやましいな。話が戻るけど、「星座泥棒」はもうちょっと若い人が撮った方がいいっていうような言い方だったじゃない。それを言われた段階で、「これは自分でも撮りたいと思っていたホンだから僕がやろう」ってすぐに決められたんだけど。

小林　思い返すと、それもそうだなって思うんです。あれは実相寺さんではなくて、やっぱり八木さんのためのホンなんだなっていう気がしています。あそこまでキャリアを積み上げた実相寺さんが撮るにはちょっと内容がピュアというか、未来に対しての希望が大き過ぎるというか……。そこの感覚が分かるというか、長くやられてきた実相寺さんだからこその「狙われない街」であり、もっと達観した感じの「胡蝶の夢」なんだろうなって。

八木　その前の「怪獣戯曲」とか「花」「夢」もそうだけど、シニカルなところがあるじゃない。だから逆に提案したかったんだよね。『セブン』の「円盤が来た」にはダンとソガの「星が多いな」というセリフがあるんだけど、そんな星空に対する思いがあった実相寺監督が「星座泥棒」をどう撮ってくれるのかなというのは、ファンとしてもプロデューサーとしても見てみたかった。でも、小林くんの言う通りかもね。ただ「星座泥棒」はパラレルワールドみたいにいろいろなパターンがあって、実相寺監督が撮った「星座泥棒」もあったかもしれないし、僕にしたってエリーが主役になる可能性もあったりと、いろいろな話を検討はしたからね。ただ今から考えると、実相寺監督はあの段階でご自身が病気だというのを分かっていたから、やっぱり「狙われない街」をやりたかったんですよ。

やっぱり実相寺作品って情報量がすごく多いよね

八木　最終的に決定稿ができたら結構、実相寺監督が書かれた差し込み（脚本の追加）をたくさん入れていたけど、あの差し込みを読んでどう思った？

小林　1つには、本当に監督がやりたいイメージには自分の脚本では到達できなかったんだなっていう残念な気持ちもありつつ。でも自分のホンをベースに「ああ、こういう風に演出するのね」っていう画が決定稿からでも分かったので、それはすごくうれしかったんですよね。思い返すと、最初から「シナリオはちょっと短く書いてくれ」とは言われていたんですよ。だから自分で演出するときに加筆したかったんだろうな、遊びを入れたかったんだなというのは思いました。シーンとシーンの間とか、細かいところがいっぱい足されていましたから。だからシナリオ打ち合わせで顔を突き合わせて細かい修正を指示するのではなく、入稿する際にご自分で差し込むんだなっていうのは面白かったですね。

八木　それで脚本が出来上がって、そのときはもう体調が少し悪かったけど。仕上げが始まったら冬木（透）さんに音楽をやってほしいっていう話になったんだよね。「ちょうちょ」と「夕焼小焼」を録音したいということで。

小林　一番驚いたのは「ちょうちょ」を本当に流すということと、小道具で蝶を飛ばすあの演出ですね。あれは絶対に他の監督はやらないだろうなと。あと「胡蝶の夢」に関しては脚本家のアトリエとＤＡＳＨの司令室がひとつながりのセットで、あの空間の作り方が本当に実相寺監督だなと思って感動しましたね。

八木　あの空間がつながっていないと説得力が全くなくなっちゃう。あれで世界観が完全に表現されているわけだから、内田（哲也）さんを始め美術もすごく頑張ったんだよね。あれはセットに直接付け足すんだけど。それから「狙われない街」の「夕焼小焼」の方はすごくいいシーンになったじゃない。メトロン星人とケンちゃんが再会して抱き合うところ。ＭＡをやっていたらすごく感傷的なシーンになったの。ＭＡって最初はミキサーが「こんな感じかな?」っていう音量バランスで出すじゃない。それであそこに「夕焼小焼」が入ったら、もう感動的な再会のシーン。でもそれを聞いた後に監督が、「あそこは、ちょっと音楽のバランスを下げてください」って言ったんだよね。僕は完璧なバランスだと思ったんだけど、それをあえて抑えたわけ。ああいうところが実相寺監督なんだって思ったな。まあでも、MAが終わったら傑作が2本できていたから本当にうれしかった。最初にお願いしたところからずっと作ってきて、ああ、やっとこれができたんだと思って。

小林　僕は、演出ってこういうことなんだというのが本当によく分かりました。普通の監督は、脚本の打ち合わせをして「こうしたいああしたい」って詰めて修正して、決定稿にして、それを現場である程度忠実に画にしていくのだと思います。でも実相寺監督は文字を画にするというのではなくて、「文字からイメージをどうやって飛躍させるか?」っていう感じなんですよね。だから映像的な飛躍と情報量とイメージを喚起する工夫が、普通の監督とは全然違うんです。やっぱりレジェンド級の監督というのはこういうことなんだなって、完成した2本を見て思いました。自分の脚本からは、はるか遠いところに行った感じがしましたから。

八木　もちろん脚本がいいからこそなんだけどね。それで思い出したのは、『マックス』で三池崇史監督に監督をお願いするときに実相寺監督の作品を何本か持っていってお渡ししたんです。そうしたら三池監督から「ワンカットの中の情報量がすごく多いですね」ということを言われて。「だから同じ尺でも濃密な作品が出来上がるんでしょう」って。やっぱり実相寺作品って情報量がすごく多いよね。ものすごく饒舌にたくさん語られているっていうか……もちろんそれはたくさんしゃべっているという意味ではないんだけど。

監督とはどういうものかを身をもって示してくれた

八木　決定稿ができたときにはなにか言われた?

小林　いえ、特になにもなかったですね。1つ覚えているのは、「胡蝶の夢」だったかな、東宝ビルトに撮影の見学に行ったんです。でも撮影がどんどん進んでいて、僕が行ったときにはその日の撮影は終わって、控え室で翌日の打ち合わせしている最中でした。だから「ああ、あっという間に終わるんだな」っていう感じでしたね。

八木　撮るのは早いんだよね。それで監督は『マックス』が楽しかったみたいで、「もう1回やりたい」っておっしゃったの。だからなにか構想があったのかもしれない。僕もぜひやっていただきたかった。他に2人お呼びしたい監督がいたから、もう1クールあったらそういうことも実現できたんだよね。実相寺監督にも入ってもらって、またまた『マックス』は面白いシリーズになったはずなんだけど。

小林　いま考えるともっといろいろお話をしておけばよかったなと思います。でも当時は、打ち合わせの最中は自分のシナリオを決定稿にするのに精一杯だったし、飲みに行ったときでも緊張してあまり話しかけられなかったですね（笑）。もったいないなあとは思いますけど。

八木　でも一緒に脚本を作ったっていうのは誇りだよね。僕もプロデューサーとしてあの2本を作ったことはとてもよかったと思っているし。

小林　あの2本のタイプが違ったのもよかったです。すごく叙情的な、監督自身の思いがこもっている「狙われない街」と、ハイブローな感じの「胡蝶の夢」という。

八木　でも2006年に実相寺監督が亡くなってしまうとは思わなかったよね。『マックス』の撮影の辺りでは具合は悪かったけど、そんなにすぐだとは思わなかった。これから一緒にもっといろいろ作れるはずだったから、それがすごく残念だよね。では最後に、実相寺監督と仕事をしてどうだったかっていう話なんだけど。

小林　ご一緒している当時から思っていましたが、これ以上年齢的にもキャリア的にも、自分と遠く離れている監督と一緒に組むことは多分今後ないだろうなと思いながらやっていたんですよね。当時は25～26歳でしたから。そういう意味では、自分にとっては本当に得難い経験をしたという思いがありますし、監督のキャリアの中でのウルトラを自分が書けたっていうこと、そしてそれが後世に残っていくというのはすごく光栄です。キャリアを築く上での自信にもなりましたし、そういう縁をいただいた八木さんにも感謝しています。

八木　でも本当にいいものを作れてよかったよ。僕も全く一緒で、もともとは憧れの人だったけど、あんな天才と身近に一緒に仕事ができて光栄だったしうれしかった。そういう意味では目標だったし、監督とはどういうものかを身をもって示してくれた。残念なのは、本当はこれからもっと一緒に作れたかもしれないということ。『ＵＬＴＲＡＳＥＶＥＮ Ｘ』だって、あれは２００７年だけどお願いできたかもしれないわけだから。

小林　そうしたらまた違った作品が出来上がっていたでしょうね。

八木　『ＳＥＶＥＮ Ｘ』は並行世界の話だから、実相寺監督がやったらまた1つスピンしたと思う。一緒に怪獣映画も作ってみたかったし、もうちょっと違う世界を作れたかもしれないなと思うんだけど……それは、これからわれわれがやっていくしかないんでしょう。実相寺監督には本当にいろいろと大切なものをもらったと思っています。

小林雄次（こばやし・ゆうじ）

１９７９年長野県生まれ。日本大学芸術学部映画学科脚本コース卒。脚本家。アニメ・特撮・ドラマ・演劇など、幅広いジャンルで執筆中。『ウルトラマンマックス』『ＵＬＴＲＡＳＥＶＥＮ Ｘ』『ウルトラマンＸ』『ウルトラマンオーブ』で、メインライターやシリーズ構成を担当。そのほか代表作は、『ふしぎ駄菓子屋 銭天堂』、『プリキュア』シリーズ、『美少女戦士セーラームーンＣｒｙｓｔａｌ』ほか。日本大学芸術学部で講師を務める。日本放送作家協会・常務理事。

小林雄次氏

『ウルトラマンダイナ』「怪獣戯曲」のスタッフと実相寺監督

実相寺昭雄の冒険 創造と美学

2023年8月25日　第1版1刷発行

著者　八木毅

デザイン／DTP　木村由紀（MdN Design）
協力　実相寺昭雄研究会、
會川昇、森脇清隆、友井健人、
星光一、円谷一夫

編集・発行人　松本大輔
担当編集　山口一光

発行　立東舎
発売　株式会社リットーミュージック
〒101-0051
東京都千代田区神田神保町
一丁目105番地

印刷・製本　シナノ書籍印刷株式会社

【本書の内容に関するお問い合わせ先】
info @ rittor-music.co.jp
本書の内容に関するご質問は、Eメールのみでお受けしております。お送りいただくメールの件名に「実相寺昭雄の冒険 創造と美学」と記載してお送りください。ご質問の内容によりましては、しばらく時間をいただくことがございます。なお、電話やFAX、郵便でのご質問、本書記載内容の範囲を超えるご質問につきましてはお答えできませんので、あらかじめご了承ください。

【乱丁・落丁などのお問い合わせ】
service @ rittor-music.co.jp

Printed in Japan　ISBN978-4-8456-3914-4
定価2,750円（本体2,500円＋税10%）